Radsport – Alles, was man wissen muss

Allgemeine Hinweise:

Aus Gründen der besseren Lesbarkeit haben wir uns entschlossen, durchgängig die männliche (neutrale) Anredeform zu nutzen, die selbstverständlich die weibliche und diverse mit einschließt.

SVEN BREMER

RADSPORT

★ ★ ALLES, WAS MAN WISSEN MUSS ★ ★

STARS
HINTERGRÜNDE
EVENTS
★ ★ ★

MEYER & MEYER VERLAG

Radsport – Alles, was man wissen muss

Bibliografische Information der Deutschen Bibliothek
Die Deutsche Bibliothek verzeichnet diese Publikation in der Deutschen Nationalbibliografie; detaillierte bibliografische Details sind im Internet über <http://dnb.ddb.de> abrufbar.

Auckland, Beirut, Dubai, Hägendorf, Hongkong, Indianapolis, Kairo, Kapstadt, Manila, Maidenhead, Neu-Delhi, Singapur, Sydney, Teheran, Wien
Member of the World Sport Publishers' Association (WSPA)
Druck: CPI – Clausen & Bosse, Leck
ISBN 978-3-8403-7802-7
E-Mail: verlag@m-m-sports.com
www.dersportverlag.de

INHALT

★ 1 ★

EINLEITUNG

Samstag oder Sonntag steht für mich auf jeden Fall eine Ausfahrt an. Die „Jungs", mit denen ich meine Hausrunde fahre, sind alle weit über 50. Sie haben keine Vergangenheit als Radprofis, aber sie sind verdammt schnell unterwegs. Nicht eben selten rauschen wir mit knapp 40 Stundenkilometer oder schneller durch die norddeutsche Tiefebene. So unterschiedlich ihre Rennräder sind – der eine fährt auf einem Retrorahmen aus Stahl, der andere auf einem 5.000-Euro-Carbongeschoss –, man kann jeden Einzelnen von ihnen durchaus als rennradverrückt bezeichnen.

Sich bewegen, sich testen, sich quälen, sich berauschen an der Geschwindigkeit, wenn man nur das Surren der Kette und den Singsang der Laufräder auf dem Asphalt hört. Gerne bin ich auch in fremden Ländern mit dem Rennrad unterwegs, am liebsten in einsamen Bergregionen. Das hat etwas von dem, was einem früher eine Zigarettenwerbung versprochen hat; es hat etwas von Freiheit und Abenteuer. Rennradfahren ist für mich schon ein bisschen mehr als ein Hobby; es ist eine Passion.

So rennradverrückt die „Jungs" sind, radsportverrückt sind sie nicht. Das ist ein kleiner, aber feiner Unterschied. Natürlich kennen sie die Basics, sie kennen die wichtigsten Namen des internationalen Radsports, haben von Lüttich-Bastogne-Lüttich oder Paris-Roubaix gehört. Aber das, was sie über die sogenannten *Monumente des Radsports* wissen, das ist eher gefährliches Halbwissen.

Wenn ich während einer lockeren Phase der Ausfahrt oder beim Kaltgetränk danach mal von einem aktuellen Rennen erzähle oder eine der zahlreichen Anekdoten aus der Geschichte des Radsports zum Besten gebe, dann lauschen sie meistens interessiert, fragen nach und staunen.

Das hat mir den entscheidenden Motivationskick gegeben, dieses Buch zu schreiben. Das und natürlich meine eigene Begeisterung für diesen Sport, der so viele unglaublich spannende, irrwitzige, dramatische und kuriose Geschichten geschrieben hat. Wie die von Abdel-Kader Zaaf.

Der Algerier war bei brütender Hitze auf einer Etappe der Tour de France 1950 dem Feld davongefahren. Um seinen Durst zu löschen, trank er zwei Flaschen Wein, die er sich vom Tisch eines Straßencafés geschnappt hatte. Das zeigte Wirkung: Zaaf musste absteigen, schlief unter einem Baum ein und fuhr nach seinem Nickerchen weiter – dummerweise in die falsche Richtung ...

Und es gibt die Geschichte des tapferen Eugène Christophe. Der Franzose lag bei der Tour de France 1913 am Col du Tourmalet in Führung, ehe ihm auf der Abfahrt die Gabel brach. Nach einem Fußmarsch von knapp 15 Kilometern durchs Hochgebirge bastelte sich der Fahrer in einer Schmiede selbst eine neue Gabel zusammen, unter strenger Beobachtung der Rennkommissäre. Denn fremde Hilfe anzunehmen, war zu der Zeit noch verboten.

Christophe schaffte es, sein Rad wieder fahrtauglich zu machen, fuhr weiter und wurde von der Jury dennoch mit einer Zeitstrafe belegt. Der Grund: Der Gehilfe in der Schmiede hatte unerlaubterweise einige Mal den Blasebalg bedient.

Etwas mehr als 100 Jahre später rannte der Brite Chris Froome den Mont Ventoux auf seinen klackernden Rennschuhen hinauf, weil das Ersatzrad auf sich warten ließ. Eines von den zahlreichen Carbon-Hightech-Rädern im Wert von mehr als 10.000 Euro, die auf den Teamfahrzeugen spazieren gefahren werden.

Der Radsport im Wandel der Zeit ist auch etwas, das dieses Buch beleuchtet. Genauso wie das Thema, dass sich die Männer wahrlich nicht mit Ruhm bekleckert haben, was die Förderung des Frauen-Radsports anbelangt. Ganz im Gegenteil: Die Machos und Chauvis in den Radsportverbänden haben über Jahrzehnte den Frauenradsport verhindert. In Deutschland verbot der Bund Deutscher Radfahrer den Frauen bis in die späten 1960er-Jahre hinein, Radrennen zu fahren.

Eine Geschichte in diesem Buch widmet sich der Italienerin Alfonsina Strada, die sich als Mann ausgab, um 1924 am Giro d'Italia teilnehmen zu können. Der Schwindel flog zwar noch vor dem Start auf; man ließ „Il diavolo in gonnella", den „Teufel im Rock", dennoch starten. Es wurde eine Tour der Leiden für die tapfere Signora. Und am Ende dann doch ein einziger Triumphzug, weil das Publikum sie im wahrsten Sinne des Wortes auf Händen trug, sie für ihren Mut liebte und verehrte.

Es gibt viele solcher Dramen im Radsport; viele Stürze, die einem als Betrachter das Blut in den Adern gefrieren lassen. Wie einst beim Niederländer Wim van Est. Er stürzte während einer Etappe der Tour de France in eine 70 Meter tiefe Schlucht, überlebte wie durch ein Wunder und wurde mit 40 aneinandergeknoteten Fahrradschläuchen gerettet. Als er oben war, wollte van Est am liebsten sofort weiterfahren.

Es gibt diesen Spruch, der da lautet: Wer noch nie gestürzt ist, ist auch kein richtiger Radrennfahrer. Das halte ich als jemand, der noch nie gestürzt ist, natürlich für ziemlichen Schwachsinn. Auf jeden Fall gibt es für mich kaum einen schöneren Tagesablauf als folgenden: gemeinsam mit der Familie frühstücken, rauf aufs Rad, ein alkoholfreies Hefeweizen im Biergarten, duschen, eine Runde aufs Sofa und anschließend einen Klassiker oder eine Etappe einer Grand Tour im Fernsehen anschauen.

Ich gestehe: Ich gehöre zu jener merkwürdigen Spezies Mensch, die es schafft, sich mehrere Stunden am Stück ein Radrennen im TV anzuschauen. Okay, manchmal lasse ich einfach den Fernseher laufen und mache nebenbei scheinbar sinnvollere Dinge, aber spätestens zum finalen Sprint oder zur Bergankunft hocke ich wieder vor der Glotze.

Obwohl ich unzählige von Rennen und Etappen gesehen habe, mache ich mir speziell bei den Massensprints vor Aufregung immer noch beinahe in die Hose. Ich zittere mit, dass nichts passiert, wenn das Feld ein paar Kilometer vor dem Ziel hektisch wird, wenn die Teams um die besten Plätze im Peleton kämpfen. Wenn sie versuchen, ihre Topsprinter in die bestmögliche Position auf der Zielgeraden zu bringen.

Ich staune jedes Mal wieder, mit welch ungeheurem Tempo die Profis nach 200 und mehr Kilometern noch in Richtung Ziel rasen. Spätestens, wenn man sieht, dass sie mit 55 Stundenkilometern und mehr unterwegs sind, dann weiß man, dass Lichtjahre zwischen einem guten Hobbyfahrer und den Berufsradfahrern liegen.

Und ich leide mit, wenn die Sprinter sich im sogenannten *Gruppetto* über die Berge quälen oder wenn die Fahrer bei Paris-Roubaix, in der sogenannten *Hölle des Nordens*, auf den Kopfsteinpflasterpassagen (Pavés) brutalst durchgerüttelt werden. Das Leiden gehört zum Radsport dazu. Es gibt ein legendäres Foto von einem Radprofi, der vor Schmerzen auf sein abgewickeltes Lenkerband beißt. Es ist definitiv so: Wer im Radsport nicht die Zähne zusammenbeißt, hat schon verloren.

Insbesondere in den Bergen braucht man als Rennfahrer eine immense Leidensfähigkeit. Niemand hat es wohl so schön formuliert wie der niederländische Schriftsteller Tim Krabbé , der da schrieb: „Klettern ist eine Sache des Rhythmus', eine Trance; du musst den Protest deiner Körperteile in den Schlaf zurückschaukeln."

Mich interessiert vor allem auch die Taktik bei den Rennen. Der Straßen-Radsport, um den es in diesem Buch fast ausschließlich geht, ist kein Individualsport. Das mag für Laien erst einmal merkwürdig klingen, schließlich fährt am Ende immer nur einer als Tagessieger über den Zielstrich. Aber Erfolge auf der Straße (vom Einzelzeitfahren mal abgesehen) werden immer gemeinsam vom Team eingefahren; durchaus auch bei Eintagesrennen, aber insbesondere bei Etappenrennen, bei denen es darum geht, die Platzierung im Gesamtklassement und die Konkurrenten genau im Auge zu behalten.

In diesem Buch steht eine ganze Menge über die Geschichte des Radsports, über seine Helden, über die wichtigsten Eintagesrennen und Rundfahrten, die es vielfach seit mehr als 100 Jahre gibt. Aber ich habe mich auch den dunklen Seiten des Radsports gewidmet.

Seit sich Rennfahrer auf Fahrrädern miteinander messen, wird geschummelt, betrogen und gedopt. In den Anfängen ging es vielfach auch ums nackte Überleben. Die ersten Radprofis vor mehr als 100 Jahren hatten Etappen von zum Teil mehr als 400 Kilometern zurückzulegen; mit Material, mit dem die meisten heute nicht mal zum nächsten Bäcker kommen würden.

Aber, wie man leider weiß, nahm das Betrügen, das Einnehmen von unerlaubten Mitteln immer mehr zu. Je mehr Geld im Spiel war, desto mehr wurde gedopt und das Doping immer professioneller organisiert. In den 1980er- und 1990er-Jahren sowie zu Beginn des neuen Jahrtausends schien der Straßen-Radsport in einem Sumpf aus Doping und kriminellen Machenschaften zu versinken; die Radsport-Verbände (auch ein Thema in diesem Buch) haben allzu oft weggeschaut.

Es gab dann definitiv eine Zäsur im internationalen Radsport. Das Kontrollnetz ist inzwischen sehr engmaschig, die UCI hat einen Ethikcode aufgestellt, zu dessen Einhaltung die Profi-Rennställe verpflichtet sind. Und die jungen Fahrer scheinen mehrheitlich kapiert zu haben, dass sie gedopt vielleicht kurzfristig Erfolg haben würden, aber dass sie insgesamt dem Sport schaden.

Natürlich gibt es immer noch schwarze Schafe und ich würde meine Hand definitiv nicht für alle Berufsrennfahrer ins Feuer legen. Dennoch: Sogar der gestrenge Dopingexperte der *ARD*, Hajo Seppelt, geht davon aus, dass im Radsport heutzutage weniger gedopt wird als in vielen anderen Sportarten.

Es gab insgesamt so viel Interessantes aus der Welt des Profi-Radsports zu erzählen, dass für einige andere Themen und auch für Fotos in diesem Buch einfach kein Platz mehr war. Der Meyer & Meyer Sportverlag bietet aber die Möglichkeit, zahlreiche weitere Inhalte online nachzulesen. Auf der Website des Verlags findet man Tipps für Hobbyradsportler, einiges zum Material, einen Text zum neuen Trend des Indoor-Radsports mit Zwift® & Co., aber auch reichlich Wissenswertes zum Thema Bahnradsport.

Dieses Buch ist in erster Linie für Menschen geschrieben, bei denen das Interesse für den Radsport noch frisch ist. Deshalb werden viele Fachbegriffe und Regeln des Radsports im A-Z des Buchs erklärt. Denn welcher Radsportnovize weiß schon, was eine „Flamme rouge", was ein Brevet ist, was „Everesting" oder „Flandrien" bedeutet.

Die ganz Großen des Radsports wie Eddy Merckx, Fausto Coppi, Jacques Anquetil, Miguel Indurain oder auch Jan Ullrich kommen in diesem Buch natürlich immer wieder vor, weil sie Geschichte geschrieben haben bei den Grands Tours und bei den „fünf Monumenten des Radsports". Aber sie werden definitiv nicht genug gewürdigt; da würde ich tatsächlich keinem Leser widersprechen. Das ist allerdings ist aus gutem Grund so.

Denn das nächste Buch, das ich für den Meyer & Meyer Sportverlag schreiben werde, widmet sich den größten Legenden des Radsports. Ich wünsche viel Spaß beim Lesen, zunächst einmal bei diesem Buch - gepaart hoffentlich mit der Vorfreude auf das nächste Buch über die besten Radsportler aller Zeiten.

★ 2 ★

RADSPORTGESCHICHTE

Kaum waren die ersten Zweiräder mit Kurbeln und Pedalen erfunden worden, begannen die Menschen, sich zu messen. Schon in den 1860er-Jahren fanden die ersten Bahnrennen, aber auch die ersten Straßenrennen statt – zum Teil auf diesen abstrusen Maschinen, bei denen das Vorderrad fast doppelt so groß war wie das Hinterrad. Die ersten Straßenrennen Ende des vorletzten Jahrhunderts waren lang. Für die 1.200 Kilometer lange Strecke von Paris nach Brest und wieder zurück brauchte der Sieger Maurice Garin rund 52 Stunden.

2.1 DIE ENTWICKLUNG DES FAHRRADS

Von Karl von Drais bis zu den ersten Radrennen

Über die Erfindung des Rads besteht unter Historikern ein wenig Uneinigkeit. Aber es ist anzunehmen, dass es die ersten Räder bereits um 4.000 bis 5.000 vor Christus gab. Und man muss sich schon ein bisschen wundern, dass es bis ins Jahr 1817 nach Christus dauerte, bis ein gewisser großherzoglich-badischer Karl Friedrich Christian Ludwig Freiherr von Drais ein zweirädriges Gefährt präsentierte, bei dem man sich mit den Füßen vom Boden abdrücken musste. Auch wenn man solche Maschinen heutzutage eher als Laufräder für die Kleinsten kennt, Karl von Drais Gefährt war der Urtypus des modernen Fahrrads. Den Menschen war das nicht wirklich geheuer, diese beiden Räder hintereinander. Wie sollte man das balancieren? Und es sah wahrlich auch nur bedingt galant aus, wie Drais einst mit seinem ziemlich klobigen Prototypen über die Landstraße von Mannheim nach Schwetzingen rumpelte.

Aber irgendwie Eindruck machte das Gerät des Herrn von Drais dann schon, zumal er bald darauf auch noch die hügelige Strecke von Gernsbach bis Baden-Baden zurücklegte. Das Badwochenblatt schrieb damals, Drais habe *„mit der nemlichen Maschine den steilen, zwey Stunden betragenden Gebirgsweg von Gernsbach hieher in ungefähr einer Stunde zurückgelegt, und auch hier mehrere Kunstliebhaber von der großen Schnelligkeit dieser sehr interessanten Fahrmaschine überzeugt"*.

Das mag Ansporn gewesen sein für den erfinderischen Freiherrn, genützt hat es ihm nicht. Viele seiner lizensierten Laufmaschinen konnte Drais nicht verkaufen, vielmehr wurden weltweit Kopien gebaut von seinen Laufmaschinen, die später von den Medien auch als „Draisinen" bezeichnet wurden.

Es erging ihm auch sonst nicht wirklich gut. Als Anhänger der badischen Revolution entsagte er 1849 seinen Privilegien als Adliger und bekannte sich zur Demokratie. Aus Karl von Drais wurde der Bürger Karl Drais. Doch die Revolution scheiterte und der Fahrraderfinder kam nicht mehr in die Spur. Er wurde enteignet, beinahe entmündigt, er trank zu viel. Drais starb am 10. Dezember 1851 in Karlsruhe als armer Mann. Neben den 30 Gulden und 34 Kreuzern gehörten zu seinem Nachlass eine Kochmaschine, ein Ofenmodell, eine Schnellschreibmaschine und eine seiner Laufmaschinen. Es war ein bitteres Ende, das der Urvater des modernen Fahrrads erleben musste.

1868 meldete der Franzose Eugène Meyer ein Laufrad mit radialen Speichen an, ehe es gut vierzig Jahre dauerte, bis Pierre und Ernest Michaux die Tretkurbeln entwickelten und sie an ihrer „Michauline" präsentierten. Ein Meilenstein der Entwicklung hin zum modernen Fahrrad war das sogenannte Sicherheitsniederrad, das der Brite John Kemp Starley 1884 präsentierte: ein Gefährt mit zwei gleich großen Reifen, Direktlenkung, Kettenantrieb und Gangschaltung.

Drei Jahre später erfand der irische Tierarzt John Boyd Dunlop eher aus Versehen den Luftreifen. Um es genau zu nehmen, verbesserte er auch nur die Idee des Engländers Robert William Thomson, der gut 40 Jahre zuvor schon mal etwas Ähnliches vorgestellt hatte. Aber erst Dunlops Weiterentwicklung führte zu dem mit Luft gefüllten Reifen, der im Grunde genommen immer noch gefahren wird. 1889 gewann der irische Rennfahrer Willie Hume das erste Radrennen mit einem Fahrrad, dass mit Dunlops Pneus ausgestattet war.

2.2 DIE ERSTEN RADRENNEN

Die Geschichte des Radsports hatte allerdings bereits rund 30 Jahre zuvor begonnen. Im Park de Saint-Cloud vor den Toren von Paris veranstalteten 1868 ein paar Radsportverrückte die ersten Rennen auf einer Erdbahn mit leicht erhöhten Kurven. Als erster Sieger eines solchen 1.200 Meter langen Bahnrennens galt lange Zeit der Brite James Moore, der 1853 mit seinen Eltern aus England nach Frankreich eingewandert war. Später ergaben Recherchen, dass Moore zwar einige dieser Rennen für sich entscheiden konnte, das allererste Rennen überhaupt aber gewann wohl ein gewisser Monsieur oder auch Signore Polocini. Die Pioniere in Sachen Bahnradsport fuhren zunächst überwiegend auf Michaulinen, auf Fahrrädern also, bei denen das Hinterrad beinahe nur halb so groß war wie das Vorderrad.

Die ersten Radrennen auf der Straße gab es ebenfalls in den 1860er-Jahren. 1869 gewann jener James Moore ein 123 Kilometer langes Rennen von Paris nach Rouen, in einer Zeit von 10:45 Stunden. Die Menschen waren angetan von diesen Radrennen, allerdings setzten sich im letzten Drittel des 19. Jahrhunderts eher die Bahnrennen als die Rennen auf der Straße durch. Die Erklärung liegt auf der Hand. Bei einem 100 Kilometer langen Rennen erlebten die Zuschauer längst nicht so viel von den Heroen der Landstraße als von denen auf der vielleicht 500 Meter langen Bahn.

Die Bahnrennen wurden in den letzten Jahrzehnten des 19. Jahrhunderts enorm populär: Sowohl in den USA als auch in Europa wurden zahlreiche Radrennbahnen gebaut. Kurz vor der Jahrhundertwende hatte man allein in Deutschland weit mehr als 50 Radrennbahnen aus dem Boden gestampft. Deutschlands erste Bahn errichtete der Münchner Velociped-Club in der bayrischen Landeshauptstadt, das erste nationale Rennen fand dort am 26. Juni 1880 statt. 1885 wurde die Radrennbahn Andreasried in Erfurt errichtet, zunächst als Sandbahn, 1899 wurde sie als Bahn mit einer Betonpiste und vier Meter hohen Steilkurven ausgebaut. Die Bahn im Erfurter Norden gilt als die älteste Radrennbahn der Welt, auf der noch heute Rennen stattfinden.

1893 bereits wurde in Chicago die erste Weltmeisterschaft für Steher und Sprinter ausgetragen, ein Wettbewerb für reine Amateure. Zwei Jahre später fand auf der Radrennbahn am Zoologischen Garten zu Köln (Riehler Radrennbahn) die erste Bahn-WM für Berufsradfahrer statt. Die Veranstaltung wurde allerdings zum Politikum. Die deutschen Gastgeber wollten das sportliche Spektakel mit den Feiern zum 25. Jahrestag des Sieges über Frankreich im Deutsch-Französischen Krieg verbinden; dies führte dazu, dass die Franzosen und Fahrer einiger anderer Länder ihre WM-Teilnahme absagten.

Wiederum ein Jahr später zählten sechs Radsport-Wettbewerbe zum Programm bei den ersten Olympischen Spielen der Neuzeit in Athen. Fünf davon wurden auf der Bahn des Velodroms Neo Faliro ausgetragen – wo übrigens auch die olympischen Tennismatches stattfanden. Die olympischen Bahnwettbewerbe von 1896 waren der Sprint (zwei Kilometer), das 333,3-Meter-Zeitfahren (so lang war genau eine Runde), das Zehn-Kilometer-Rennen, das 100-Kilometer-Rennen sowie das Zwölf-Stunden-Rennen. Vergeben wurden damals Silbermedaillen für den Sieger, Bronze für den Zweitplatzierten, während der Dritte leer ausging.

Das älteste heute noch stattfindende Straßen-Radrennen dürfte Mailand-Turin sein, erstmals ausgetragen 1876, regelmäßig fand es aber erst ab 1911 statt und deshalb gilt Lüttich-Bastogne-Lüttich mit der Erstaustragung 1892 als ältestes Radrennen der Welt. Es ist bis heute eines der wichtigsten Eintagesrennen im Kalender der WorldTour. Der Klassiker in der Wallonie war mit deutlich unter 300 Kilometern für die damaligen Verhältnisse eher kurz und auch eigentlich nur als eine Art Trainingsrunde geplant. Andere Rennen wie Paris-Brest-Paris mit ihren unfassbaren 1.200 Kilometern seit 1891 oder auch das 1988 letztmals ausgetragene Bordeaux-Paris mit 600 Kilometern waren deutlich länger. Mit Paris-Roubaix (1896), der Lombardei-Rundfahrt (1905), Mailand-San Remo (1907) und der Flandern-Rundfahrt (1913) ließen die Premieren der sogenannten Monumente des Radsports nicht lange auf sich warten. Und bereits 1903 wurde mit der Tour de France das erste Etappenrennen aus der Taufe gehoben; sechs Jahre später starteten Rennfahrer erstmals beim Giro d'Italia.

2.3 SHIMANO, CAMPAGNOLO & CO.

Dura Ace versus Super Record

Drei Marken beherrschen den Weltmarkt bei den Rennrad-Komponenten. Sie könnten unterschiedlicher nicht sein. Die italienische Traditionsschmiede Campagnolo, der bereits vor 100 Jahren gegründete japanische Branchenriese Shimano und die verhältnismäßig junge US-amerikanische

Firma SRAM. Jahrzehntelang herrschte zwischen den Campagnolo-Jüngern und den Nutzern von Shimano eine Art Glaubenskrieg.

Bereits Anfang des 20. Jahrhunderts testete der Franzose Paul de Vivie die erste Kettenschaltung mit einem Umwerfer für zwei verschiedene Übersetzungen. Angeblich hatte er die Idee, weil ihn jemand am Anstieg zum Col de la République mit einer leichteren Übersetzung überholt hatte und dabei auch noch gemütlich Pfeife rauchte. De Vivie wollte aber seinen schwereren Gang für flache Passagen behalten und kam so auf die Idee, sein Rad mit zwei Kettenblättern auszustatten. Bei Henri Desgrange, dem Tour-Direktor, kam das nicht gut an; er moserte, eine solche Konstruktion sei nur etwas „für Invaliden und Frauen".

Man weiß nicht, ob es deshalb so lange dauerte, bis die Gebrüder Nieddu 1930 die erste funktionierende Schaltung konzipierten: die „Vittoria Margherita". Sie ging zwar nicht in die Massenproduktion, wurde aber zunächst bei den Amateur-Weltmeisterschaften 1932 genutzt und bewährte sich. Als erster Profi fuhr Gino Bartali 1935 mit der Schaltung; nach seinem Tour-Sieg 1938 wurde das Fünf-Gang-Modell in „Tour de France" umgetauft. Ungefähr zeitgleich brachte der Schweizer Rennfahrer Oscar Egg das Modell „Super Champion" auf den Markt, mit dem unter anderem Roger Lapébie 1937 die Tour de France gewann.

Vielfach wird ein gewisser Tullio Campagnolo als „Erfinder" der ersten funktionierenden Kettenschaltung bezeichnet – dies stimmt aber nicht. Campagnolo war Rennfahrer und er war der technisch begabte Sohn eines Eisenwarenhändlers aus Vicenza. Als er während eines Rennens an einem kalten Novembermorgen 1927 aufgrund seiner klammen Finger daran scheiterte, die Flügelmuttern am Hinterrad zu öffnen, hatte er eine Idee. Er erfand die Schnellspannachse, um das Laufrad deutlich schneller aus- und wieder einbauen zu können. Zu dieser Zeit musste man nämlich noch das mit unterschiedlich großen Zähnen ausgestattete Hinterrad ausbauen, um auf einen anderen Gang wechseln zu können. Im Februar 1930 ließ Campagnolo sich den Schnellspanner patentieren. Es war das erste von weit über 100 Patenten, die er im Laufe seines Lebens anmeldete. 1933 gründete er seine erste Firma, noch im hinteren Teil von Vaters Eisenwarenladen.

Tullio Campagnolo war ein Tüftler, immer mit dem Ohr bei den Rennfahrern, schließlich war er selbst einer gewesen. Er war stets bestrebt, innovative Lösungen für den Radsport zu finden. Im Mai 1940 brachte die Firma Campagnolo die erste Gestängeschaltung auf den Markt, „Senza attriti e senza rumore" (ohne Reibung und ohne Geräusch) lautete der Slogan. 1946 entwickelte Campagnolo sie weiter, mit der „Corsa 1001" ging die erste alltagstaugliche Schaltung in die Produktion. 1950 schließlich kam die „Gran Sport" auf den Markt, ein sogenanntes Parallelogrammschaltwerk, nach dessen Vorbild quasi alle danach folgenden Kettenschaltungen produziert wurden. Ab 1959 produzierte Campagnolo die erste Kettenradgarnitur (also erstmals eine Einheit aus Kettenblättern und Kurbeln) und beherrschte auch mit den Nachfolgemodellen Record (ab 1962) und Super Record (ab 1973) zunächst weiter den Markt.

Konkurrenz aus Fernost

Für das Schaltwerk der Super Record griff Campagnolo auf Ergal und Titanium zurück; dadurch wurde es sehr leicht. Es war die Firma Campagnolo, die mit extrem leichten Legierungen immer wieder überraschte, so sehr, dass sogar die NASA von Campagnolo ein Satelliten-Chassis bauen ließ. In Europa war „Campa", wie die Rennradfahrer sagen, noch bis in die 1980er-Jahren die Nummer eins im Radsport. Von 130 Fahrern, die 1963 zur Tour de France starteten, benutzten 110 die Campagnolo-Schaltwerke. Zu dieser Zeit gab es in Europa noch die Konkurrenten aus Frankreich, Simplex und Huret. Die Firma Simplex baute in den frühen 1980er-Jahren mit der „Champion du France" eine Kettenschaltung, die durchaus mit den Campagnolo-Produkten konkurrieren konnte, 1992 aber stellte das Unternehmen die Produktion ein. Huret wurde in den 1980er-Jahren von Fichtel & Sachs gekauft, die wiederum seit Mitte der 1990er-Jahre zu SRAM gehört.

Denn zu dieser Zeit befanden sich die Japaner bereits auf dem Vormarsch. Sanko, Cherubino und Shimano hießen die Hersteller aus dem fernen Osten, die Schaltungen nach europäischem Vorbild zu einem deutlich günstigeren Preis anboten. Nach und nach übernahm Shimano die Mitkonkurrenten aus dem eigenen Land und entwickelte sich zum Weltmarktführer für Fahrradkomponenten. Zwischen Campagnolo-Jüngern und Befürwortern der Shimano-Technik herrschte jahrzehntelang und herrscht zum Teil noch immer eine Art Glaubenskrieg darüber, wer die besseren Schaltungen baut.

Auch Shozaburo Shimano war ein genialer Tüftler. 1921 gründete er seine erste eigene Firma und schon 1922 erfand er das 3.3.3. Freilaufritzel, in den 1950er-Jahren die Drei-Gang-Nabenschaltung. Mitte der 1970er-Jahre entstand die erste Kassettennabe aus dem Hause Shimano, während die Japaner die sogenannte indexierte Schaltung vom früheren Konkurrenten Suntour übernahmen und perfektionierten. Mit dem „Shimano Indexing System" musste man nicht mehr gefühlvoll den nächsten Gang ertasten, sondern konnte durch die Rasterfunktion deutlich zielsicherer schalten.

Die Japaner waren längst kein Anbieter mehr von durchschnittlicher Massenware, sondern produzierten von Jahr zu Jahr hochwertigere Teile. Vor allem waren sie cleverer und schneller als die Konkurrenten. Während die Europäer den boomenden Fahrradmarkt in den USA verpennten und die stark angestiegene Nachfrage nicht bedienen konnten – unter anderem auch, weil bei Campagnolo weitgehend noch in Handarbeit produziert wurde, war Shimano zur Stelle. Insbesondere auch auf den neuen Mountainbike-Trend reagierte die Firma aus Fernost am schnellsten und brachte in den frühen 1980er-Jahren die erste MTB-Schaltung auf den Markt. Mit den kombinierten Schalt-Bremshebeln, (STI) Anfang der 1990er-Jahre zementierte das Familienunternehmen aus Japan seine Vormachtstellung im Rennradsport weltweit. Um die 13.000 Mitarbeiter an mehreren Standorten in Asien, Europa und den USA produzieren heute neben den Fahrrad-Komponenten noch Equipment für Angler, 80

Prozent des Umsatzes in Höhe von rund drei Milliarden Euro macht die Abteilung Fahrrad-Komponenten bei Shimano aus.

Das Spitzenmodell aus dem Hause Shimano ist seit bereits 1973 die Dura-Ace-Gruppe, gefolgt von der Ultegra. Das absolut empfehlenswerte Mittelklasse-Modell 105 übernahm ab 2015 einiges von der Technik der hochwertigeren Gruppen. Unter der 105er-Gruppe sind die Tiagra- und die Sora-Gruppe angesiedelt. Die Dura-Ace und die Ultegra werden im Rennradsport inzwischen als mechanische und als elektronische Schaltung (Di2) angeboten. Zu einer kompletten Gruppe zählen in der Regel das Schaltwerk, der Umwerfer, die Kassette mit den Ritzeln, die Bremsen und die Bremsgriffe, die im Normalfall auch die Schaltgriffe sind, die Tretkurbeln mit Kettenblättern und das Innenlager sowie nicht unbedingt zwingend weitere Teile wie die Kette oder die Züge. Eine Shimano-105-Gruppe in 11-fach kostet mit Scheibenbremsen ungefähr 800 Euro, mit Felgenbremsen rund 500 Euro. Die Dura Ace 12-fach mit der elektronischen Schaltung hingegen knapp 4.000 Euro. Das Spitzenmodell von Campagnolo, die elektronisch schaltbare Super Record 12-fach, ist ähnlich teuer, während die einfachste Chorus-Gruppe 11-fach bereits ab ca. 1.000 Euro zu haben ist. Die Angaben 11-fach oder 12-fach beziehen sich übrigens auf die Anzahl der Ritzel am hinteren Zahnkranzpaket. 2020 brachte Campagnolo mit der EKAR eine 13-fach-Kettenschaltung für Gravelbikes auf den Markt. Bereits 2019 hatte die spanische Firma Rotor eine 13-fach-Antriebsgruppe mit einem hydraulischen Schaltwerk präsentiert. Das Modell eignet sich für Rennräder und Gravelbikes sowie für Mountainbikes. Shimanos Topmodell im Mountainbike-Bereich ist die XTR (mechanisch und als Di2), am meisten verbaut an MTB's wird die Deore XT. Und bei den relativ neuen Gravel-Bikes kommt die GRX-Schaltung zum Einsatz.

Als Firmengründer Tullio Campagnolo 1983 starb, übernahm dessen Sohn Valentino die Firma. Ihm standen schwierige Zeiten bevor. Aber der studierte Volkswirt schaffte es, das Unternehmen zu modernisieren, gleichzeitig behielt Campagnolo seine Magie, stand weiterhin für ästhetische, handwerklich edle Produkte – auch wenn sie längst industriell gefertigt wurden. Im Profi-Rennradbereich jedenfalls waren die Italiener immer noch eine große Nummer, 2002 fuhr fast die Hälfte der Profis bei der Tour de France noch mit Campa-Komponenten.

Der Dritte im Bunde

In der Folge lieferten sich die Italiener und die Japaner weiter einen Wettlauf – in den sich allerdings ab Ende der 1980er-Jahre das US-amerikanische Unternehmen SRAM zusehends einmischte. Es ist so ein bisschen diese typische Geschichte des Start-ups, das an die Garage von Apple erinnert. Auch SRAM wurde 1987 mit nur sechs Mitarbeitern gegründet. Der Firmenname ist ein Akronym, zusammengesetzt aus den Namen der Firmengründer Scott King, Stan Ray Day und Sam Patterson. SRAM hatte sich zunächst am Markt mit den sogenannten Grip Shifts einen Namen gemacht: Drehgriffe am Lenker, die vor allem an Touren- und Mountainbikes eingesetzt wurden. Ganz rund lief es zunächst noch nicht: 2002 erhielt das Unternehmen aus Chicago noch das „Rostige Ritzel", vergleichbar mit der Goldenen Himbeere bei den Schauspielern, definitiv jedenfalls eine Anti-Auszeichnung. SRAM kaufte fleißig Firmen hinzu, wie bereits 1997 die deutsche Traditionsfirma Fichtel & Sachs, später den Federgabel-Produzenten RockShox und den Laufradhersteller Zipp.

2006 dann griff SRAM endgültig die beiden arrivierten Rennradmarken an, indem es mit der SRAM Force und der SRAM Rival erstmals Rennradkomponenten auf den Markt brachte. Die vielfach am alten Fichtel & Sachs-Standort Schweinfurt entwickelten und überwiegend in Taiwan produzierten SRAM-Produkte wurden besser und besser.

Inzwischen hat natürlich auch das US-Unternehmen längst Spitzenmodelle mit elektronischer Schaltung wie die SRAM eTap AXS am Markt. Bei der Tour de France 2021 allerdings wurde noch einmal klar, wer der absolute Marktführer auch bei den WorldTour-Teams ist. 17 Rennställe waren mit den Hightech-Komponenten aus dem Hause Shimano unterwegs, vier von ihnen mit Campagnolo-Teilen und einzig und allein das US-Team Trek-Segafredo setzte auf Komponenten von SRAM.

★ 3 ★

DIE GRANDS TOURS

Sie sind das Highlight des Jahres für die Fans und natürlich für viele Rennfahrer: die drei großen Landesrundfahrten im Radsport: die Tour de France, der Giro d'Italia und die Vuelta a España. Die Tour steht über allem, selbst wenn Giro- und Vuelta-Veranstalter immer steilere und spektakulärere Anstiege mit in ihr Programm aufnehmen. Aber egal wie steil die Anstiege in Italien oder Spanien auch sein mögen: Der Mythos der Tour de France überstrahlt alles im Radsport; und so hart gefahren wie bei der Frankreich-Rundfahrt wird nirgendwo sonst.

3.1 LE TOUR DE FRANCE

Von Marcel Molinès weiß heute kaum ein Mensch, dass er einmal eine Etappe bei der Tour de France gewonnen hat. Sein algerischer Landsmann Abdel-Kader Zaaf hingegen hat Tour-Geschichte geschrieben, wie so viele Fahrer bei dieser wichtigsten und schwersten Rundfahrt der Welt. Nicht allein, weil sie sportliche Höchstleistungen vollbrachten, sondern weil sie den Mythos der Tour mit ihren persönlichen Geschichten bereichert haben.

La Grande Boucle, die große Schleife, zieht die Menschen seit ihrer Gründung 1903 in ihren Bann. Die Tour de France ist mehr als ein Rennen. Sie ist Spektakel, Volksfest und Nationalheiligtum. Um so bitterer ist es für die Franzosen, dass seit mehr als 35 Jahren kein Franzose mehr das Rennen gewinnen konnte. Die Tour begeistert Millionen, weil es das Leben mit all seinen Freuden, dem Leiden und den Schmerzen so komprimiert über einen Zeitraum von drei Wochen wiedergibt. Die meisten könnten kaum einen Kilometer mithalten mit den Rennfahrern, aber sie fühlen mit, sie leiden mit und sie bewundern die Heroen der Landstraße. Wer einmal die Tour de France als Fahrer erlebt hat, wird es nie vergessen. Es gibt ein Buch, das den treffenden Titel trägt: „Nicht alle Helden tragen Gelb."

Auch jener Abdel-Kader Zaaf trug nie das Gelbe Trikot des Führenden. Es war brüllend heiß, im Sommer 1950 auf der Etappe von Perpignan nach Nîmes. „Canicule" sagen die Franzosen zu diesen drückenden Tagen. Genau das richtige Wetter für die Nordafrikaner Molinès und Zaaf zum Attackieren. Bald hatten sie Vorsprung von gut einer Viertelstunde herausgefahren, als sie anhielten, um ihren Durst zu löschen. Zaaf leerte eine Flasche Wein „auf ex". Durst hatte er immer noch, also runter mit der zweiten Flasche. Der Algerier stieg auf sein Rad, doch die Wirkung des Alkohols ließ bei der Hitze nicht lange auf sich warten. Zaaf eierte in Schlangenlinien einige Meter weiter, dann wurde er von den Rennkommissaren vom Rad geholt und unter einen Baum gelegt. Dort schlief er ein. Nach einer Stunde wurde er geweckt wird. Zaaf schwang sich aufs Rad und fuhr weiter – aber leider in die falsche Richtung. Der Nordafrikaner bittet am Abend die Jury, die letzten 25 Kilometer zum Ziel nachholen zu dürfen. Doch die Rennkommissare bleiben hart, der Algerier ist raus aus dem Rennen.

Premiere am 3. Juli 1903

Es ist nur eine von unzähligen Geschichten, die dieses älteste und berühmteste Radrennen der Welt schrieb. Ins Leben gerufen hat die Tour de France Henri Desgrange, der Herausgeber der Zeitung L'Auto. Er wollte die Auflage seiner Zeitung durch das Rennen steigern, um auf diese Weise das Konkurrenzblatt Le Vélo zu übertreffen. Es gab zu dieser Zeit durchaus schon Eintagesrennen, eine Etappenfahrt, wie sie Desgrange plante, war etwas ganz Neues. 60 Männer standen schließlich am Nachmittag des 3. Juli 1903 am Café Reveil-Matin im Pariser Vorort Montgeron. 60 wagemutige Rennfahrer, die eine Strecke von 2.428 Kilometern vor sich hatten. Oft starteten die Heroen der Landstraße bereits im Dunkeln, die Etappen waren bisweilen mehr als 400 Kilometer lang. Aber immerhin gab Desgrange den Männern so etwas wie ein Roadbook mit auf den Weg. Darin standen unter anderem Hinweise auf gefährliche Kurven, aber auch die Bitte, nicht allzu viel Lärm zu machen beim Durchfahren der Innenstädte. Als erster Rennfahrer trug sich ein gewisser Maurice Garin in die Siegerliste der Tour de France ein. Er hatte zwei Stunden und 49 Minuten Vorsprung zum Zweiten (bis heute der größte Vorsprung in der Geschichte der Tour).

Die zweite Austragung im Jahr 1904 war beinahe auch die letzte, obwohl die Rundfahrt ein Erfolg war. Vielleicht muss man sagen: weil die Tour ein Erfolg war. Fahrrad-Produzenten hatten die Tour de France als Markt entdeckt, aber der Kampf, den sie gegeneinander und auf dem Rücken der Rennfahrer führten, war ein mieser und unfairer Kampf. Die konkurrierenden Hersteller warben Kriminelle an, um die Fahrer zu sabotieren; es wurden Nägel auf die Fahrbahn gestreut, Rahmen wurden angesägt, Trinkflaschen vergiftet, Fahrer von der Straße gedrängt. Ein desillusionierter Desgrange dachte bereits daran, sein Baby zu beerdigen, zumal auch noch die ersten Vier der Gesamtwertung disqualifiziert werden mussten, weil sie ein Teilstück mit der Eisenbahn gefahren waren. Aber wie heißt es so schön in der Medienbranche: „Bad news are good news." Die Auflage seiner Zeitung war gestiegen und Desgrange führte sein Lebenswerk fort.

„Ihr seid alles Mörder"

Im Jahre 1909 schließlich eröffnete der Tour-Direktor Firmenteams den Zugang zur Tour de France, obwohl die sich zuvor so überaus schäbig benommen hatten. Desgrange war ein gestrenger Patron der alten Schule, man könnte auch sagen, er war ein autoritärer und höchst konservativer Macho, der seine Fahrer bisweilen beschimpfte und demütigte. Gangschaltungen an den Rädern lehnte er ab, so lange er der Boss der Tour de France war. Das wäre nur etwas für Menschen mit Behinderungen und für Frauen, so der Tour-Patron. 1919 bereits führte Desgrange das Gelbe Trikot ein, 1933 das gepunktete Jersey für den besten Bergfahrer. Fraglos gute Ideen, aber nichts gegen die Idee, die der Tour-Gründer schon in den 1930er-Jahren umsetzte: Vor dem Fahrerfeld ließ er eine Werbekarawane fahren, die seine Veranstaltung finanzierte.

1909 siegte mit dem Luxemburger François Faber der erste Nicht-Franzose. 1910 musste erstmals der Col du Tourmalet erklommen werden. Eine 2.115 Meter hohe Passstraße in den Pyrenäen, mehr ein Pfad als eine Straße, auf der sich zu der Zeit noch freilebende Bären herumtrieben. Octave Lapize war einer der Rennfahrer, der diese Strapazen auf sich nahm. Als er oben an der Passhöhe ankam, beschimpfte er die Tour-Offiziellen mit den längst legendären Worten: „Ihr seid alles Mörder." Aber Desgrange wusste: genau so etwas brachte Aufmerksamkeit, genau so etwas brachte Auflage.

Im Jahre 1926 mussten die Fahrer in knapp drei Wochen eine Strecke von unglaublichen 5.745 Kilometern zurücklegen. Zwei Jahre später holte sich der Luxemburger Nicolas Frantz zum zweiten Mal den Gesamtsieg. Diesmal allerdings streckenweise auf einem Damenrad. Auf der 19. Etappe war sein Rahmen gebrochen. Frantz schaute sich um, entdeckte eine Dame nebst Rad. Gar nicht Gentleman schnappte er sich das Alltagsgefährt mit Klingel und Schutzblech, ohne zu fragen. Er fuhr, was das Zeug hielt, verlor an dem Tag nur sechs Minuten und verteidigte seinen Vorsprung im Gesamtklassement.

Anquetil, Merckx, Hinault und Indurain mit fünf Siegen

Ab 1936 übernahm Jacques Godet für den erkrankten und 1940 verstorbenen Desgrange die Leitung der Tour de France. Von 1953 bis 1955 siegte der Franzose Louison Bobet dreimal in Folge; dies war zuvor noch keinem Fahrer gelungen. Von 1930 bis 1962 fuhren bei der Tour de France übrigens Nationalmannschaften; erst 1983 starteten professionelle Rennställe bei der Frankreich-Rundfahrt. Jacques Anquetil siegte als Mitglied der französischen Nationalmannschaft und als Kapitän seines Rennstalls Saint-Raphael-Helyett-Hutchinson.

Als erster Profi gewann der Franzose fünfmal die Rundfahrt. 1969 gewann Eddy Merckx zum ersten Mal die Tour, auch er triumphierte fünfmal. Der größte Rennfahrer aller Zeiten, der „Kannibale", wie er aufgrund seines unstillbaren Siegeshungers auch genannt wurde, gewann bei der Tour 34 Etappen; ein Rekord, den er bis 2021 allein hielt, bis der Sprinter Mark Cavendish ihn zumindest einstellte. Merckx gewann bei der Tour die Gesamtwertung, die Punktewertung und die Bergwertung. Das war bis dahin keinem anderen Rennfahrer gelungen. Erst Bernard Hinault sollte das auch schaffen. Der „Dachs", wie die Franzosen den Bretonen nannten, dominierte die Tour in den späten 1970er- und 1980er-Jahren und gewann die Rundfahrt durch seine Heimat ebenfalls fünfmal.

Hinault hatte seinen letzten Triumph vor allem mit der Hilfe eines jungen US-Amerikaners perfekt gemacht. Greg LeMond verhalf seinem Kapitän 1985 zu dessen fünftem Sieg. Dafür, so versprach Hinault, wollte er LeMond 1986 zum Sieg führen. Doch der Bretone war so dermaßen ehrgeizig, dass er sein Versprechen brach und attackierte – und dass, obwohl die beiden wirklich gut befreundet waren. LeMond erwies sich jedoch als zu stark, gewann als erster US-Amerikaner die Tour und triumphierte 1989 zum zweiten Mal. LeMond war nach einem Jagdunfall, der ihn fast das Leben kostete, zurückgekehrt und siegte auf den Champs-Élysées vor dem Franzosen Laurent Fignon. Der hatte noch vor dem abschließenden Einzelzeitfahren in Paris mit 50 Sekunden Vorsprung geführt. Am Ende hatte LeMond nach 3.285 Kilometern die Winzigkeit von acht Sekunden Vorsprung vor Fignon. Es war und ist bis heute die knappste Entscheidung bei der Grande Boucle.

Den Beginn der 1990er-Jahre dominierte nach LeMonds drittem Triumph 1990 der Spanier Miguel Indurain. Der Bauernsohn aus Navarra gewann die Tour de France von 1991 bis 1995 fünfmal in Folge; dies war zuvor noch keinem Profi gelungen. Kein Rennfahrer hatte solche körperlichen Voraussetzungen wie „Don Miguel": Sein Ruhepuls lag bei 28 Schlägen. Der „Überirdische", wie die Medien den Spanier auch nannten, sicherte sich seine fünf Gesamtsiege vor allem als überragender Zeitfahrer; in den Bergen reichte es ihm, das Feld mit großer Souveränität zu kontrollieren und damit sein Gelbes Trikot zu verteidigen.

Bereits im Sommer 1977 hatten die deutschen Radsportfans mit einem 22 Jahre alten Shootingstar mitgefiebert. Dietrich „Didi" Thurau fuhr bei seiner Premiere ins Gelbe Trikot und verteidigte es 15 Tage lang. Am Ende landete der „blonde Engel", wie die Medien den Frankfurter nannten, auf Platz fünf der Gesamtwertung. Es war die beste Platzierung eines Deutschen seit dem zweiten Platz von Kurt Stöpel im Jahr 1932.

Erster Sieg eines deutschen Profis

Im Jahre 1996 nahm ein gewisser Jan Ullrich erstmals an der Tour de France teil. Er verhalf seinem Kapitän Bjarne Riis zum Sieg, wurde selbst Zweiter und bester Nachwuchsfahrer. 1997 gewann Ullrich als erster und bisher einziger deutscher Fahrer das wichtigste Radrennen der Welt. Eigentlich war „Ulle" erneut als Edeldomestike für seinen Kapitän beim T-Mobile-Team vorgesehen. Aber als der Däne schwächelte, bekam der damals erst 23 Jahre alte Rostocker freie Fahrt und fuhr am Aufstieg nach Arcalis ins Gelbe Trikot. Er verteidigte es bis nach Paris, auch weil ihn sein treuester Helfer Udo Bölts in den Vogesen mit den längst legendären Worten: „Quäl dich, du Sau!", antrieb, als Ullrich einen schwächeren Tag hatte. Ein deutscher Sportheld war geboren, einer, der ganz oben war und der später ganz tief fallen sollte. Damals, nach Ullrichs erstem

Sieg bei der Tour, waren sich die Experten einig: eine neue Ära war angebrochen. Man sprach und schrieb vom legitimen Nachfolger des großen Miguel Indurain, der bekanntlich fünfmal in Folge die Tour gewonnen hatte. Und mindestens das traute man dem Telekom-Profi, diesem rothaarigen Jung-Siegfried aus Rostock-Lichtenhagen, auch zu. Es sollte bekanntlich anders kommen.

Schon im Frühjahr 1998 kamen Zweifel auf: Ullrich präsentierte sich mit reichlich Übergewicht, wurde dann aber rechtzeitig fit und befand sich auf Kurs Titelverteidigung. Ein Hungerast auf der 15. Etappe beendete alle Träume vom zweiten Tour-Sieg. Ullrich verlor am Galibier und am Schlussanstieg nach Les-Deux-Alpes neun Minuten auf Marco Pantani und damit auch das Gelbe Trikot. Es sei die schlimmste Etappe seines Lebens gewesen, sagte Ullrich später und erzählte: „Ich war oben so kaputt, dass meine Betreuer mich auf dem Rad zum Hotel schieben mussten. Dort haben sie meine Finger vom Lenker gelöst, mich ins Zimmer geschleppt und ausgezogen. Danach legten sie mich zwei Stunden lang in die Badewanne und fütterten mich." Ullrich kämpfte anschließend, er gewann noch eine Bergetappe und das Zeitfahren auf der vorletzten Etappe. Aber es reichte nicht mehr: Der Titelverteidiger wurde Gesamtzweiter, mit 3:21 Minuten hinter Marco Pantani.

Nachdem Ullrich 1999 aufgrund von Knieproblemen absagen musste, trat er im Jahr 2000 wieder an. Zum Duell mit Lance Armstrong. Ein Duell, das der Deutsche nur verlieren konnte. Man weiß inzwischen, dass auch Ullrich zu unerlaubten Mitteln gegriffen hatte, aber gegen das perfekt organisierte Dopingsystem Armstrongs hatte er keine Chance – wobei das nur die halbe Wahrheit wäre. Denn es lag auch am Jahrhunderttalent Ullrich selbst. Wie sagte dessen Kollege Rolf Aldag so treffend: „Jan Ullrich bräuchte den Kopf von Udo Bölts, dann würde kein anderer mehr ein Rennen gewinnen."

Die Dominanz des Teams Sky

Bereits die Tour de France 1998 ging als Tour de Farce in die Geschichte ein; der gesamte Radsport stand nach einem Dopingskandal während der Frankreich-Rundfahrt am Abgrund. Man weiß heute, dass es in den Jahren darauf nicht besser wurde. Die sieben Siege Lance Armstrongs von 1999 bis 2005 sind allesamt gestrichen worden. Auch der Erfolg von Floyd Landis 2006 und der von Alberto Contador 2010 wurden später aufgrund von positiven Dopingtests aus den Palmarès gelöscht.

Im Jahr 2012 begann die Dominanz des Team Sky. Der Brite Bradley Wiggins gewann die Frankreich-Rundfahrt 2012, und es gab durchaus eine Parallele zu Riis und Ullrich. Denn auch beim ersten Tour-de-France-Triumph eines britischen Rennfahrers saß dem Kapitän ein stärkerer Edelhelfer im Nacken. Chris Froome war bereits 2012 stärker als Wiggins, aber die Verantwortlichen bei Sky behielten die Stallorder bei und so machte der Kronprinz Froome seinen Kapitän Wiggins zum König der Tour de France 2012. In den Jahren 2013, 2015, 2016 und 2017 holte sich Froome das Gelbe Trikot. Der „weiße Kenianer", wie der in Afrika aufgewachsene Brite genannt wurde, verpasste den Sieg 2014 wohl nur, weil er aufgrund einer Verletzung passen musste. Froome war nicht gerade beliebt bei den Fans. Eine Art Mensch gewordene Maschine, bei dem stets der Verdacht mitfuhr, ob alles mit sauberen Dingen zugeht. In Erinnerung bleibt auf jeden Fall, wie Chris Froome 2016 bei der Etappe am Mont Ventoux auf seinen Radschuhen dem Gipfel entgegenjoggte. Sein Rad war nach einer Kollision mit einem Motorrad defekt, im Chaos kam er so schnell nicht an ein Ersatzrad und rannte einfach los; ein Bild für die Ewigkeit. 2018 gewannen mit Geraint Thomas und 2019 mit Egan Bernal zwei weitere Profis des britischen Teams, das inzwischen INEOS-Grenadiers heißt.

2020 drohte die Tour wegen der Coronapandemie auszufallen. Es wäre für die Organisatoren, aber auch für die teilnehmenden Teams eine ökonomische Katastrophe gewesen. Ralph Denk, Teamchef des deutschen WorldTour-Teams BORA-hansgrohe, rechnete vor, dass sich rund 70 Prozent der Medienwirksamkeit und des Werbeeffekts über das gesamte Jahr auf die Tour konzentriere und er bei einem Ausfall seinen Sponsoren keinen Gegenwert bieten könne. Aber die Tour fand statt, nicht wie üblich im Juli, sondern im späten August und September. Und sie hatte erstmals einen slowenischen Sieger. Allerdings nicht Primož Roglič, sondern dessen jungen Landsmann Tadej Pogačar. Roglič hatte mit seinem Team Jumbo-Visma über fast zwei Wochen die Rundfahrt dominiert, wie es einst das Team Sky tat. Er sah wie der sichere Sieger aus, ehe der erst 21 Jahre alte Pogačar ihn mit einem Auftritt wie von einem anderen Planeten beim Bergzeitfahren hinauf zur Planche des Belles Filles aus dem Gelben Trikot fuhr und schließlich als jüngster Tour-de-France-Sieger in die Geschichtsbücher einging (den Sieg des 19 Jahre alten Henri Cornet 1904 nicht mitgezählt, weil dieser erst am „grünen Tisch" zum Sieger erklärt wurde). Die Performance des jungen Slowenen wurde allerdings durchaus auch argwöhnisch betrachtet. Fachleute bezweifelten, dass ein Mensch ohne Doping in der Lage sei, solche Wattzahlen über einen so langen Zeitraum zu treten, wie Pogačar es in den Vogesen tat. 2021 gewann der Slowene in Diensten des UAE Team Emirates erneut.

Gelddruckmaschine Tour

Die Tour de France ist nationales Kulturgut in Frankreich, aber sie ist natürlich auch ein enormer Wirtschaftsfaktor; sie ist geradezu eine Gelddruckmaschine. Die Haupteinnahmequelle des ASO also des Ausrichters der Tour de France, sind die TV-Rechte. Rund 200 TV-Sender weltweit übertragen das Rennen, man geht von einer Milliarde Fernsehzuschauer aus. Um die 250 Millionen Euro Umsatz macht die ASO, laut Medienberichten, inzwischen, deutlich mehr als 50 Millionen Euro Gewinn pro Jahr. 60 Prozent der Einnahmen generiert der Veranstalter aus den TV-Rechten, etwa zehn Prozent zahlen die Start- und Zielorte, um Teil der Grande Boucle zu sein. Mehr als 100.000 Euro Grundgebühr sind fällig pro Stadt oder Ort. Wer den Grand Départ, also den Start der Rundfahrt, ausrichten will, muss Medienberichten zufolge bis zu 17 Millionen Euro berappen. Rund ein Drittel des Etats steuern Sponsoren bei. Die vier Hauptsponsoren, die im Club de Tour versammelt sind und bis zu fünf Millionen Euro in den Topf einzahlen; hinzu kommt eine Handvoll offizieller Partner und mehr als 100 Unternehmen, die ihren Platz in der Werbekarawane haben, die täglich den Tour-Tross anführt.

Eine Milliarde Zuschauer verfolgten das Event an den Bildschirmen zu Hause. Man schätzt, dass in den Jahren ohne Pandemie bis zu 15 Millionen Fans die Straßen säumen. Einheimische, aber auch Radsportfans aus aller Herren Länder, die mit ihren Wohnmobilen schon früh die Kehren und Passstraßen hinauffahren, um dort oben ein Plätzchen zu finden. Mehrere Tage vor der Etappe müssen die Radsportverrückten beispielsweise an der 13 Kilometer langen Strecke hinauf nach L'Alpe d'Huez stehen; sonst finden sie keinen Platz mehr.

Vor allem aber verlangt dieser Wanderzirkus Tour de France den Organisatoren eine logistische Meisterleistung nach der anderen ab. Die Planung beginnt bereits im Herbst des Vorjahres, wenn die Strecke festgelegt ist. Es gilt, den Auf- und Abbau an Start und Ziel zu organisieren, inklusive des Mediencenters; Dutzende riesige Trucks rollen durch die Orte, um die kilometerlangen Absperrgitter abzutransportieren; rund 5.000 Menschen, Fahrer, Begleiter, Journalisten, VIP's und Fans müssen am Zielort oder drum herum eine Unterkunft finden. Der Einsatz von Hunderten von Gendarmen, Kameramotorrädern und Helikoptern muss koordiniert werden. Das ist tagtäglich eine riesige Herausforderung.

Rekordteilnehmer bei der Tour de France ist der Franzose Sylvain Chavanel, der 18-mal die große Schleife fuhr. Eddy Merckx trug auf 111 Etappen das Gelbe Trikot, so oft wie kein anderer. Jüngster Etappensieger der Tour-Historie ist der Italiener Fabio Battesini, der 1931 im Alter von erst 19 Jahren auf einem Tagesabschnitt siegte. Ältester Etappensieger ist der Belgier Pino Cerami, der im Alter von 41 Jahren im Jahr 1963 auf der Etappe nach Pau siegte.

Die längste Strecke mit 5.745 Kilometern hatten die Rennfahrer 1926 zu absolvieren, die kürzeste im Jahr 1904. Die längste je gefahrene Etappe ist die von Les Sables d'Olonne nach Bayonne: 482 Kilometer mussten die Fahrer gleich mehrfach entlang der Atlantikküste zurücklegen. Die schnellste Tour-Etappe gewann Mario Cipollini im Sommer 1991; der Italiener siegte auf der Etappe von Laval nach Blois mit einer Durchschnittsgeschwindigkeit von 50,355 Stundenkilometern. Peter Sagan gewann siebenmal die Punktewertung, Richard Virenque genauso oft das gepunktete Trikot des besten Kletterers. Und Wim Vansevenant hält einen ganz besonderen, durchaus prestigeträchtigen Rekord, um den ihn tatsächlich andere Rennfahrer beneiden. 2006, 2007 und 2008 trug er die Rote Laterne bei der Tour de France, wurde also Letzter der Gesamtwertung. Nur 2005 hat es nicht ganz geklappt; da wurde Vansevenant Vorletzter.

3.1.1 Die legendären Pässe der Tour de France

Echte Radsport-Fans können ihre Namen vorwärts und rückwärts herunterbeten: die der legendären Pässe bei der Tour de France. Col du Galibier, Mont Ventoux, Col du Tourmalet und nicht zuletzt die legendären 21 Kehren hinauf nach L'Alpe d'Huez. Diese Anstiege zu den zumeist mehr als 2.000 Meter hohen Passhöhen in den Alpen und den Pyrenäen besitzen Kultstatus unter den Radsportjüngern. Dort, wo sich die Profis seit mehr als 100 Jahren epische Duelle liefern, sind inzwischen auch unzählige Hobbyfahrer unterwegs, leiden am Berg, besiegen Meter um Meter den inneren Schweinehund und sind an der Passhöhe genauso Champions wie Eddy Merckx oder Miguel Indurain.

Col du Galibier

Der Col du Galibier gilt gemeinhin als das „Dach der Tour", auch wenn er mit seiner Passhöhe von 2.645 Metern „nur" die fünfthöchste asphaltierte Passstraße der Alpen ist und auch bei der Tour de France bisweilen höhere Pässe bezwungen werden müssen. Aber der Col du Galibier, erstmals 1911 im Programm der „Grande Boucle", ist ein Mythos und natürlich ist auch er in die sogenannte hors categorie (HC) eingestuft. Eröffnet wurde die Passstraße bereits im Jahr 1876; der Col du Galibier ist die Grenze zwischen der Region Auvergne-Rhône-Alpes und der Region Provence-Alpes-Côte d'Azur und bietet ein traumhaftes Alpenpanorama; faszinierend ist vor allem die karge Mondlandschaft oberhalb der Baumgrenze. Zumeist wird der Col du Galibier von Norden über den Col de Télegraph angefahren, die durchschnittliche Steigung beträgt um die sieben Prozent. Der Galibier ist kein tückischer Berg, er muss eher gleichmäßig gefahren werden. Die steilsten Stellen liegen bei zwölf Prozent. Aber die mehr als 2.000 Höhenmeter, verteilt auf rund 34 Kilometer, muss man auch erst einmal knacken, zumal der Galibier häufig zum Ende einer Etappe gefahren wird. 2011, zum 100-jährigen Jubiläum der Tour, mussten die Profis ihn gleich zweimal bezwingen. Ist der Col du Galibier im Programm, dann wird hier das „Souvenir Henri Desgranges" ausgetragen. Wer als Erster an der Passhöhe ankommt, erhält eine Sonderprämie von 5.000 Euro.

Mont Ventoux

Man weiß irgendwie nicht so recht, wie er da hingeraten ist. Der **Mont Ventoux** ragt als einsamer Berg 1.912 Meter aus der hügeligen Landschaft der Provence unweit der Rhône-Ebene in den Himmel. „Le Géant de Provence" (der Gigant der Provence) wird er auch genannt, dieser kahle Riese, der angeblich schon den Kelten als heiliger Berg galt. Gigantisch ist auch die Aussicht: Vom Gipfel kann man gleichzeitig die höchsten Alpengipfel, das Mittelmeer und die Pyrenäen erblicken. Die Profis dürften dafür kaum Muße haben; zu hart ist der Aufstieg hinauf zum Gipfel des „windigen Bergs", wie man den Namen des Berges wohl übersetzen darf. Denn tatsächlich pfeift einem an den kahlen Flanken des Mont Ventoux häufig der Mistral um die Ohren. Angenehm ist das nicht, wenngleich so vielleicht die Hitze ein wenig besser zu ertragen ist. Erstmals im Programm der Tour de France war der weiße Riese 1951, traurige Berühmtheit erlangte er im Jahr 1967, als der Brite Tom Simpson, vollgepumpt mit Alkohol und Aufputschmitteln, bei 45 Grad in der

Mondlandschaft unterhalb des Gipfels verstarb. Seine angeblich letzten Worte: „Setzt mich wieder auf mein Rad", hat er allerdings nie gesagt. Wie brutal die Kletterei sein kann, musste auch der große Eddy Merckx erfahren. Als er 1970 als Sieger auf dem Gipfel ankam, musste er tatsächlich hinterher unters Sauerstoffzelt. Der Schweizer Ferdi Kübler war nach der Überquerung so fertig, dass er in einer Kneipe in Avignon angeblich zwei Biere hinunterstürzte, fast in die falsche Richtung weiterfuhr, am nächsten Tag die Tour verließ und schließlich sogar ganz seine Karriere beendete. Der französische Philosoph und Radsportfan Roland Barthes sagte einmal über den Mont Ventoux: „Der Ventoux ist ein Gott des Bösen, dem geopfert werden muss. Er vergibt keine Schwächen und fordert einen unverhältnismäßigen Tribut des Leidens."

Die Passhöhe kann von drei Ausgangspunkten aus angefahren werden, von Malaucène, von Sault und von Bédoin aus. Die Anfahrt von Süden aus (Bédoin) gilt als die schwerste, aber vielleicht auch deshalb als die beliebteste. Auf dieser im Durchschnitt 7,4 Prozent steilen Variante muss man auf 21,2 Kilometern knapp 1.600 Höhenmeter bewältigen. Vergleichsweise „einfach" mit 4,5 Prozent im Schnitt ist die Strecke von Sault aus, die sich beim Chalet Reynard mit der Bédoin-Strecke verbindet. Die Anfahrt von Malaucène aus ist ähnlich hart wie die von Bédoin. 2021 mussten die Profis gleich zweimal hinaufklettern; gewonnen hat der Belgier Wout van Aert die Etappe hinauf zum Giganten des Radsports.

L'Alpe d'Huez

Geschäftstüchtige und gewiefte Hotelbesitzer gab es schon in den 1950er-Jahren. Ohne sie würde es den Mythos L'Alpe d'Huez nicht geben, diese wohl legendärste aller Kletterpartien im Rahmen der Tour de France. Wer hier eine Etappe gewinnt, ist im Radsport-Olymp angekommen. Um keinen Anstieg wie um den hinauf zur Skistation namens L'Alpe d'Huez wird so viel medialer Hype gemacht, auf keiner Etappe stehen mehr Zuschauer am Rand der Straße. Um die 300.000 will die Gendarmerie in den besten Jahren gezählt haben. Nirgendwo wird so ein gnadenloses Tempo angeschlagen, wie an den 21 Kehren hinauf auf die 1.860 Meter im Retorten-Skiort L'Alpe d'Huez. Durchschnittlich 7,9 Prozent Steigung weist der Anstieg auf den 13,8 Kilometern auf, wenn die Fahrer im Tal bei Bourg d'Oisans auf die D 211 abbiegen.

Ins Rollen kam die ganze Geschichte tatsächlich durch die Hoteliers André Quintin und Georges Rajon aus L'Alpe d'Huez. Genau genommen hatte der Künstler Jean Barbaglia die Hoteliers mit seiner Idee konfrontiert, ein Radrennen in der Region auszurichten.

Die Hoteliers wiederum sprachen die Tour-de-France-Organisatoren an. Mit dem Hintergedanken, auch im Sommer Gäste nach L'Alpe d'Huez zu locken. Die Hotelbesitzer versprachen, das gesamte Peleton eine Nacht kostenlos übernachten zu lassen. Und zack, schon war L'Alpe d'Huez im Jahr 1952 Etappenziel. Fausto Coppi war der erste Etappensieger. Das Rennen war ein voller Erfolg, aber der logistische Aufwand bei einer Bergankunft schreckte die Tour-Organisatoren ab. Erst 1976 war L'Alpe d'Huez erneut Ziel einer Tour-de-France-Etappe.

Nach dem Premierensieger Coppi gewannen ziemlich viele niederländische Profis die Etappe. Aus diesem Grund wird der Anstieg nach L'Alpe d'Huez auch als der „Berg der Holländer" bezeichnet. Obwohl seit Peter Winnen im Sommer 1983 kein Niederländer mehr die Etappe dort gewonnen hat. Jeder Sieger in L'Alpe-d'Huez wird mit einem Schild in den 21 Kehren geehrt. Weil es inzwischen mehr Sieger als Kehren gibt, sind die ersten von ihnen quasi doppelt belegt. Hennie Kuiper und Joop Zoetemelk siegten zweimal, genau wie Jahre später Marco Pantani. Der Italiener hält auch die Bestzeit für die 13,8 Kilometer. In 36:50 Minuten flog der – freilich gedopte – Italiener 1997 die 21 Kehren hinauf. Es waren wohl relativ viele L'Alpe-d'Huez-Sieger gedopt. Bei einem flog es direkt im Ziel auf. Der Belgier Michel Pollentier versuchte 1978, die Dopingkontrolleure auszutricksen. Er hatte sich einen Beutel mit Fremdurin unter die Achsel geklemmt und gab über einen Schlauch sauberen Urin ab. Die Kommissäre entdeckten den Schwindel, Pollentier wurde disqualifiziert.

Col du Tourmalet

Kein anderer Pass gehört so sehr zur Tour de France wie der Tourmalet in den Pyrenäen. Bereits 1909 hatten die Organisatoren der Frankreich-Rundfahrt die Idee, die Fahrer über diesen Pyrenäenpass zu schicken. Obwohl dieser nicht viel mehr als ein Weg für Ziegenhirten war, ein Schotterpfad durch eine wilde und einsame Berglandschaft, in der es damals noch freilebende Bären gab. Der Chef der Tour, Henri Desgrange, schickte seinen Mitarbeiter Alphonse Steines zur Besichtigung des Tourmalet, was übersetzt „schlechter Weg" bedeutet. Steines, der die Aufnahme des Tourmalet selbst vorgeschlagen hatte, überlebte knapp und musste von Bauern aus dem kleinen Weiler Barèges geborgen werden, nachdem er sich in der wilden Bergregion verirrt hatte. Steines war aber anscheinend so begeistert von seiner eigenen Idee oder mochte nicht zugeben, dass es der pure Wahnsinn war, diesen Pass mit dem Rad hochzufahren. Also telegrafierte er seinem Chef Desgrange, es ginge ihm bestens und es sei überhaupt kein Problem, den Tourmalet ins Programm der Tour aufzunehmen.

Als die Fahrer 1910 dann erstmals über den Tourmalet gescheucht wurden, bezeichnete kein Geringerer als der Gesamtsieger der Rundfahrt, Octave Lapize, die Organisatoren der Tour als Mörder. 2.115 Meter ist er hoch und damit der höchste Pyrenäenpass auf französischer Seite. Befahren wurde er seit mehr als 100 Jahren über 80-mal, mal von der Ostseite, mal von Westen aus. Die beiden Anstiege geben sich nicht viel, die durchschnittliche Steigung liegt jeweils bei 7,5 Prozent. Am Tourmalet spielten sich im Laufe der Jahre Dramen ab, wie schon 1913, als Eugène Christoph zur Tour-Legende wurde. „Cri-Cri", wie der Franzose genannt wurde, brach bei der Abfahrt vom Tourmalet die Gabel. Er marschierte mit seinem kaputten Rad rund 14 Kilometer bis zur nächsten Schmiede, um das Rad zu reparieren. Zwei Stunden Zeitverlust bedeutete der Fußmarsch für den bis dahin Führenden. In der Schmiede schwang Christophe selbst den Hammer, obwohl er ihn vor Erschöpfung kaum noch halten konnte. Aber er wusste: Würde er fremde Hilfe in Anspruch nehmen, drohten ihm Sanktionen oder gar die Disqualifikation. Christophe schaffte es tatsächlich, die Gabel zu reparieren. Aber die Tour-Bosse waren gnadenlos: Sie brummten ihm noch eine Zeitstrafe von einer Minute auf, weil ein kleiner Bursche in der Schmiede den Blasebalg bedient hatte.

Col de l'Iseran

Oben am Pass, am Col de l'Iseran auf 2.764 Meter Höhe, schien im Juli 2019 noch alles in Ordnung zu sein. Der INEOS-Grenadiers-Profi Egan Bernal hatte sich abgesetzt und schickte sich an, als erster Kolumbianer die Tour de France zu gewinnen. Auf der Passhöhe war der Südamerikaner ins virtuelle Gelbe Trikot geschlüpft. Im Nacken saßen ihm unter anderem der bis dahin Führende in der Gesamtwertung, der Franzose Julian Alaphilippe, der Deutsche Emanuel Buchmann und die anderen Klassementfahrer. Es war eine extrem spannende Etappe, ehe sie jäh unterbrochen wurde. Während die Fahrer noch die Abfahrt hinunterrasten, sahen die TV-Zuschauer bereits, was auf dem Weg zum Zielort Tignes passierte. Ein heftiger Wetterumschwung brachte Starkregen und Hagel. Die Straßen waren binnen Minuten unpassierbar geworden. Bagger versuchten die Wassermassen und den Schlamm, verursacht durch Erdrutsche, von den Straßen zu räumen. Vergeblich.

Relativ schnell sah der Veranstalter ASO ein, dass es lebensgefährlich für die Fahrer werden würde und brach die Etappe ab. Die Fahrer erfuhren zum Teil über den Tour-Funk davon, zum Teil aus den offiziellen Begleitfahrzeugen, dass das Rennen beendet sei. Vor allem Alaphilippe, der als bester Abfahrer des Peletons immer noch hoffte, Bernal einholen zu können, wollte gar nicht glauben, dass ihm die Chance nun genommen würde. Die Rennfahrer rätselten, sie fluchten und sie lamentierten, während sie immer noch die Abfahrt hinunterrasten. Irgendwann stoppten sie dann doch und gaben später unisono zu, dass man unter diesen Bedingungen wahrlich kein Radrennen mehr hätte fahren können. Die Etappe wurde schließlich mit den Abständen auf dem Col d'Iseran gewertet und Egan Bernal verteidigte auf den verbleibenden drei Etappen souverän das Gelbe Trikot. Doch auch schon zuvor hatte der Iseran, der höchste befahrbare Pass in Frankreich, für Schlagzeilen gesorgt. 1989 bei der zweiten Überquerung wurde hier das erste Bergzeitfahren der Tour ausgetragen. Claudio Chiapucci hätte beinahe den scheinbar übermächtigen Miguel Indurain aus dem Gelben Trikot gefahren.

Col d'Izoard

Der Col d'Izoard musste erstmals im Jahr 1922 während der Tour de France überquert werden, damals noch auf einer unbefestigten Schotterstraße. 2.360 Meter hoch ist der Scheitelpunkt des Tour-Klassikers in den französischen Alpen. Auch der Izoard, unweit der italienischen Grenze gelegen, hat epische Duelle erlebt. Die Dauerrivalen Fausto Coppi und Gino Bartali lieferten sich hier 1949 einen Kampf um das Gelbe Trikot. Aber der Izoard war auch einer der Schauplätze, an denen klar wurde, dass die Rivalität der beiden Italiener eher von den Medien geschürt wurde. Coppi fuhr damals in ein Schlagloch, Bartali wartete auf ihn und half ihm sogar, den Defekt zu beheben. Die Etappe in Briançon gewann Bartali an seinem Geburtstag, ein Geschenk Coppis. Die Tour aber gewinnt Fausto Coppi am Ende mit elf Minuten Vorsprung auf Bartali. Fausto Coppi war der Col d'Izoard geradezu heilig. Eine Handvoll Erde von dort wurde nach seinem Tod sogar auf seinem Sarg drapiert. Es ist keine fruchtbare Erde dort oben auf über 2.000 Metern. Die Casse Déserte auf der Südseite, die „zerbrochene Wüste", ist eine karge, wie spektakuläre Mondlandschaft. Felsnadeln, die je nach Tageslicht unterschiedliche Farben von rosa über gelb bis grau annehmen, ragen aus den Schutthalden dieser Verwitterungslandschaft heraus. An einem dieser Felsen ist ein Gedenkstein für Coppi und Louison Bobet entstanden, der am Col d'Izoard den Grundstein für seinen ersten Gesamtsieg im Jahr 1953 gelegt hatte. Verkehrstechnisch hatte der Col d'Izoard eigentlich nie große Bedeutung. Er verbindet Briançon mit Château-Ville-Vieille und Guillestre im Süden, weitaus bequemer ist die Route entlang der

Durance im Tal. Allenfalls Schmuggler und Radprofis nutzten die Route über den Pass inmitten des Parc naturel régional du Queyras.

Weitere Passhöhen mit Kultcharakter, die im Rahmen der Tour de France bezwungen werden müssen, sind der Col de la Madeleine in den Zentralalpen (Scheitelpunkt: 1.993 m / durchschnittliche Steigung: 7,9 %), der Col de la Croix Fer (2.064 m / 5 %) nördlich von L'Alpe d'Huez sowie der Col de la Colombière (1.108 m / 6,8 %). Der Col d'Agnel (2.744 m / 6,7 %) ist nach dem Iseran und dem Stilfser Joch die dritthöchste Passstraße der Alpen. Der Grenzpass zwischen Frankreich und Italien war bereits bei der Tour und beim Giro im Programm. Vom extrem steilen Col de Joux-Plane (1.700 m / 11,6 %) unweit des Wintersportortes Morzine hat man einen fantastischen Ausblick auf den Mont Blanc. Der deutsche Radprofi Rolf Gölz nannte den Joux-Plane schlicht einen „Scheißberg". Den Radsportfans aber ist der ruppige und unrhythmische Anstieg wohl vor allem in Erinnerung geblieben, weil Lance Armstrong hier einen Hungerast erlitt und drohte, das Gelbe Trikot und damit die Tour zu verlieren. Letztendlich aber nahm ihm sein härtester Konkurrent, Jan Ullrich, am Col de Joux-Plane lediglich rund eineinhalb Minuten ab und Armstrong blieb in Gelb.

Am Puy-de-Dôme in der Auvergne lieferten sich einst Jacques Anquetil und Raymond Poulidor legendäre Duelle (1.414 m / 8,8 %). Am Col de Peyresourde in den Zentralpyrenäen (1.569 m / 6,2 %) erlebte Jens Voigt auf der Abfahrt eine seiner bittersten Stunden, als er bei 80 Stundenkilometern stürzte und trotz gebrochener Rippen und schwerster Hautabschürfungen weiterfuhr. Am nahe gelegenen Col d'Aspin (1.489 m / 6,6 %), dem „kleinen Bruder" des Col du Tourmalet, legte ein gewisser Miguel Indurain den Grundstein für seinen ersten Tour-de-France-Gesamtsieg. Am Pyrenäenpass Col d'Aubisque (1.709 m / 4,1 %) stürzte einst der Niederländer Wim van Est in die Tiefe und wurde durch aneinandergeknotete Schläuche gerettet. Beim Anstieg hinauf nach Luz-Ardidien (1.715 m / 7,6 %) südlich des Wallfahrtsorts Lourdes verhakte sich Lance Armstrongs Lenker an einem Jutebeutel eines Zuschauers. Der US-Postal-Profi stürzte gemeinsam mit Iban Mayo. Der dritte im Bunde, Jan

Ullrich, konnte den Sturz so gerade noch vermeiden und war anschließend so fair, auf die beiden zu warten. Hinauf nach Ordino-Arcalis in den Pyrenäen (2.215 m / 3,1 %) war jener Jan Ullrich erstmals ins Gelbe Trikot gefahren. Der Col de Portet d'Aspet (1.089 m / 9,6 %) wurde bereits 1910 erstmals befahren, in trauriger Erinnerung ist er seit 1995. Der Italiener Fabio Casartelli stürzte auf der westlichen Abfahrt, schlug mit dem Kopf gegen eine Mauer und erlag einige Stunden später im Krankenhaus seinen Verletzungen.

Der höchste sogar ganzjährig befahrbare Pass in den Pyrenäen ist der Port d'Envilra (2.480 m / 5,1 %) im Zwergstaat Andorra. Der Col d'Allos (2.250 m / 5,8 %) im Département Alpes-de-Haute-Provence war mehr als 30-mal bereits im Programm der Tour. 2015 gewann der deutsche Profi Simon Geschke beim Ritt über den Col d'Allos die Etappe nach Pra Loup.

Das Mittelmeer, so behaupten einige Romantiker, könne man am Col de la Bonette (2.715 m / 6,8 %) schon riechen. Sehen kann man es nicht, obwohl die Passhöhe die vierthöchste der Alpen ist. Die Ringstraße, die am Pass beginnt und den namensgebenden Cime de la Bonette umkreist, führt sogar auf 2.802 Meter Höhe und ist damit die höchstgelegene Straße Frankreichs. Der Tour-Tross war bislang viermal in dieser etwas abgelegenen Ecke, nördlich von Nizza, nah an der italienischen Grenze.

Die Planche de la Belles Filles in den Vogesen (1.148 m/ 9,5 %) hat ihren Namen einst erhalten, weil hier an der „Planke der schönen Mädchen" zahlreiche junge Frauen im Dreißigjährigen Krieg lieber in den Tod sprangen, als in die Hände schwedischer Söldner zu geraten. Der Anstieg hinauf zur Skistation war erstmals 2012 im Programm, in Erinnerung bleibt aber vor allem das Einzelzeitfahren bei der Tour de France 2020, bei dem der Slowene Primož Roglič seinen recht komfortablen Vorsprung auf seinen Landsmann Tadej Pogačar noch verspielte und dieser erstmals die Gesamtwertung der Tour gewann. Die steilste Stelle kurz vor dem Ziel weist eine Steigung von 24 Prozent auf. Weitere Pässe in den Vogesen sind der Grand Ballon (1.343 m / 9,2 %) und natürlich der Col du Hundsrück (748 m / 5,8 %), an dessen Anfahrt Udo Bölts die längst legendären Worte: „Quäl dich, du Sau!", zu Jan Ullrich gesagt haben soll.

Die Angaben beziehen sich – soweit es mehrere Anfahrtsmöglichkeiten gibt – auf die steilere Anfahrt. Die durchschnittliche Steigung mag vielleicht gar nicht so furchteinflößend sein, aber fast jeder dieser Pässe weist zahlreiche Passagen im zweistelligen Steigungsbereich auf.

3.2 GIRO D'ITALIA

Das Fest der Tifosi

Fragt man einen echten Radsport-Tifosi, also einen beinharten italienischen Radsportfan, dann ist natürlich der Giro d'Italia das größte und wichtigste Radrennen der Welt. Man sehe es den begeisterungsfähigen Italienern nach, dass sie ihre dreiwöchige Rundfahrt über die Tour de France stellen. Allgemein aber gilt die Italien-Rundfahrt als die zweitwichtigste Rundfahrt der Welt – nach der Tour de France, aber noch vor der Vuelta a España.

Dass der Giro die Nummer zwei der drei Grands Tours ist, mag unter anderem daran liegen, dass die Italien-Rundfahrt deutlich älter ist als die Vuelta. Zum ersten Mal ausgetragen wurde der Giro d'Italia im Jahr 1909, seitdem fand er, mit Ausnahme der Jahre während des Ersten und des Zweiten Weltkriegs, jedes Jahr statt. Der Giro begann stets im Mai und ging häufig bis in den Juni hinein. Ausnahmen waren das Nachkriegsjahr 1946 (Juni bis Juli) sowie das Jahr 2020, als die Italien-Rundfahrt aufgrund der Coronapandemie in den Oktober verschoben wurde.

Die Initiatoren des Giro d'Italia waren der Verleger der Gazetto dello Sport, Eugenio Camillo Costamagna, und seine Redakteure Armando Cougnet und Tullo Morgagni. Sie begannen im Spätsommer 1908 mit der Planung für das erste Etappenrennen in Italien nach dem Vorbild der

Frankreich-Rundfahrt. Am 13. Mai 1909 dann standen an der Piazzale Loreto im Nordosten Mailands insgesamt 127 Fahrer am Start, um die 2.448 Kilometer durch Italien zu bewältigen. In aller Herrgottsfrühe um kurz vor drei Uhr in der Nacht machten sich die tollkühnen Männer auf den Weg, um die acht Etappen nach Neapel zurückzulegen – pro Renntag rund 300 Kilometer.

Im Ziel in Mailand kamen lediglich 49 (nach anderen Quellen nur 47) Rennfahrer an; erster Triumphator beim Giro d'Italia war der Italiener Luigi Ganna. Seine Fitness hatte Ganna, von Beruf ursprünglich Maurer, der Tatsache zu verdanken, dass er täglich aus seinem Heimatort rund 60 Kilometer zur Arbeit nach Mailand fuhr. Mit den etwas mehr als 5.000 Lire an Preisgeld, die Ganna für seinen Sieg bekam, gründete er eine Werkstatt und baute dort unter anderem Rennräder. Auf einem dieser Ganna-Räder gewann gut 40 Jahre nach Gannas Sieg bei der Giro-Premiere Fiorenzi Magni die Italien-Rundfahrt.

Prämie fürs Nichtantreten

Nach dem Ende des Ersten Weltkriegs bestimmten zunächst drei Männer den Giro: der zweimalige Sieger Costante Girardengo, Giovanni Brunero, der dreimal die Gesamtwertung gewann – und vor allem Alfredo Binda. Der Mann aus der Lombardei wird noch heute als einer der größten Radsportler Italiens verehrt; er gewann zwischen 1925 und 1933 fünfmal den Giro. Nachdem Binda die Rennen in den 1920er-Jahren fast nach Belieben dominiert hatte (1927 gewann er zwölf von 15 Etappen, 1929 acht Etappen hintereinander), baten ihn die Veranstalter, dem Rennen 1930 doch bitte fernzubleiben bzw. nach der ersten Etappe auszusteigen. Sie befürchteten, dass die Zuschauer aufgrund der Dominanz des Seriensiegers das Interesse verlieren würden. Binda musste lange überlegen. Aber er kam dem Wunsch der Veranstalter nach, nachdem diese ihm genau die Summe ausgezahlt hatten (22.500 Lire), die er auch im Falle eines erneuten Gesamtsieges erhalten hätte.

1933 gewann Alfredo Binda zudem die erstmals vergebene Bergwertung. Der Träger dieser Wertung trug fortan das Maglia Azzurra, also ein azurblaues Jersey. Einziger deutscher Fahrer, der das Trikot des besten Kletterers beim Giro gewinnen konnte, war Fabian Wegmann im Jahr 2004. Bereits ab dem Jahr 1931 wurde das Rosa Trikot, das „Maglia Rosa", an den Führenden der Gesamtwertung vergeben. Rosa wählten die Veranstalter, weil auch ihre Zeitung, die Gazetta dello Sport traditionell auf rosa Papier gedruckt wurde.

Noch vor dem Beginn des Zweiten Weltkriegs traten die wohl beiden besten italienischen Radsportler aller Zeiten auf den Plan: Gino Bartali und Fausto Coppi, die sich fortan auf den großen Bühnen des Radsports verbissene Duelle lieferten. Beide hätten den Giro mit großer Wahrscheinlichkeit noch öfter gewonnen, konnten aber jeweils aufgrund des Zweiten Weltkriegs in den Jahren 1941 bis 1945 nicht starten. Bartali gewann 1946 seinen dritten Giro, Coppi stand bis 1953 fünfmal ganz oben auf dem Siegerpodest. Bartalis und Coppis Landsmann Fiorenzo Magni siegte in den 1940er- und 1950er-Jahren dreimal; bis heute mit dem knappesten Vorsprung beim Giro überhaupt. 1948 war er nach mehr als 4.100 Kilometern gerade einmal elf Sekunden schneller als der Zweitplatzierte Ezio Cecchi. 1966 wurde bei der Italien-Rundfahrt die Punktewertung eingeführt. Erster Träger des Maglia Rossa (später überwiegend Maglia Ciclamino) war der Italiener Gianni Motta. Am häufigsten, insgesamt jeweils viermal, gewannen die Italiener Francesco Moser und Guiseppe Saronni das Trikot des Punktbesten.

Erster Gesamtsieg eines Nicht-Italieners

Hatten bis in die 1970er-Jahre gerade einmal eine Handvoll Rennfahrer aus anderen Ländern den Giro d'Italia gewonnen – als erstem Nicht-Italiener gelang es Hugo Koblet im Jahr 1950 – so reihten sich nun immer mehr ausländische Fahrer in die Palmarès bei der Italien-Rundfahrt ein. Eddy Merckx siegte fünfmal, Bernard Hinault dreimal. Von 1997 bis 2007 dominierten wieder italienische Fahrer die Rundfahrt. 370 verschiedene Etappensieger aus Italien gab es in der Historie der Rundfahrt, italienische Fahrer feierten insgesamt mehr als 1.250 Etappensiege. Auf Platz zwei folgt abgeschlagen Belgien mit etwas mehr als 160 Etappensiegen.

Drei Rennfahrern gelang es, den Giro fünfmal zu gewinnen: Alfredo Binda, Fausto Coppi und Eddy Merckx. Der italienische Sprintstar Mario Cipollini kommt auf 42 Etappensiege und knackte damit im Jahr 2003 den Rekord von Alfredo Binda (41). Es gab einige deutsche Etappensieger: Der Erste war Rudi Altigs älterer und deutlich weniger bekannte Bruder Willi im Jahr 1964, während Rudi Altig 1966 und 1967 jeweils zwei Etappen gewann. Die meisten deutschen Etappensiege schaffte der Sprinter André Greipel, deren sieben zwischen 2008 und 2017, während Marcel Kittel bei seinen zwei Teilnahmen 2014 und 2016 auf vier Etappensiege kam. Der einzige deutsche Fahrer, der das Maglia Ciclamino des Punktbesten in mehr als 100 Jahren Giro ergattern konnte, war Pascal Ackermann, der sich das begehrte Jersey am Ende der Rundfahrt 2019 nach zwei Etappensiegen sicherte.

Die Streckenführung des Giro d'Italia, auch „Corsa Rosa" genannt, ist häufig sogar anspruchsvoller als die der Tour de France. Die Veranstalter haben vor allem in den vergangenen Jahren versucht, in Konkurrenz zur Tour zu treten oder diese zu übertreffen. Seit 1989 richtet die RCS Sport, ein Ableger der RCS MediaGroup, die Italien-Rundfahrt aus. Das Medienunternehmen, zu dem unter anderem die Gazetta dello Sport und der Corriere della Sera gehören, ist auch Ausrichter von Mailand-San Remo und der Lombardei-Rundfahrt.

Ein Versuch, die Attraktivität des Giro noch zu steigern, bestand darin, immer mehr und immer steilere Rampen in das Profil einzubauen.

„Cima Pantani" am gefürchteten Mortirolo

Einer der gefürchtesten Anstiege überhaupt im Radsport ist der Passo del Mortirolo, über zehn Prozent steil im Schnitt mit Passagen bis zu achtzehn Prozent. In einem Buch wird er wie folgt beschrieben: „Wenn der Mortirolo ein Typ in einer Bar wäre, du würdest sein Bier nicht verschütten wollen. Er ist muskulös und brutal ..." Wenn der Mortirolo zum Programm gehört, wird für den Sieger der Bergwertung der „Cima Pantani" vergeben. Rund sechs Kilometer unterhalb der Passhöhe steht ein Denkmal, das an den 2004 verstorbenen italienischen Kletterkünstler Marco Pantani erinnert.

Noch brutaler als am Mortirolo geht es am Monte Zoncolan im Friaul zu; hier beträgt die durchschnittliche Steigung 11,5 Prozent, an den steilsten Rampen müssen 22 Prozent erklommen werden. Anstiege wie den Zoncolan konnten die Veranstalter überhaupt erst ins Programm aufnehmen, seit die Rennmaschinen mit kleineren Kettenblättern vorne und größeren Ritzeln am Schaltkranz ausgestattet sind. Noch in den 1970er- und 1980er-Jahren hätten selbst Weltklassefahrer an solchen Steigungen absteigen und schieben müssen.

Weitere legendäre Anstiege im Rahmen der Italien-Rundfahrt sind das Stilfser Joch (Monte dello Stelvio), der die Fahrer in unzähligen Serpentinen hinauf bis auf eine Höhe von mehr als 2.700 Metern führt. Hier wird in Erinnerung an Fausto Coppi der „Cima Coppi" für den Ersten an der Passhöhe vergeben. Bisweilen fuhren die Rennfahrer am Stilfser Joch, aber auch am Passo di Gavia oder am Passo Fedaia unterhalb der Marmolada mitten durch den Schnee. Zumeist war es nur der geräumte Schnee an den Straßenrändern. Doch nicht eben selten mussten sich die Fahrer im Mai in solchen Höhen bei annähernden Minusgraden durch Schneetreiben quälen. Manche Etappe in den Alpen ist deshalb verkürzt oder gar ganz verlegt worden, auch weil Lawinen den Hang hinuntergingen.

All das impliziert, dass auch beim Giro d'Italia nur Gesamtsieger werden kann, wer hervorragend klettert, gut im Zeitfahren ist und am besten noch über eine starke Mannschaft verfügt. Eine deutsche Zeitung hat die Italien-Rundfahrt einmal etwas despektierlich den „UEFA-Cup der Radprofis" genannt (laut Franz Beckenbauer war der Vorgänger der Europa

League ja der „Cup der Verlierer"). Das ist nicht ganz fair, aber festzuhalten bleibt trotzdem: Für alle Nicht-Italiener ist und bleibt die Tour de France das wichtigste Rennen der Welt. Daran hat auch der Aufdruck auf dem Maglia Rosa im Jahr 2021 nichts ändern können. „Disposto a salire a le stelle" stand darauf geschrieben. Übersetzt heißt das: „Bereit, zu den Sternen emporzusteigen".

3.3 VUELTA A ESPAÑA

Steil, steiler, Vuelta

Offiziell heißt die Rundfahrt durch Spanien La Vuelta Ciclista a España; meistens sagt man nur Vuelta a España oder einfach nur Vuelta, was ins Deutsche übersetzt so viel wie Runde oder Rundfahrt bedeutet. Es tragen zwar zahlreiche Etappenrennen in Spanien den Namen Vuelta (Vuelta a Andalucia, Vuelta a Burgos usw.), aber wenn man über die Vuelta spricht, weiß eigentlich jeder Radsportfan, was gemeint ist. Die Spanien-Rundfahrt ist neben der Tour de France und dem Giro d'Italia die dritte dreiwöchige Landesrundfahrt im internationalen Radsport und somit eine der drei Grands Tours im Rahmen der UCI-WorldTour. Ausgetragen wird sie seit 1995 im Spätsommer, in der Regel von Ende August bis in den September hinein. Davor fand die Vuelta im Frühjahr statt und endete oft nur wenige Tage vor dem Start des Giro d'Italia.

Die Spanien-Rundfahrt ist deutlich jünger als Tour und Giro; sie wurde im Jahr 1935 erstmals gestartet. Von 1937 bis 1940 und in den Jahren 1943 und 1944 fand das Rennen nicht statt, aufgrund des spanischen Bürgerkriegs beziehungsweise wegen des Zweiten Weltkriegs. Nachdem die Rundfahrt auch in den späten 1940er- und 1950er-Jahren aus wirtschaftlichen Gründen mehrfach abgesagt werden musste, fand sie danach jedes Jahr im Spätsommer statt, mit Ausnahme des Jahres 2020, als die Vuelta aufgrund der Coronapandemie in den späten Oktober bis in den November hinein verschoben werden musste. Die längste Strecke mit 4.442 Kilometern mussten die Rennfahrer 1941 bewältigen, die kürzeste Vuelta (2.419 km) wurde 1963 gefahren.

Auch in Spanien hoben, wie beim Giro und bei der Tour, Journalisten das Rennen aus der Taufe. Als Gründer der Vuelta a España gelten der Radsportler und Journalist Clemente López Dóriga und Juan Pujol, Herausgeber der Zeitung Informaciones. Seit 1982 ist die Agentur Unipublic, die inzwischen zur ASO gehört, Veranstalter der Spanien-Rundfahrt.

Deutsche Sieger bei der Vuelta

Die erste und die zweite Vuelta gewann der Belgier Gustaaf Deloor. Mit Julián Berrendero trug sich 1941 der erste Spanier in die Siegerliste ein. 1962 gewann Rudi Altig die Spanien-Rundfahrt; vier Jahre später triumphierte Rolf Wolfshohl. Damit sind sie neben Jan Ullrich (Tour-de-France-Sieger 1997 und Sieger der Vuelta 1999) die beiden einzigen deutschen Rennfahrer, die einen Gesamtsieg bei einer der drei Grands Tours einfahren konnten.

Die Vuelta besaß nie den Stellenwert der Tour de France, aber spätestens in den 1960er-Jahren nahmen immer mehr internationale Radsport-Stars an dem Etappenrennen durch Spanien teil. Jacques Anquetil gelang mit seinem Sieg 1963 als erstem Fahrer das Kunststück, nach Siegen beim Giro und der Tour auch die Gesamtwertung der Vuelta zu gewinnen. Fünf Jahre später gelang dies auch dem Italiener Felice Gimondi und 1973 feierte Eddy Merckx seinen ersten und einzigen Erfolg bei der Vuelta, während er beim Giro und bei der Tour jeweils fünfmal erfolgreich war.

Die Organisatoren der Vuelta gerieten in den 1960er-Jahren noch einmal in finanzielle Schwierigkeiten, doch mithilfe von Sponsoren und mit finanzieller Unterstützung des spanischen Staats konnte die Fortsetzung gewährleistet werden. In der Folge siegten mit Joop Zoetemelk, Bernard Hinault und Pedro Delgado mehrere Profis, die auch bei der Tour de France erfolgreich waren. 1984 gewann der Franzose Éric Caritoux mit dem knappsten Vorsprung in der Geschichte der Vuelta die Gesamtwertung, mit gerade einmal sechs Sekunden Vorsprung vor dem Spanier Alberto Fernández Blanco.

Zu Beginn der 1990er-Jahre triumphierte der Schweizer Tony Rominger dreimal in Folge (1992 bis 1994); dies war zuvor noch keinem Rennfahrer gelungen. Rekordsieger der Vuelta ist jedoch ein Spanier. Roberto Heras gewann die Rundfahrt in seiner Heimat im Jahr 2000, 2003, 2004 und schließlich 2005. Der Gesamtsieg 2005 wurde ihm nach einer positiven Dopingprobe auf das Blutdopingmittel EPO zunächst aberkannt. Heras wurde gesperrt, von seinem Team Liberty Seguros suspendiert, als Vuelta-Gesamtsieger 2005 wurde fortan der Zweitplatzierte Denis Menschow geführt. Allerdings nur bis 2012. Denn bereits 2011 hatte ein spanisches Gericht das Urteil gefällt, dass die Dopingproben im Fall Heras unsachgemäß gelagert worden seien, der positive Test somit keine Gültigkeit besaß. Im Berufungsverfahren ein Jahr später bestätigten die Richter das Urteil und Heras, der stets seine Unschuld beteuert hatte, wurde wieder als Sieger der Spanien-Rundfahrt von 2005 gelistet.

Juan José Cobo wurde der Sieg 2011 nach einem positiven Dopingtest ebenfalls aberkannt, der damals Zweitplatzierte Chris Froome rückte als Gesamtsieger nach. Dabei blieb es dann auch. Bereits 1982 wurde der in Führung liegende Spanier Ángel Arroyo positiv auf die Einnahme des Aufputschmittels Ritalin getestet, jedoch nicht gesperrt, sondern lediglich mit einer Zeitstrafe von zehn Minuten belegt. Arroyo rutschte dadurch auf Platz 13 in der Gesamtwertung ab. Profiteur der Zeitstrafe und dadurch letztendlich Gesamtsieger war Arroyos Landsmann Marino Lejarreta.

Was das Gelbe Trikot bei der Tour und das Maglia Rosa beim Giro sind, das ist bei der Spanien-Rundfahrt das Maillot Rojo, das Rote Trikot des Gesamtführenden. Das war allerdings keinesfalls durchgängig so. Die Spanier wechselten munter die Farben für den Topmann ihrer Landesrundfahrt: mehrfach war es orange, 1955 bis 1988 war es gelb, bis 2010 goldfarben und seit der 75. Austragung im Jahr 2010 ist es rot.

Der Punktbeste bei der Vuelta trägt, wie bei der Tour de France, Grün, und der beste Nachwuchsprofi (unter 25 Jahre) erhält auch bei der Vuelta das Weiße Trikot. Ein weiteres Trikot bei der Vuelta wurde an den besten Fahrer der Kombinationswertung vergeben. Dabei wurden die Platzierungen in allen drei anderen Wertungen (Gesamt, Punkte und Berg) addiert. Seit 2018 wird es nicht mehr vergeben.

Auch bei der Vuelta a España ist das Trikot des besten Kletterers gepunktet, aktuell mit blauen Punkten auf weißem Grund. Rekordsieger ist der Spanier José Luis Laguiá, der in den 1980er-Jahren fünfmal das begehrte Trikot holte. Es folgen sein Landsmann José Maria Jiménez und der Franzose David Moncoutié mit jeweils vier Siegen. Deutsche Fahrer gewannen nie das Bergtrikot bei der Vuelta, dafür holten sich Rudi Altig (1962), Dietrich Thurau (1976), Uwe Raab (1991 und 1992), Erik Zabel (2002-2004), André Greipel (2009) und John Degenkolb (2014) das Grüne Trikot des Punktbesten.

Die Vuelta Vuelta Ciclista a España geriet Ende der 1990er-Jahre beziehungsweise zu Beginn des neuen Jahrtausends noch einmal in eine veritable Krise. Die großen Stars mieden das Rennen zum Ende der kräftezehrenden Saison, Sponsoren sprangen ab, zeitweise waren es überwiegend staatliche bzw. halbstaatliche Unternehmen, die die Rundfahrt unterstützten. Hinzu kam, dass der Dopingskandal um den Arzt Eufemiano Fuentes, auch „Operacion Puerto" genannt, und der merkwürdige Umgang in Spanien mit dem Dopingproblem im Radsport ein schlechtes Licht auf den spanischen Radsport warfen. 2013 gewann der US-Amerikaner Chris Horner das Rennen, mit fast 42 Jahren der mit Abstand älteste Vuelta-Sieger – aber auch einer der umstrittensten. Horner hatte nach einer Verletzung kaum Renntage in den Beinen. Nach seinem überraschenden Gesamtsieg berichteten zahlreiche Medien über zuvor verpasste Dopingtests und über Unregelmäßigkeiten in seinem biologischen Pass.

Ob die Gesamtsieger danach sauber waren, vermag letztendlich niemand mit absoluter Sicherheit zu sagen. Unter den Vuelta-Siegern der vergangenen Jahre waren Fahrer wie Alberto Contador (2014), Nairo Quintana (2016) und Chris Froome (2017), die jeweils im Verlauf ihrer Karriere unter Dopingverdacht standen oder gar gesperrt wurden. 2019, 2020 und 2021 gewann der Slowene Primož Roglič die Vuelta und war damit der zweite Rennfahrer nach Tony Rominger, der die Spanien-Rundfahrt dreimal in Folge gewinnen konnte.

Auf steilen Pfaden

Nach wie vor hat die Spanien-Rundfahrt nicht die Bedeutung wie die Tour oder der Giro. Aber die Organisatoren versuchen so einiges, um ihr Rennen attraktiver zu machen. Mit dem Alto de l'Angliru in Asturien haben die Macher bereits 1999 den wohl brutalsten Anstieg im Profi-Radsport installiert. Oft über 20 Prozent steil sind die Rampen, die bis zum höchsten Punkt auf 1.570 Meter erklommen werden müssen. Sie tragen inzwischen allesamt eigene Namen, die steilste Passage ist die Cueña les Cabres mit 23,6 Prozent. Die insgesamt rund zwölf Kilometer lange Anfahrt beginnt geradezu harmlos, um schließlich im oberen Teil zu einem wahren Monster zu mutieren. Einst wurden hier auf einem Pfad die Tiere auf die Weiden getrieben, eigens für die Vuelta wurde der Weg asphaltiert und zählte seit 1999 mehrfach zum Programm. Der spanische Radprofi Fernando Escartin sagte einmal hinsichtlich des Angliru: „Das Problem ist: Bleibt man beim Anstieg im Sattel, geht das Vorderrad hoch. Steigt man aus dem Sattel, schmiert das Hinterrad weg."

Weitere legendäre Anstiege im Rahmen der Vuelta sind die Serpentinen hinauf zu den Lagos de Covadonga, ebenfalls im Kantabrischen Gebirge in Asturien gelegen. Kultstatus besitzt außerdem der Anstieg hinauf nach Arcalis (2.225 Meter) bei Andorra (auch bereits bei der Tour im Programm), die Kletterpartie hinauf zur Skistation nach La Covatilla (2.368 Meter) in der Provinz Salamanca sowie der Weg hinauf zum Alto de la Sierra Nevada auf 2.526 Meter.

2021 zählte erstmals der Altu d'El Gamoniteiru zum Streckenprofil. Fernando Escartin, Ex-Profi und Streckenplaner bei der Vuelta, verglich den Anstieg der Königsetappe 2021 mit dem hinauf zum Angliru. Er meinte sogar, die Bergankunft am Gamoniteiru sei noch ein bisschen brutaler. Weil der Anstieg dort über acht Kilometer lang kontinuierlich mit etwa zwölf Prozent Steigung den Berg hinaufführe und man sich im Gegensatz zum Angliru nie ausruhen könne. Das mit 17 Prozent steilste Stück am Altu d'El Gamoniteiru haben die Profis ganz am Ende der Etappe zu bewältigen, kurz vor dem Ziel auf 1.772 Metern Höhe – nachdem sie bereits rund 5.000 Höhenmeter in den Beinen haben. Bei der Premiere 2021 war das Sträßchen in einem eher erbärmlichen Zustand. Aber weil dieser Anstieg so hart ist und eine Vorentscheidung bringen kann, soll er künftig häufiger im Profil der Vuelta auftauchen. Und dann wohl auch bestens präpariert.

3.4 SPECIAL: DIE FRIEDENSFAHRT

Die Tour de France des Ostens

Die Friedensfahrt ist Mythos, die Friedensfahrt ist Legende. Erstmals ausgetragen wurde die Etappenfahrt 1948 von Warschau nach Prag, zum letzten Mal fand sie 2006 statt. Der „Course de la Paix", wie die Friedensfahrt international genannt wurde, war so etwas wie die „Tour de France des Ostens".

Die Idee zur Friedensfahrt hatten, wie auch bei Tour und Giro, Sportjournalisten: der Tscheche Karel Tocl und der Pole Zygmunt Weiss. Sie wollten für die Staatsamateure der damaligen Ostblockstaaten ein Pendant zu den großen Landesrundfahrten in Westeuropa schaffen, an denen die besten Rennfahrer Russlands, Polens, der damaligen Tschechoslowakei und der DDR nicht teilnehmen durften. Allerdings begann es mit einem Streit, denn sowohl Tocl als auch Weiss wollten ihre jeweilige Hauptstadt als Zielort sehen. Man fand schließlich einen höchst merkwürdigen Kompromiss für das Premierenjahr 1948: Man ließ ein Peleton von Warschau nach Prag starten und eines von Prag nach Warschau. So gab es am Ende der ersten Friedensfahrt zwei Sieger.

Führte die Internationale Friedensfahrt bis 1951 nur durch Polen und die ČSSR, so wurden ab 1952 die DDR und deren Hauptstadt Ost-Berlin miteinbezogen; organisiert wurde das Rennen auf dem Staatsgebiet der DDR von der Zeitung Neues Deutschland, dem Zentralorgan der SED. 1959 war Ostberlin erstmals Startort der Friedensfahrt. 1986 startete man das Rennen in Kiew, nicht allzu weit von Tschernobyl entfernt, wo sich wenige Wochen zuvor am dortigen Atomkraftwerk ein sogenannter Super-GAU ereignet hatte. Die sozialistischen Machthaber wollten die Bühne Friedensfahrt nutzen, um die Welt davon zu überzeugen, dass der Unfall so schlimm nun doch nicht gewesen sei. Während die Staatsamateure aus dem Osten brav antraten beziehungsweise antreten mussten, sagten fast alle Fahrer aus dem westlichen Ausland ihre Teilnahme ab.

In den ersten Jahren nach dem Fall des Eisernen Vorhangs stand das Traditionsrennen bereits vor dem Aus. Ab Mitte der 1990er-Jahre durften Profis bei der Internationalen Friedensfahrt starten und die Organisatoren konnten mit den damaligen Telekom-Profis prominente Zugpferde für die Rundfahrt verpflichten. In der UCI-Kategorisierung stieg das Rennen auf und erhielt ab 2002 den Status eines 2.2-Rennens. Für 2005 sollte die Friedensfahrt gar in die höchste Kategorie eingeordnet werden, doch dann wurde das Rennen aufgrund finanzieller Probleme zunächst für 2005 abgesagt. 2006 folgte die letzte Auflage der legendären Rundfahrt, bei der erstmals Österreich neben Deutschland und der Tschechischen Republik Gastgeber war. Der Rückzug des Hauptsponsors Škoda im Jahr 2007 bedeutete das Aus für die Friedensfahrt. Auch eine geplante Wiederaufnahme 2014 scheiterte.

Rekordsieger ist Steffen Wesemann, der zwischen 1992 und 2003 fünfmal die Gesamtwertung gewann, viermal siegte Uwe Ampler – das erste Mal 1987, 24 Jahre nach dem Sieg seines Vaters Klaus. Die Friedensfahrt ist längst Geschichte, an die große Zeit der „Tour de France des Ostens" erinnert heute das Radsportmuseum Course de la Paix in Kleinmühlingen in Sachsen-Anhalt. Seit 2013 wird die Friedensfahrt als „Course de la Paix U23" für Nachwuchsfahrer ausgerichtet. 2018 gewann ein gewisser Tadej Pogačar, der zwei Jahre später bekanntlich bei der Tour de France triumphieren sollte. Zudem wird in Tschechien bereits seit 1974 der „Course de la Paix Juniors" ausgetragen, bei dem sich so einige Youngster in die Siegerlisten eintrugen, die später in der WorldTour Karriere machten, darunter die Weltmeister Michał Kwiatkowski und Mads Pedersen sowie das belgische Supertalent Remco Evenepoel.

3.5 RUNDFAHRTEN IM INTERNATIONALEN RADSPORT

Neben den drei Grands Tours gibt es noch einige andere Landesrundfahrten, die allerdings bei Weitem nicht die Bedeutung haben wie Tour, Giro und Vuelta. Zumeist dauern sie auch nur eine und nicht drei Wochen. Außerdem besitzen einige regionale Etappenrennen in den wichtigsten Radsportnationen wie Italien, Frankreich oder Spanien ein deutlich größeres Renommee als Landesrundfahrten. So sind zum Beispiel das Critérium du Dauphiné oder die Baskenland-Rundfahrt bei der UCI deutlich höher klassifiziert als die Österreich-Rundfahrt, die Türkei-Rundfahrt oder auch die Deutschland Tour.

Für die ersten wichtigen Rundfahrten des Jahres müssen die meisten Profis eine weite Anreise in Kauf nehmen. Bereits im Januar steigt die Tour Down Under in Australien, gefolgt von der Vuelta a San Juan Internacional in Argentinien sowie der Tour Colombia 2.1.

Die Volta ao Algarve ist traditionell eines der ersten Etappenrennen in Europa. Einziger deutscher Fahrer, der im Süden Portugals bislang gewinnen konnte, ist Tony Martin (2011). Ebenfalls im Februar steigen die UAE

Tour (seit 2019 eine Fusion aus der Abu Dhabi Tour und Dubai Tour) sowie die Tour of Oman. Im März finden zwei Etappenrennen statt, die allgemein als Fernfahrt und nicht als Rundfahrt bezeichnet werden: Paris-Nizza (das Rennen zur Sonne), das Maximilian Schachmann 2020 und 2021 gewinnen konnte, sowie Tirreno-Adriatico (das Rennen zwischen den Meeren), das in Italien von Küste zu Küste führt. Das wohl wichtigste Etappenrennen in den USA, die Kalifornien-Rundfahrt, wird seit 2006 im Mai ausgetragen.

Im März findet die enorm schwere Baskenland-Rundfahrt statt – von den Fahrern aufgrund der schweren Bergetappen gefürchtet und gleichzeitig geliebt ob der vielleicht begeisterungsfähigsten Radsportfans weltweit. Einziger deutscher Sieger ist Andreas Klöden (2000 und 2011). Die Katalonien-Rundfahrt zählt mit ihrer Erstaustragung im Jahr 1911 zu den ältesten Etappenrennen der Welt. Ende April, Anfang Mai zieht es die Kletterer unter den Radprofis in die französischsprachige Schweiz zur anspruchsvollen Tour de Romandie, für viele die letzte Standortbestimmung vor dem Giro d'Italia. Ebenfalls als Vorbereitung auf den Giro wurde der Giro del Trentino genutzt, der seit 2017 unter dem Namen Tour of the Alps firmiert. Ende Mai, Anfang Juli findet die Luxemburg-Rundfahrt statt, die inzwischen auch auf eine bald 90-jährige Historie zurückblickt.

Die 1933 erstmals ausgetragene Tour de Suisse findet jedes Jahr im Juni statt und gilt ebenfalls als eines der klassischen Vorbereitungsrennen auf die Tour de France. Der Italiener Pasquale Fornara feierte vier Siege in der Schweiz und ist damit Rekordsieger, gefolgt von den beiden Schweizer Dreifachsiegern Ferdy Kübler und Hugo Koblet sowie dem Portugiesen Rui Costa. Als die Generalprobe schlechthin für die Frankreich-Rundfahrt gilt jedoch das Critérium du Dauphiné in den französischen Alpen. 1947 wurde die Rundfahrt erstmals ausgetragen, bis 2009 hieß das Traditionsrennen Critérium du Dauphiné Libéré, benannt nach der Zeitung, die das Rennen veranstaltete.

Im Jahre 2010 wurde es von der ASO, dem Ausrichter der Tour de France, übernommen und umbenannt. Einziger deutscher Gesamtsieger ist Udo Bölts (1997).

Parallel zur Tour de France im Juli fand vom Ende der 1980er-Jahre bis zu ihrem Ende 2015 die Bayern-Rundfahrt statt. Die Österreich-Rundfahrt (ab 1949) war bis 2004 ein weiteres wichtiges Vorbereitungsrennen für die Tour, ab 2005 wurde sie zeitgleich mit der „Grande Boucle" im Juli ausgerichtet. Die Polen-Rundfahrt, auch Tour de Pologne genannt, blickt auf eine fast 100-jährige Tradition zurück, regelmäßig ausgetragen wurde sie ab 1952 – allerdings in Zeiten des Kalten Kriegs überwiegend für Amateure aus Osteuropa. Seit 1993 starten die Profis der internationalen Top-Rennställe in Polen.

Eine der wenigen Rundfahrten, bei der auch Sprinter und Klassikerfahrer eine Chance auf den Gesamtsieg besitzen, ist die Benelux Tour (früher Eneco Tour und bis 2020 BinckBank Tour) durch Belgien und die Niederlande. Die zweite Rundfahrt in Belgien ist die Baloise Belgium Tour, die bereits im Juni ausgefahren wird. Traditioneller Abschluss der UCI-World-Tour seit 2017 ist die Tour of Guangxi (offiziell Gree-Tour of Guangxi), die alljährlich im Oktober in der Volksrepublik China stattfindet.

Weitere Rundfahrten im Kalender der Berufsradfahrer sind die Tour of Norway sowie die Arctic Race of Norway, die Danmark Rundt, die Presidential Cycling Tour of Turkey, die Sibiu Cycling Tour in Rumänien sowie die Tour of Croatia. Nach Spanien reisen die Profis zudem zur Murcia-Rundfahrt, zur Andalusien-Rundfahrt (auch Ruta del Sol genannt) und zur Burgos-Rundfahrt. Nennenswerte Etappenrennen in Frankreich sind der Étoile de Bessèges, die Tour de la Provence, die Tour de l'Ain, die Tour Alsace sowie die Tour de l'Avenir als weltweit wichtigstes Rennen für U23-Fahrer. Von überregionaler Bedeutung in Italien ist die Settimana Internazionale Coppi e Bartali, „La Popolarissima" in Venetien blickt auf eine über 100-jährige Geschichte zurück.

Neben den bereits erwähnten Etappenfahrten außerhalb Europas gibt es noch die Tour Cycliste international de la Guadeloupe. Die Karibikinsel ist Überseedepartement Frankreichs und die Bewohner sind mindestens so radsportverrückt wie ihre Landsleute im Mutterland. Am Straßenrand bei der Königsetappe stehen gerne mal 50.000 Fans. Umgerechnet auf die Bevölkerung, würde das bedeuten, dass bei einer Etappe der Deutschland Tour zehn Millionen Zuschauer am Straßenrand stehen würden. Das wichtigste Rennen auf dem afrikanischen Kontinent war lange die Tour du Faso im westafrikanischen Land Burkina Faso, die erstmals 1987 gestartet wurde und als die „Tour de France Afrikas" gilt. Inzwischen gilt die Tour du Rwanda (Ruanda) als wichtigstes Etappenrennen auf dem afrikanischen Kontinent. Geplant ist in dem ostafrikanischen Staat sogar eine Rundfahrt für Frauen; zudem bekam Ruanda im Spätsommer 2021 den Zuschlag als Ausrichter für die Straßenweltmeisterschaften 2025.

3.6 SPECIAL: DIE WECHSELVOLLE GESCHICHTE DER DEUTSCHLAND TOUR

Wenn auf etwas Verlass war in Sachen Deutschland-Rundfahrt, dann darauf, dass man sich auf nichts verlassen konnte. Auf jeden Fall nicht darauf, ob das Rennen nun stattfinden würde oder nicht. Premiere war bereits 1911; da hieß die Tour noch „Quer durch Deutschland" und führte über sechs Etappen und insgesamt knapp 1.500 Kilometer von Breslau nach Aachen. Danach war elf Jahre Pause, auch aufgrund des Ersten Weltkriegs, ehe 1922 die zweite Auflage unter dem Namen „Großer Preis von Deutschland" startete. Eine Besonderheit war der „Große Opelpreis von Deutschland" 1927. Denn es handelte sich dabei nicht um ein typisches Etappenrennen, sondern um eine Veranstaltung, bei der 15 Rennen von April bis Oktober gefahren werden mussten. Es folgten bis zum

Zweiten Weltkrieg nur noch vier Rennen, die jeweils wieder als Rundfahrt ausgetragen wurden: 1930, 1931, 1937 und 1938.

Weil die Internationale Deutschland-Rundfahrt in den Jahren 1937 und 1938 jeweils ein großer Erfolg war, aber auch, weil die Nationalsozialisten einmal mehr ihren Größenwahn ausleben mussten, fand 1939 die „Großdeutschlandfahrt" statt – mit etwas mehr als 5.000 Kilometern sogar noch länger als die Tour de France. Wie die Olympischen Spiele 1936 in Berlin war auch die Großdeutschlandfahrt vor allem eine Werbeveranstaltung für Nazi-Deutschland. Wenige Wochen nach dem bombastisch inszenierten Radrennen, das nach der Angliederung ans Deutsche Reich auch durch Österreich führte, überfielen deutsche Truppen das Nachbarland Polen, bekanntlich der Beginn des Zweiten Weltkriegs.

Die insgesamt neunte Austragung der Deutschland-Rundfahrt fand bereits zwei Jahre nach Kriegsende statt, allerdings in Form von sechs Kriterien, die allesamt in der britisch besetzten Zone, also im Nordwesten des heutigen Deutschlands, stattfanden. 1948 und 1949 trug das Etappenrennen den schönen Namen „Grünes Band der IRA", wobei es sich bei der Abkürzung natürlich nicht um die irische Untergrundorganisation handelte, sondern um die Industrie-Gemeinschaft zur Förderung des Radfahrwesens und Radsports im Deutschland der Nachkriegsjahre.

Es folgten von 1950 bis 1955 sechs Veranstaltungen in Folge, ehe nach einer Pause mangels Sponsoren ab 1960 drei weitere Deutschland-Rundfahrten stattfanden, die den Namen eines Brauseherstellers trugen. Aber auch die Internationale Afri-Cola-Deutschland-Rundfahrt war Ende 1962 schon wieder Geschichte. Und diesmal mussten die Radsportfans 16 Jahre lange warten. Erst nachdem Dietrich Thurau 1977 bei der Tour de France für Furore gesorgt hatte, kam wieder Bewegung in die Geschichte. 1979 gewann jener Thurau die Internationale Vitamalz-Rundfahrt, ein Jahr später siegte mit Gregor Braun ein weiterer prominenter deutscher Radsportler. 1981 holte sich der Italiener Silvano Contini das Gelbe Trikot, 1982 war es der Belgier Theo de Rooij. Bei den Fans kam die Veranstaltung an, die TV-Sender jedoch spielten nicht mit und so musste die Deutschland-Rundfahrt 1983 einmal mehr begraben werden.

Ende der 1990er-Jahre war es wieder ein neuer Radsport-Boom in Deutschland, diesmal ausgelöst durch Jan Ullrichs Tour-de-France-Sieg 1997, der zu einer Neuauflage führte. Die Rundfahrt hieß nun Deutschland Tour und führte von der neuen Hauptstadt Berlin nach Bonn, der einstigen Hauptstadt der BRD. Sie hatte in Jens Heppner einen Sieger, der in der DDR groß geworden war. Auf den zweiten deutschen Gesamtsieger, Patrick Sinkewitz, mussten die Fans bis 2004 warten. 2006 und 2007, inzwischen zählte die Deutschland Tour zur UCI-ProTour, gewann Jens Voigt die Rundfahrt. Die vorerst letzte Deutschland Tour sah im Sommer 2008 mit Linus Gerdemann einen weiteren deutschen Gesamtsieger.

Danach schauten die Radsportfans in Deutschland zunächst einmal wieder in die Röhre. Die ARD hatte angekündigt, sich aufgrund der Dopingproblematik im internationalen Radsport aus der Liveübertragung der Tour de France zurückzuziehen; eine Übertragung der Deutschland Tour war ebenfalls nicht geplant. Aufgrund der fehlenden Fernsehgelder sahen sich die Veranstalter nicht mehr in der Lage, die Veranstaltung auch nur halbwegs rentabel auszurichten. Es dauerte zehn Jahre, ehe die Deutschland Tour zurückkehrte.

Der Bund Deutscher Radfahrer (BDR) und der Tour-de-France-Veranstalter ASO wollten die Etappenfahrt durch Deutschland ab 2018 langsam, aber sicher zu einem wichtigen Rennen der WorldTour entwickeln. Bis 2028 waren jeweils vier Etappen geplant, danach sollte die Deutschland Tour – wenn sie sich bewähren und vor allem rentieren würde – auf eine Woche verlängert werden. Die Premiere beziehungsweise das Revival fand im August 2018 statt und zählte zunächst zur UCI Europe Tour, Kategorie 2.1. Start war in Koblenz, Ziel der Schlussetappe war Stuttgart. Gesamtsieger der über vier Etappen führenden Rundfahrt wurde der Slowene Matej Mohorič vor den beiden Deutschen Nils Politt und Maximilian Schachmann.

Im Jahre 2019 gewann der Belgier Jasper Stuyven die Tour durch Deutschland, die diesmal von Hannover bis Erfurt führte. 2020 fiel die Deutschland Tour der Coronapandemie zum Opfer, 2021 gewann Nils Politt die Gesamtwertung vor seinem BORA-hansgrohe-Teamkollegen Pascal Ackermann. Gestartet wurde die Deutschland Tour 2021, inzwischen ist sie Teil der UCI-ProSeries, in Schwerin. Sie führte über vier Etappen nach Nürnberg und bereits dort stand fest, dass die Deutschland Tour 2022 erneut wie 2018 in Stuttgart enden würde.

★ 4 ★

EINTAGESRENNEN IM INTERNATIONALEN RADSPORT

Die mit Abstand größte mediale Aufmerksamkeit im internationalen Radsport bekommt die Tour de France. Doch es gibt einige Eintagesrennen, die ebenfalls auf eine mehr als 100-jährige Tradition zurückblicken und definitiv Kultstätten des Radsports sind. In allererster Linie sind das die sogenannten fünf Monumente des Radsports.

4.1 DIE FÜNF MONUMENTE

Mailand-San Remo, die Flandern-Rundfahrt, Paris-Roubaix, Lüttich-Bastogne-Lüttich und die Lombardei-Rundfahrt. In dieser Reihenfolge werden die fünf Monumente ausgetragen, wenn nicht gerade eine Pandemie dazwischenkommt. Ein Sieg bei einem dieser Klassiker hat mindestens den Stellenwert eines Etappensiegs bei der Tour de France oder gar wie der Gewinn der Weltmeisterschaft. Die fünf Monumente finden allesamt seit mehr als 100 Jahren statt und gehören zum Radsport wie die Kette ans Rad. Bis auf die Lombardei-Rundfahrt finden sie im Frühjahr statt und werden deshalb auch Frühjahrsklassiker genannt. Nur drei Rennfahrern gelang es, alle fünf Monumente des Radsports zu gewinnen, alle drei sind Belgier: Als Erster schaffte Rik Van Looy zwischen 1958 und 1965 das Kunststück, wobei ihm insgesamt acht Siege gelangen. Eddy Merckx machte zwischen 1966 und 1976 seine Sammlung komplett, wobei er mit insgesamt 19 Erfolgen die meisten Siege schaffte und er bei jedem Rennen mindestens zweimal triumphierte. Roger De Vlaeminck siegte zwischen 1970 und 1979 elfmal und ist damit der dritte im Bunde.

4.2 MAILAND-SAN REMO

La Classicissima

Nicht nur die Italiener sprechen ehrfurchtsvoll von „La Classicissima", wenn sie Mailand-San Remo meinen. Häufig wird das Eintagesrennen, eines der fünf Monumente im Radsport, auch „La Primavera" (der Frühling) genannt, denn es findet seit weit über 100 Jahren im März statt. Außer im Jahr 2020, als der italienische Frühjahrs-Klassiker aufgrund der Coronapandemie auf den August verschoben wurde. „La prima vera corsa", also das „erste richtige Rennen" des Jahres, ist mit rund 290 Kilometern sowieso schon das längste Eintagesrennen im internationalen Profi-Radsport; bei der 111. Auflage 2020 musste die Strecke teilweise verlegt werden und die Profis hatten sogar 305 Kilometer zu bewältigen.

Bereits 1906 gab es ein über zwei Etappen führendes Amateurrennen zwischen Mailand und San Remo. So richtig zündete die Idee nicht; erst als im Jahr 1907 der italienische Sportjournalist Tullo Morgagni sich der Sache annahm und auch noch die populärste italienische Sportzeitung Gazetto dello Sport mit ins Boot nahm, wurde aus der Idee eine Erfolgsgeschichte. Die Zeitung mit den markanten rosa Seiten und insbesondere dessen Herausgeber Eugenio Camillo Costamagna übernahm die Federführung bei der ersten offiziellen Austragung von Mailand-San Remo.

60 Fahrer waren gemeldet, nur 33 traten wirklich an bei der Premiere, und nur 14 erreichten das Ziel an der ligurischen Küste. Erster Sieger vor mehr als 100 Jahren war der Franzose Lucien Mazan, der in der Szene eigentlich nur als „Petit-Breton" (kleiner Bretone) bekannt war. Nur 1916 während des Ersten Weltkriegs sowie 1944 und 1945 während des Zweiten Weltkriegs wurde das Rennen nicht ausgerichtet.

Von Beginn an führte die Strecke von der Piazza Castello im Herzen Mailands bis nach San Remo am Mittelmeer, wenige Kilometer von der französischen Grenze entfernt. Und während bei vielen anderen noch so traditionsreichen Rennen häufig der Streckenverlauf geändert wurde, mussten die Fahrer bei Mailand-San Remo eigentlich fast immer die gleiche Strecke bewältigen. Von Mailand aus geht es überwiegend flach in Richtung Süden, erst am Turchino-Pass wartet die erste ernsthaftere Prüfung auf die Profis. Nach rund 150 Kilometern, bei Voltri, westlich von Genua gelegen, erreicht das Peleton die Küstenstraße.

Fortan geht es fast die ganze Zeit auf der historischen Via Aurelia an der Küste Liguriens entlang in Richtung Westen. Während es in der Po-Ebene oft noch kalt und nebelig ist, scheint an der Küste die Sonne. Manchmal spielte das Wetter auch komplett verrückt.

1910 musste der Sieger Eugène Christophe nach dem Rennen für mehrere Wochen ins Krankenhaus, weil er sich auf dem verschneiten und vereisten Turchino-Pass unterkühlt hatte. Auch 103 Jahre später schneite es dort. Viele Fahrer waren noch nicht einmal mehr in der Lage, eine Teetasse zu halten, geschweige denn ihren Lenker. Das Rennen wurde unterbrochen und ein Stück weiter fortgesetzt. Am Ende dieser legendären Classicissima triumphierte überraschend der Deutsche Gerald Ciolek. Und er fragte im Ziel scherzhaft, ob er sich mit dem Sieg auch für die Olympischen Winterspiele qualifiziert habe ...

Savona, Finale Ligure, Albenga und schließlich Imperia sind die größeren Küstenorte, die die Profis auf ihrem Weg zum Ziel passieren. Überwiegend flach bis wellig geht es zu. Erst an den sogenannten „Capi" im weiteren Küstenverlauf schießt den Fahrern das Laktat in die Beine. Die Anstiege, die ca. 55 Kilometer vor dem Ziel beginnen, sind nicht lang, aber zum Teil recht knackig und sorgten in früheren Jahren gerne mal für die Vorentscheidung. In den vergangenen Jahren hat man Fluchtgruppen an der Küste eigentlich immer gewähren lassen – Capo Mele, Capo Cervo und Capo Berta waren längst nicht mehr die Schlüsselstellen im Rennen.

Finale an Cipressa und Poggio

Richtig ernst wird es inzwischen zumeist erst rund 20 Kilometer vor dem Ziel – an der legendären Cipressa. Vor dem kleinen Ort San Lorenzo al Mare herrscht plötzlich Hektik im Feld. Es wird Anschlag gefahren. Jeder möchte möglichst gut positioniert sein, wenn das kleine, kurvenreiche Sträßchen abzweigt von der großen Via Aurelia, hinauf bis auf knapp 240 Meter Höhe ins ligurische Hinterland. Die Ausblicke übers Mittelmeer sind atemberaubend schön, wovon die Fahrer rein gar nichts mitbekommen. Ihnen raubt höchstens das Tempo den Atem, das hier nun bergauf an der Cipressa angeschlagen wird. Die Favoriten versuchen eine Vorentscheidung herbeizuführen, was jedoch nur selten gelingt. Weder am Anstieg noch auf der rasenden Abfahrt.

Aber die Cipressa ist nicht die letzte Chance zum Attackieren; es folgt der Poggio. Für die Profis eigentlich nicht mehr als eine Schippe Sand, gerade einmal auf 162 Meter Höhe führt die Straße in die ligurischen Hügel. Aber auch hier wird wieder attackiert, was das Zeug hält. Man könnte beinahe sagen: Bis wenige Kilometer vor dem Ziel ist es ein eher langweiliges Rennen, doch spätestens ab dem Poggio wird Mailand-San Remo zum Krimi und bietet verlässlich eines der spannendsten Finals in der WorldTour.

Meistens bilden sich am Poggio mehrere Grüppchen, selten schafft es ein einzelner Fahrer, sich abzusetzen. Und fast immer haben die Fahrer keine Chance mehr, die nicht in der ersten Gruppe auf die große Küstenstraße, inzwischen im Stadtgebiet von San Remo, einbiegen. Entweder gelingt es einem extrem tempoharten Fahrer, sich auf den letzten rund drei Kilometern abzusetzen, weil sie genau wissen, dass sie im Sprint keine Chance haben – oder es kommt zum Duell der Sprinter auf der Via Roma in der Altstadt San Remos. 2021 hieß der Überraschungssieger Jasper Stuyven, während Wout van Aert die legendäre Corona-Austragung 2020 in der Hitze des Augusts vor dem Vorjahressieger Julian Alaphilippe gewann.

Die meisten Siege bei Mailand-San Remo fuhr Eddy Merckx ein, zwischen 1966 und 1976 gewann er siebenmal. Ein gewisser Costante Girardengo gewann 1918 und weitere fünfmal in den 1920er-Jahren. Er hätte sogar sieben Siege in seinen Palmarès stehen, wenn er nicht 1915 dabei erwischt worden wäre, wie er eine Abkürzung genommen hatte. Gefolgt von der italienischen Radsportlegende Gino Bartali und Erik Zabel (1997, 1998, 2000, 2001) mit jeweils vier Siegen. Letzteren nannten die Tifosi ehrfurchtsvoll „Signore San Remo". Man weiß nicht, welchen Namen sie sich ausgedacht hätten, wenn Zabel ein fünftes Mal gewonnen hätte. Er hatte das Kunststück im Frühjahr eigentlich schon so gut wie vollbracht. Zabel bezwang den Italiener Alessandro Petacchi, seinen vermeintlich größten Konkurrenten im Sprint, riss die Arme hoch – und hatte sich zu früh gefreut. Denn während Zabel jubelte, huschte der Spanier Oscar Freire noch an dem Deutschen vorbei und schnappte sich um Reifenbreite den Sieg. So war „Ete" Zabel 2004 in San Remo eher „lo zimbello", die Lachnummer.

Neben Zabel konnten mit Rudi Altig (1968), Gerald Ciolek (2013) und John Degenkolb (2015) drei weitere Deutsche auf der Via Roma triumphieren. 51 Sieger des Klassikers, inzwischen von der RCS MediaGroup ausgerichtet, kamen bis 2021 aus Italien, deren 22 aus Belgien, 14-mal trugen sich französische Fahrer in die Siegerlisten ein. Auf Platz vier der Nationenwertung folgt Deutschland mit sieben Siegen. Nachzuerleben ist die Geschichte des Rennens auch in einer 2012 von Eddy Merckx eröffneten Galerie – untergebracht in einem 1.750 Meter langen Eisenbahntunnel zwischen San Remo und Ospedaletti, den die Fans zu Fuß oder sogar mit dem Fahrrad erkunden können.

4.3 FLANDERN-RUNDFAHRT

Vlaanderens mooiste

Es gibt einen Feiertag in Flandern, der den radsportverrückten Flamen mindestens genauso heilig ist wie die beiden wichtigsten christlichen Feiertage. Die „Ronde", wie die Flandern-Rundfahrt in Belgien und speziell im flämischen Teil Belgiens genannt wird, ist nicht nur ein Radrennen. Die Ronde van Vlaanderen ist so etwas wie ein Nationalfeiertag und das größte Volksfest des Landes. Der deutsche Radprofi André Greipel glaubt sogar: „Für die Leute hier ist das wichtiger als Weihnachten und Silvester zusammen."

Die Flandern-Rundfahrt ist eines jener fünf Monumente des Radsports und fest im Kalender des internationalen Radsports verankert. Bisweilen pilgern mehr als eine Million Zuschauer an die Strecke der „Ronde", die 1913 zum ersten Mal ausgetragen wurde. Der belgische Radprofi Odiel Defraeye soll nach seinem Gesamtsieg bei der Tour de France 1912 beim Verleger der Zeitung „Sportwereld", Karel Van Wijnendaele, vorstellig geworden sein und ihn überredet haben, eine Rundfahrt durch Flandern auszurichten. Van Wijnendaele erkannte den Werbeeffekt für seine Zeitung – und am 25. Mai 1913 startete in Gent die erste „Ronde", die an der Radrennbahn von Mariakerke bei Gent endete. Seit 1964 erinnert eine Statue am Oude Kwaremont, einem der berühmtesten Anstiege der „Ronde", an den Gründer Van Wijnendaele. Sein Kompagnon Leon Van den Haute, der in den Gründerjahren so etwas wie der Finanzmanager der Flandern-Rundfahrt war, geriet hingegen weitgehend in Vergessenheit.

324 Kilometer hatten die 43 Teilnehmer bei der ersten Austragung zu absolvieren, immerhin 37 kamen ins Ziel. Sieger der Premiere in einer Zeit von 12:13 Stunden wurde der Belgier Paul Deman. Mehr als die Hälfte der Strecke führte über nicht befestigte Wege, vielfach ging und

geht es immer noch über brutales Kopfsteinpflaster, über die „Kasseien", wie das Kopfsteinpflaster auf Flämisch heißt. Wurde das Rennen 1915 bis 1918 aufgrund des Ersten Weltkriegs nicht ausgetragen, so fand die Ronde auch in den ganz und gar unschönen Zeiten des Zweiten Weltkriegs durchgängig statt.

Heute ist „Vlaanderens mooiste" (Flanderns Schönste), wie das Event im Volksmund auch genannt wird, in der Regel um die 260 Kilometer lang. Zuletzt wurde das Rennen in Brügge bzw. in Antwerpen gestartet. Es führt zunächst durch die eher topfebene Landschaft Westflanderns. Ab Kilometer 150 fahren die Profis durch die flämischen Ardennen, vielfach auf winzigen Sträßchen und Wirtschaftswegen und vor allem über zahlreiche sogenannte Hellingen. Bei den Hellingen handelt es sich um kurze, aber fast immer extrem steile und häufig auch rennentscheidende Anstiege, die bei den Radsportfans längst Kultstatus besitzen.

Höllische Hellinge

Um die 17-18 dieser Hellinge sind normalerweise bei der „Ronde" zu bewältigen. Die Muur van Geraardsbergen (auch Muur-Kapelmuur genannt) dürfte der vielleicht bekannteste Anstieg des Rennens sein; seit einigen Jahren jedoch verläuft die Strecke nicht mehr regelmäßig über die Muur auf den Oudeberg. Doch auch der Oude Kwaremont, der Koppenberg – auch „Buckel von Melden" genannt – und der Paterberg haben es wahrlich in sich. In der Spitze weist der Anstieg am Koppenberg gar 22 Prozent auf. Als der Däne Jesper Skibby 1987 dort stürzte und beinahe von einem Begleitfahrzeug überrollt wurde, nahm man die Passage zwischenzeitlich aus dem Programm. Seit einer umfassenden Renovierung des Pflasters im Jahr 2002 zählte das Steilstück daraufhin wieder zur Flandern-Rundfahrt.

Es ist vor allem die Kombination aus der Steilheit und dem holprigen Belag, der die Anstiege so schwer macht. Wie auch bei Paris-Roubaix fahren die Profis bei der Ronde breitere Reifen und lassen noch eine Rolle

Lenkerband extra wickeln, um die Stöße wenigstens ein wenig abzufedern. Immer wieder ist es vorgekommen in der Geschichte des Rennens, dass die weltbesten Profis an den Hellingen absteigen mussten und ihre Rennmaschinen hinaufschoben. „Was haben wir getan, dass man uns in die Hölle schickt?", fragte der Franzose Bernard Hinault einmal hinsichtlich der Passage über den Koppenberg.

Insbesondere an den Hellingen stehen die radsportverrückten Belgier dicht an dicht, es herrscht ein ohrenbetäubender Lärm – und es gibt quasi ein „Rennen im Rennen".

Denn wer noch nicht zu viel Bier intus hat und sich auskennt in der Region, der rast mit dem Fahrrad oder dem Auto von einer Schlüsselstelle zur nächsten, um möglichst viel vom Rennen mitzuerleben. Ansonsten wird halt in der nächsten Kneipe am Fernseher weitergeschaut. Auch die Gaststätten besitzen Kultstatus, ob nun das „T'Hemelryck" (Himmelreich), das „Café Koppenberg" oder „In't Palet", um nur drei von hunderten Gaststätten zu nennen. Der belgische Journalist Walter Rottiers hat darüber gar ein Buch mit dem Titel „Treffpunkt Tresen" geschrieben. Mehr als zehn Millionen Euro jedenfalls setzen die Gastwirte in der Region an diesem einen Tag um – nur mit Essen und Trinken.

Während das Ziel von 1973 bis 2011 in Ninove-Meerbeke lag, ist es heute in Oudenaarde, einem Städtchen, in dem es inzwischen sogar ein eigenes Museum zur Geschichte von „Vlaanderens mooiste" gibt. Wer die Flandern-Rundfahrt gewinnen will, muss aus hartem Holz geschnitzt sein. Tempohart muss der Profi sein, der hier gewinnen will. Er muss genug Kraft haben, um die knackigen Anstiege mit der größtmöglichen Übersetzung wegdrücken zu können. Und er muss natürlich Stehvermögen haben, um nach weit mehr als 200 Kilometern noch Attacken kontern zu können oder selbst zu attackieren. Und der Sieger der Ronde muss wetterfest sein. Nicht selten gingen die Profis Ende März bei Temperaturen knapp über null und reichlich Wind an den Start. Und bei Regen verwandeln sich die Kopfsteinpflasterpassagen in tückische Rutschbahnen.

Wer all diese Eigenschaften auch noch mit Mut zur Attacke verbindet, wird als sogenannter „Flandrien" bezeichnet. Den einen Rekordsieger gibt es nicht bei der Flandern-Rundfahrt; insgesamt sechs Fahrer haben die „Ronde" jeweils dreimal gewonnen: darunter die Belgier Achiel Buysse, Johan Museeuw, Eric Leman und Tom Boonen, der Schweizer Fabian Cancellara sowie der Italiener Fiorenzo Magni. Mit 69 Fahrern stellen die Belgier den überwältigenden Anteil der Sieger bei der „Ronde". Einzige deutsche Sieger sind Rudi Altig (1964) und Steffen Wesemann genau 40 Jahre später. Seit 2004 wird die Flandern-Rundfahrt auch für Frauen ausgerichtet; die Strecke führt in der Regel über rund 130 Kilometer. Mit Judith Arndt konnte eine deutsche Fahrerin die „Ronde" zweimal gewinnen (2008 und 2012), was ansonsten nur zwei weiteren Rennfahrerinnen gelungen ist. Als zweite Deutsche siegte Ina-Yoko Teutenberg im Jahr 2009.

Es macht keinen Sinn, die fünf Monumente miteinander zu vergleichen. Für die Italiener ist Mailand-San Remo der wichtigste Klassiker, für die meisten Belgier die „Ronde". Fakt ist, wer hier einmal triumphiert hat, der genießt Kultstatus – und Sonderrechte. Der Franzose Jacky Durand geriet einige Jahre nach seinem Sieg bei der Flandern-Rundfahrt im Jahr 1992 wegen überhöhter Geschwindigkeit mit seinem Auto in eine Polizeikontrolle. Als er den Beamten seinen Ausweis zeigte, salutierten sie voller Bewunderung vor dem ehemaligen Sieger der „Ronde" – und ließen ihn weiterfahren.

4.4 PARIS-ROUBAIX

In der Hölle des Nordens

Paris-Roubaix ist nicht das schwerste, es ist das härteste Radrennen der Welt. Diesen feinen Unterschied muss man machen. Den Fahrern stellt sich kaum ein Hügel in den Weg und trotzdem hat sich das Rennen den Beinamen „Hölle des Nordens" redlich verdient. Denn die Fahrer müssen bei Paris-Roubaix kilometerweit über brutalstes Kopfsteinpflaster, über die sogenannten Pavés, fahren.

Paris-Roubaix, eines der fünf Monumente des Radsports, hasst man oder man liebt es. Bernard Hinault, der fünffache Tour-de-France-Sieger, hasste es. Das hielt den Franzosen zwar nicht davon ab, das Rennen 1981 zu gewinnen, doch direkt nach seinem Sieg sagte er voller Abscheu: „Dieses Rennen ist absoluter Unsinn." Und die Trophäe in Form eines Pflastersteins, den der Sieger traditionell überreicht bekommt, den drückte er kurz nach der Siegerehrung seinem Betreuer in die Hand.

Paris-Roubaix gilt als die „Königin der Klassiker" (La Reine des Classiques) und fand bereits 1896 erstmals statt. Im Gegensatz zu den meisten anderen Monumenten waren es keine Journalisten, die die Initiative ergriffen, sondern die beiden Industriellen Theo Vienne und Maurice Pérez. Sie hatten ihr Geld in der Textilindustrie gemacht und beschlossen zunächst, im Jahr 1895 eine Radrennbahn in Roubaix zu bauen. Weltklassesprinter gingen an den Start; die hart arbeitenden Menschen in der Region genossen die Abwechslung und Vienne und Pérez legten nach: Sie beschlossen, ein Radrennen von Paris nach Roubaix zu veranstalten. Und nun kamen auch wieder die Journalisten ins Spiel. Die beiden Geldgeber suchten sich mit Paul Rousseau, dem Herausgeber der Zeitung Le Vélo, einen fachkundigen Kompagnon und dieser stellte seinen Redakteur Victor Breyer als Organisator des neuen Rennens ab.

Am Ostermontag in aller Herrgottsfrühe starteten an der Porte Maillot zu Paris 51 wagemutige Rennfahrer zur Premiere. Die Fahrt über die berühmt-berüchtigten Pavés im französischen Kohlerevier gewann ein Deutscher. Josef Fischer ließ sich weder vom Kopfsteinpflaster noch von den Attacken einiger Kühe abschrecken und kam mit rund 26 Minuten Vorsprung auf den Zweitplatzierten im Ziel auf der Radrennbahn in Roubaix an.

In den letzten drei Jahren des Ersten Weltkriegs (1915-1918) fand das Rennen nicht statt. Als die Organisatoren die Strecke nach Kriegsende besichtigten, waren sie geschockt. Millionen von Menschen waren gestorben, so vieles wurde zerstört, gerade in der von der Industrie geprägten Region im heutigen Departement Nord rund um Lille und Roubaix. Ein Reporter schrieb von der „Hölle des Nordens".

Dieser Name blieb bestehen und wurde danach auch oft verwendet, um die höllischen Qualen zu beschreiben, die die Rennfahrer bei Paris-Roubaix erleben und erleiden.

Insbesondere natürlich auf den legendären Pavé-Sektoren. Die Kopfsteinpflasterpassagen sind zum Teil um die 150 Jahre alt. Man müsse sich das in etwa so vorstellen, sagte John Degenkolb einmal, als würde man die gesamte Zeit über gegen den Bordstein knallen. Denn das Kopfsteinpflaster ist grob, es klaffen brutale Lücken, die Straßen sind schmal und fallen zur Seite oft noch ab. Das Kopfsteinpflaster, das man gemeinhin aus historischen Innenstädten kennt, ist dagegen harmlos.

Ungefähr 50 bis 60 Kilometer auf diesem archaischen Pflaster müssen die Profis heute bewältigen, in den späten 1960er-Jahren waren es noch um die 100 Kilometer. Aber man sagt, dass die rund 25 Sektoren, die inzwischen bei Paris-Roubaix gefahren werden müssen, holpriger, härter und damit schwieriger sind als vor 100 Jahren.

Als eine der Schlüsselstellen gilt der 2.400 Meter lange Sektor im Wald zu Arenberg. Eine kopfsteingepflasterte Schneise durchtrennt den Wald. Es ist ein Weg, den ein normaler Mensch noch nicht einmal mit dem

Auto zurücklegen möchte. Inzwischen werden die historischen Pavés, wie beispielsweise auch der Carrefour de l'Arbre, von einem Verein namens „Les Amis de Paris-Roubaix" gepflegt – was allerdings nicht heißt, dass sie für die Rennfahrer komfortabler gestaltet werden. Und auch die französische Regierung steckt reichlich Geld in den Erhalt der Pavés.

„Modernes Gladiatorentum"

Einzige Chance für die Rennfahrer, dem gnadenlose Geschüttel und Gerüttel zu entkommen: Man fährt auf den schmalen, unbefestigten Streifen neben den Pavés, bisweilen nicht breiter als ein paar Zentimeter –, wo die Sturzgefahr genauso groß ist wie auf dem Kopfsteinpflaster. Stürze gibt es vor allem dann, wenn es geregnet hat. Und das tut es oft im April im Nordwesten Frankreichs. Die Pavés sind dann so glitschig, als hätte jemand einen Eimer Schmierseife über ihnen ausgeschüttet. „Eigentlich ist das Schwachsinn und kein Radrennen, sondern modernes Gladiatorentum", sagte der ehemalige deutsche Profi Rolf Aldag einmal. Und der frühere Stundenweltrekordler Chris Boardman stieß ins gleiche Horn, indem er sagte: „Es ist ein Zirkus. Ich verstehe zwar, warum die Zuschauer das Rennen lieben. Aber ich möchte nicht einer der Clowns sein."

Aber eigentlich ist es fast egal, wie das Wetter ist: Paris-Roubaix es ist immer eine Tortur. Bei Trockenheit ist es so staubig, dass die Gesichter der Fahrer hinterher mit einer Staubschicht bedeckt sind. Bei Regen kommen sie schlammverschmiert ins Ziel. Wenn sie ins Ziel kommen ... Bei keinem anderen Eintagesklassiker ist die Quote derer, die aufgeben, so hoch wie in der „Hölle des Nordens". Aufgrund von Stürzen, aber auch wegen zahlreicher Defekte. Eddy Merckx, der Paris-Roubaix dreimal gewann, sagte, dass man bei keinem Rennen so viel Glück brauche wie bei diesem Rennen. Da ist durchaus was dran, denn das Material wird auf eine harte Probe gestellt. Die Gefahren sind vielfältig: An den scharfen Kanten holt man sich Durchschläge, die Spurrinnen hebeln selbst Steuerkünstler beim kleinsten Fehler unvermittelt aus dem Sattel, in den Schlaglöchern sind Carbongabeln schon zerknickt wie Strohhalme. Eine Weile, in den 1990er- und frühen 2000er-Jahren waren die Rennfahrer zum Teil sogar mit Federgabeln bei Paris-Roubaix unterwegs. Vor den Kopfsteinpflasterpassagen haben sie die Federung mit einem Hebel aktiviert, danach wieder umgeschaltet, um wieder besseren Vortrieb zu haben.

Um die Stöße wenigstens etwas abzufedern, fahren die Profis ihre Pneus (lange Zeit Schlauchreifen, ab 2021 vermehrt Tubeless-Reifen) mit etwas weniger Luftdruck (um die 4 bis 5 Bar, bisweilen sogar noch ein wenig darunter); das allerdings erhöht die Gefahr von Plattfüßen. Und grundsätzlich fahren sie inzwischen breitere Reifen, 28 oder gar 32 Millimeter. Manche Fahrer montieren am Lenker spezielle Gelpads und umwickeln ihn doppelt und dreifach mit Lenkerband.

Plastiktüte verhindert den möglichen Sieg

Natürlich hat auch Paris-Roubaix unzählige Geschichten geschrieben. So etwa die von Roger Lapébie. Er hatte wenige Kilometer vor dem Ziel einen Defekt. Der Franzose schnappte sich das Damenrad einer Zuschauerin und schaffte das scheinbar Unmögliche. Er schloss zu den Führenden auf und siegte im Sprint. Doch der gute Lapébie hatte sich zu früh gefreut. Weil 1934 nach dem Reglement noch kein Radwechsel zugelassen war, wurde er disqualifiziert. 1949 wurde die Spitzengruppe direkt vor der Radrennbahn von einem verwirrten Streckenposten auf den falschen Weg geleitet. Aber die Rennfahrer fanden einen Nebeneingang und der Franzose André Mahé gewann das Rennen. Nachdem der Italiener Serse Coppi den Sprint des Hauptfeldes gewonnen hatte und somit Zweiter wurde, protestierte dessen Bruder, der große Fausto Coppi, gegen die Wertung. Die Rennkommissäre gaben dem Protest statt und fällten letztendlich ein salomonisches Urteil, indem sie Serse Coppi und André Mahé gemeinsam zu Siegern erklärten.

Der vielleicht größte Pechvogel in der Geschichte von Paris-Roubaix war wohl Thomas Wegmüller. Der Schweizer bog 1988 als Erster auf die Radrennbahn von Roubaix ein, wenige Meter von der „Unsterblichkeit" im Radsport entfernt; an seinem Hinterrad der Belgier Dirk Demol, der deutlich schwächere Sprinter der beiden. Doch dann wehte Wegmüller eine Plastiktüte in die Kette, er konnte vor dem finalen Sprint nicht mehr richtig schalten und statt ihm gewann Demol das Monument des Radsports.

Die meisten Siege bei Paris-Roubaix gelangen mit jeweils vier Siegen zwei Belgiern. Roger de Vlaeminck feierte zwischen 1972 und 1977 seine vier Triumphe, Tom Boonen gewann viermal zwischen 2005 und 2012. 2016 verpasste er den alleinigen Rekord als Zweiter hinter Mathew Hayman nur um Reifenbreite. Einziger deutscher Sieger nach dem Zweiten Weltkrieg ist John Degenkolb, der 2015 im Vélodrome André Pétrieux bei seinem absoluten Lieblingsrennen die Nase vorne hatte.

Nach sage und schreibe 125 Jahren entschlossen sich die Organisatoren, das Rennen 2021 zum ersten Mal auch für die Frauen auszurichten. Die Premiere über die Distanz von 116,4 Kilometern gewann die Britin Elizabeth Deignan nach einem 80 Kilometer langen Solo vor Marianne Vos aus den Niederlanden. Bei den Männern siegte der amtierende Europameister Sonny Colbrelli bei seinem ersten Start bei Paris-Roubaix, das aufgrund der Coronapandemie auf den 3. Oktober des Jahres verschoben worden war. Im April 2022 siegte der Niederländer Dylan van Baarle bei den Männern und die Italienerin Elisa Longo Borghini bei den Frauen.

Paris-Roubaix kann man also entweder lieben oder es hassen. Wobei, manch einer scheint sich da selbst nicht so sicher zu sein und hat eine Hassliebe zu dem Rennen entwickelt. Wie der Belgier Theo de Rooij, der da sagte: „Paris-Roubaix ist ein Haufen Scheiße. Du bist bis zur Schulter voll Schlamm. Du fährst im Schlamm und dir bleibt keine Zeit, zu pinkeln. Es ist ein Haufen Scheiße. Es ist das wundervollste Rennen der Welt!" Und angeblich soll sogar der große Bernard Hinault inzwischen seinen Frieden mit Paris-Roubaix gemacht haben...

4.5 LÜTTICH-BASTOGNE-LÜTTICH

La Doyenne

Der Pesant Club Liègeois und die Liège Cyclist's Union waren die ersten Ausrichter von Lüttich-Bastogne-Lüttich, das eigentlich nur als Vorbereitung auf einen Radmarathon Lüttich-Paris-Lüttich mit 845 Kilometern dienen sollte. Aber aus dem „Vorbereitungsrennen" in der belgischen Region Wallonie wurde ein Monument des Radsports. Man nennt den belgischen Ardennenklassiker Lüttich-Bastogne-Lüttich gern auch „La Doyenne" (die Älteste). Seit 1892 wird Lüttich-Bastogne-Lüttich ausgetragen und gilt allgemein als das älteste noch stattfindende Radrennen der Welt - was allerdings nicht so ganz stimmt, da Mailand-Turin bereits 1876, dann aber erst wieder 1894 ausgetragen wurde. Lediglich in den Jahren 1895 bis 1907, von 1914 bis 1918, von 1940 bis 1942 sowie 1944 fand Lüttich-Bastogne-Lüttich nicht statt.

Das Rennen führt alljährlich Ende April über 259,5 Kilometer, die Radprofis haben um die 4.500 Höhenmeter zu bewältigen. Es geht nie lange bergauf an den sogenannten Côtes, dafür oft umso steiler. Die berühmtberüchtigste von ihnen ist wohl die zwei Kilometer lange Côte de la Redoute mit einer durchschnittlichen Steigung von 8,8 Prozent. Die Côte de Saint-Roch ist steiler (11 Prozent im Durchschnitt), aber nicht so lang – und sie kommt nach bereits knapp 120 Kilometern. Wenn die Fahrer an die Côte de la Redoute kommen, haben sie bereits fast das Doppelte an Kilometern in den Beinen. Fällt nicht dort die Vorentscheidung, dann häufig an der Côte de la Roche aux Faucons knapp 20 Kilometer vor dem Ziel in Lüttich, das übrigens auf Französisch Liège und auf niederländisch Luik heißt.

Lüttich-Bastogne-Lüttich ist eine Achterbahnfahrt, es geht immer wieder rauf und runter, was den meisten Fahrern noch mehr Schwierigkeiten bereitet, als gleichmäßig lange Steigungen zu fahren. Fahrer, die auf einem solchen Terrain Siegchancen besitzen, werden gar – egal wo auf der Welt ein ähnlich geartetes Rennen stattfindet – als „Ardennenspezialisten" bezeichnet.

Auf jeden Fall ist Lüttich-Bastogne-Lüttich nicht nur eines der schwersten Radrennen der Welt, sondern auch eines jener mythenbehafteten Rennen. Chronisten können unglaubliche Geschichten aus mehr als 120 Jahren erzählen. Große Tragödien und Heldentaten spielten sich in den Hügeln der Ardennen ab. Das beginnt schon mit der Geschichte des ersten Siegers Léon Houa. Der Belgier musste die letzten 10 Kilometer in Richtung Lüttich quasi einbeinig absolvieren, nachdem ihm ein Pedal abgebrochen war.

„Neige-Bastogne-Neige"

Das vielleicht denkwürdigste Rennen aber gewann Bernard Hinault im April 1980. Die 66. Austragung ging als „Neige-Bastogne-Neige" (Schnee-Bastnach-Schnee) in die Geschichtsbücher ein. Beim Start in Lüttich war es noch trocken, wenn auch eiskalt. Aber schon bald setzte Schneefall ein. Ein Fahrer nach dem nächsten rettete sich in die Cafés und Restaurants am Rand der Strecke. Am Ende kamen von den 174 gestarteten Profis lediglich 21 im Ziel an.

Am besten mit den mörderischen Bedingungen kam Hinault, der „Dachs" aus der Bretagne, klar. Mit knapp zehn Minuten Vorsprung vor dem zweitplatzierten Hennie Kuiper kam der Franzose ins Ziel. Wobei ihm angeblich seine Betreuer dazu rieten, die wärmende Überjacke auszuziehen; erst danach soll der fröstelnde Hinault den entscheidenden Vorsprung herausgefahren haben. Eine belgische Zeitung titelte jedenfalls am nächsten Tag über den heroischen Sieger: „Een Breton van Beton" (ein Bretone aus Beton). Bis heute kann Hinault als Folge des Schneerennens die oberen Glieder zweier seiner Finger nicht mehr richtig bewegen.

Ähnlich kalt war es 1957, und man erzählt sich, dass die Fahrer sich unterwegs selbst auf die Finger pinkelten, um die eiskalten Hände wenigstens ein wenig aufzuwärmen. Der große Eddy Merckx, einmal mehr Rekordsieger auch bei der „Doyenne", musste 1970 gar erleben, wie sich die Gebrüder Roger und Eric De Vlaeminck zusammenschlossen und ihren Landsmann ausbremsten. Im engen und für Publikum und Jury nicht einsehbaren Tunnel vor dem Velodrom (damals Zielankunft) gab Eric De Vlaeminck mit einem Pfiff das Signal für die entscheidende Attacke seines Bruders, während er Merckx im Weg herumfuhr.

Der Sieg 2010 soll gar gekauft worden sein. Medienangaben zufolge soll der Kasache vom Team Astana dem Russen Alexander Kolobnew 100.000 Euro gezahlt haben, wenn dieser ihn gewinnen lasse. Das Schweizer Magazin *L'Illustre* veröffentlichte dazu einen Mailverkehr zwischen den beiden Rennfahrern. Außerdem gab es Kopien von Überweisungen auf das Konto des Russen. Winokurow wies die Vorwürfe zurück und sah sich als Opfer einer Hackerattacke.

Rekordsieger ist, wie gesagt, Eddy Merckx mit fünf Siegen. Viermal gewannen der Italiener Moreno Argentin und der Spanier Alejandro Valverde, dreimal ganz oben auf dem Podium stand unter anderem der Premierensieger Houa. Nur zwei deutsche Profis konnten Lüttich-Bastogne-Lüttich gewinnen: 1930 war es Hermann Buse, der im Sprint vor 16 Belgiern triumphierte, nachdem nur 17 Fahrer überhaupt das Ziel erreicht hatten. 1979 gewann Dietrich Thurau, nachdem er 1977 bereits Dritter und 1978 Zweiter geworden war. Seit 2017 gibt es ein Frauenrennen, bei dem die Niederländerin Anna van der Breggen seither mit zwei Siegen als Rekordsiegerin geführt wird.

4.6 LOMBARDEI-RUNDFAHRT

Das Rennen der fallenden Blätter

Die Lombardei-Rundfahrt (italienisch: Giro di Lombardia oder auch Il Lombardia) ist der letzte der Eintagesklassiker, der zu den fünf Monumenten des Radsports zählt. Das Rennen im Norden Italiens bietet die vielleicht schönste Kulisse aller Monumente, führt es doch durch die traumhafte Berglandschaft rund um den Comer See und wird wegen seiner Austragung im Herbst auch das „Rennen der fallenden Blätter" (La Classica delle foglie morte) genannt.

Die Lombardei-Rundfahrt, die noch ein paar Jahre älter ist als Mailand-San Remo, bildet seit Jahrzehnten den Schlusspunkt der Saison in Europa. Und es dürfte vom Profil her neben Lüttich-Bastogne-Lüttich das Schwerste aller Monumente sein. Zumeist haben die Radprofis auf der knapp 250 Kilometer langen Strecke um die 4.000 Höhenmeter zu bewältigen. Darunter sind auch hier legendäre Kletterpartien, wie die an der Muro di Surmano, wo die Fahrer ein bis zu 25 Prozent steiler Anstieg fordert. Bei Surmano, rund 50 Kilometer vor dem Ziel, an den darauf folgenden Steigungen bei Civiglio oder am letzten Anstieg bei San Fermo della Battaglia gab es häufig die entscheidende Selektion. Der wohl berühmteste Anstieg bei der Lombardei-Rundfahrt ist der hinauf von Bellagio am Comer See zur Madonna del Ghisallo, knapp 700 Meter oberhalb des Sees. Dort befindet sich ein nach der Madonna benanntes Radsportmuseum, das sich der Geschichte des Radsports und natürlich insbesondere den italienischen Helden im Sattel, Alfredo Binda, Fausto Coppi, Gino Bartali & Co., widmet.

Erstmals ausgetragen wurde die Lombardei-Rundfahrt im Jahr 1905. Initiator war der italienische Radprofi Giovanni Gerbi, der sich auch gleich als Erster in die Siegerliste eintrug. Er soll vor allem von seiner Ortskenntnis profitiert haben. So hatte Gerbi, Spitzname Il Diavolo Rosso (der rote

Teufel), angeblich an einem Bahnübergang, der eigentlich nur zu Fuß zu passieren war, ein Brett ausgelegt. Er bretterte im Rennen dann im wahrsten Sinne des Wortes hinüber, während seine unwissenden Kontrahenten an genau der Stelle stürzten. Fair Play war damals anscheinend noch nicht erfunden ...

Ab 1907 übernahm die italienische Sportzeitung Gazetta dello Sport die Organisation. Ausgefallen ist der Herbstklassiker in all den Jahren nur zweimal, in den Kriegsjahren 1943 und 1944. Die Strecke hat sich im Verlauf der vergangenen 100 Jahre immer wieder verändert. Bis 1961 war Mailand Zielort des Rennens, danach meistens Como, aber auch Monza, Bergamo und Lecco. Seit 2017 führt Il Lombardia von Bergamo nach Como.

Rekordsieger ist der Italiener Fausto Coppi, der das italienische Monument fünfmal gewinnen konnte, viermal davon in Folge (1946 bis 1949). Dicht gefolgt von seinem Landsmann Alfredo Binda, der vor dem Zweiten Weltkrieg viermal triumphierte. Das Erfolgsrezept Bindas sei angeblich gewesen, während des Rennens 28 hart gekochte Eier zu verzehren. Überhaupt dominierten die Gastgeber das Rennen: Bis 2020 gewannen 69 italienische Fahrer die Lombardei-Rundfahrt. Einem deutschen Profi gelang noch nie ein Sieg. Bester Deutscher in der Geschichte des Rennens ist Fabian Wegmann, der 2006 als Dritter aufs Podium fuhr.

Zweimal hatten die Organisatoren das Rennen übrigens so ausgeschrieben, dass auch Frauen teilnehmen konnten. 1917 stand eine gewisse Alfonsina Morini Strada am Start – und wurde Letzte. 1918 wagte sie das Abenteuer noch einmal und landete auf Platz 21; vor zahlreichen männlichen Fahrern. Die Signora, die unter anderem auch beim Giro d'Italia startete, ging als „Il diavolo in gonella", als „Teufel im Rock", in die Radsportgeschichte ein.

4.7 WICHTIGE EINTAGESRENNEN IM RADSPORT

Außer den fünf Monumenten des Radsports gibt es noch eine ganze Menge anderer wichtiger Eintagesrennen, mit ebenfalls zum Teil über 100-jähriger Tradition. Die Experten streiten darüber, welche der Rennen als Klassiker gelten dürfen. Manch einer bezeichnet beispielsweise den Flèche Wallonne als Klassiker, während Puristen und Traditionalisten den Wallonischen Pfeil, aber beispielsweise auch Gent-Wevelgem als „Halbklassiker" bezeichnen.

Da der Sommer die Zeit der Rundfahrten ist, finden die meisten klassischen Eintagesrennen früh im Jahr statt, viele von ihnen zwischen Ende Februar und Mitte April in Belgien. Bei oft brutalen Witterungsbedingungen ist der Omloop Het Nieuwsblad (früher Omloop Het Volk) das erste wichtige Eintagesrennen der Saison, gefolgt von Kuurne-Brüssel-Kuurne. Die Strade Bianche werden zwar erst seit 2007 ausgetragen, haben sich aber relativ schnell zu einem „Klassiker" entwickelt. Das liegt sicherlich auch an der Besonderheit, dass die Strecke vielfach über die namensgebenden „strade bianche" (weiße Straßen) in der Toskana führt. Der Ritt über die Schotterstraßen in hügeligem Terrain macht das Rennen besonders schwer und sehr interessant. Rekordsieger mit drei Siegen ist Fabian Cancellara. 2015 wurden die Strade Bianche erstmals für Frauen ausgerichtet.

Im weiteren Verlauf des Frühjahrs folgen der Classic Brugge-De Panne (früher Driesdaagse van de Panne), der E3 Harelbeke (später benannt nach verschiedenen Sponsoren), Gent-Wevelgem (offiziell: Gent-Wevelgem in Flanders Fields) sowie Dwars door Vlaanderen (quer durch Flandern). Alle diese Rennen haben ein ähnliches Profil aufzuweisen wie die Flandern-Rundfahrt: vielfach flach, aber gespickt mit den heftigen Anstiegen an den sogenannten Hellingen. Fast ausschließlich flach und deshalb gern auch als die „WM der Sprinter bezeichnet" ist der Scheldeprijs, den der Deutsche Marcel Kittel fünfmal gewinnen konnte. Das Amstel Gold Race zählt definitiv zu den wichtigsten Eintagesrennen im Kalender der WorldTour; es führt durch den hügeligsten Teil der Niederlande, rund um Maastricht in der Provinz Limburg und endete lange Jahre am legendären Cauberg. Seit 2017 muss zum Schluss der Bemelerberg bezwungen werden und das Rennen endet nach rund 250 Kilometern in Berg en Terblijt. Rekordsieger ist der Niederländer Jan Raas, der das Rennen von 1977 bis 1980 viermal in Folge und noch einmal 1982 gewinnen konnte.

Neben Lüttich-Bastogne-Lüttich ist La Flèche Wallonne (Wallonischer Pfeil) der zweite wichtige Ardennenklassiker. Fast immer wird das erstmals 1936 ausgetragene Eintagesrennen erst im Finale an der bis zu 25 Prozent steilen Mur de Huy (Mauer von Huy) entschieden. Die meisten Siege konnte der Spanier Alejandro Valverde feiern, der fünfmal an der Église Notre-Dame de la Sarte triumphierte. Rekordsiegerin bei den Frauen ist die Niederländerin Anna van der Breggen, die jede Austragung von 2015 bis 2021 für sich entscheiden konnte.

Deutsche Eintagesklassiker

Im Anschluss an die internationalen Frühjahrsklassiker findet traditionell am 1. Mai der deutsche Klassiker Eschborn-Frankfurt statt, erstmals 1962 als „Rund um den Henninger Turm" ausgerichtet. Ab 2009 hieß das Rennen zwischenzeitlich „Eschborn-Frankfurt City Loop", danach von 2010 bis 2018 „Rund um den Finanzplatz Eschborn-Frankfurt", ehe es unter dem heutigen Namen firmiert und seit 2017 als zweites Rennen in Deutschland den Status eine UCI-WorldTour-Rennens besitzt. Die Strecke führt zwar durch den hügeligen Taunus, ist aber dennoch oft eine Angelegenheit für Sprinter. Rekordsieger an der Alten Oper ist der Norweger Alexander Kristoff mit vier Erfolgen.

Weitaus älter als das Event in Hessen sind die Rennen „Rund um die Hainleite" in Erfurt (1907) und „Rund um Berlin" (1896). Beide Rennen finden in der Form nicht mehr statt, sodass „Rund um Köln" inzwischen als ältestes deutsches Eintagesrennen gilt. Bereits 1908 entschlossen sich die Cöllner Straßenfahrer und der Radsportverein mit dem schönen Namen „Staubwolke" ein Rennen rund um die Domstadt auszurichten. In den 1920er-Jahren startete hier die Weltelite, danach jahrzehntelang „nur" die Amateure. Erst ab 1990 wurde „Rund um Köln" wieder als Profirennen ausgeschrieben. Zunächst fand es an Ostern statt, seit einigen Jahren im Juni.

Das wichtigste und für Jahre einzige WorldTour-Rennen auf deutschem Boden sind allerdings die Cyclassics Hamburg, die seit der Premiere im Sommer 1996 die Beinamen der jeweiligen Sponsoren trugen (HEW Cyclassics, Vattenfall Cyclassics, BEMER Cyclasscis). Vielfach fiel am 16 Prozent steilen Waseberg im Nobelvorort Blankenese eine Vorentscheidung. Um den Sieg sprinten die Profis traditionell auf Hamburgs Shoppingmeile, der Mönckebergstraße. Mit Jan Ullrich (1997), Erik Zabel (2001), John Degenkolb (2103) und André Greipel (2015) gibt es vier deutsche Sieger. Rekordsieger ist der Italiener Elia Viviani, der die Cyclassics von 2017 bis 2019 dreimal in Folge gewann. Letztes wichtiges Eintagesrennen eines jeden Kalenderjahres in Deutschland ist der Münsterland-Giro, der seit 2006 regelmäßig am Tag der deutschen Einheit, also am 3. Oktober, ausgetragen wird.

Der Sommer ist, wie gesagt, die Jahreszeit für die großen Rundfahrten, da bleit wenig Zeit übrig im Kalender für Eintagesrennen. Eines, das seit 1981, kurz nach der Tour de France, ausgetragen wird, ist die Clásica San Sebastián. Das Rennen rund um die baskische Hafenstadt Donostia-San Sebastián ist vom Profil her mit den Ardennenklassikern zu vergleichen; der Sieger und die Siegerin (seit 2019 gibt es auch ein Frauenrennen) erhält neben dem Preisgeld eine traditionelle Baskenmütze. Traditionell Ende August wird die Bretagne Classic Ouest-France (früher Grand Prix de Plouay Ouest-France) gestartet, ehe die Profis über den Atlantik müssen, um an den beiden Rennen in Kanada teilzunehmen. Sowohl der Grand Prix Cycliste de Québec als auch der Grand Prix Cycliste de Montréal im September stehen erst seit 2010 im Rennkalender und gehören inzwischen zum Programm der UCI-WorldTour.

Bevor das Monument „Il Lombardia" den Schlusspunkt der UCI-World-Tour in Europa markiert, finden noch zwei weitere traditionsreiche Rennen statt: Paris-Tours, ein Klassiker für reine Sprinter sowie Mailand-Turin. Allgemein gilt Lüttich-Bastogne-Lüttich als das älteste noch stattfindende Eintagesrennen der Welt; das stimmt jedoch nicht so ganz. Das Rennen in Belgien wurde 1892 erstmals gefahren, Mailand-Turin erstmals bereits 1876. Dann war allerdings erst einmal Pause bis 1894, weshalb der Ardennenklassiker mit seiner Premiere von 1892 als ältestes Eintagesrennen der Welt gilt. Ursprünglich wurde Milano-Torino im März gefahren, seit 2012 im Herbst. In Italien steigen im Herbst noch die drei Traditionsrennen Tre Valli Varesine, die Coppa Agostini sowie die Coppa Bernocchi, die zusammengenommen den Trittico Lombardo ergeben. Ebenfalls im Herbst findet das Memorial Marco Pantani statt, das rund um Cesenatico, der Heimatstadt des 2004 verstorbenen Tour-de-France-Siegers, stattfindet.

Ein relativ neues Eintagesrennen ist das Cadel Evans Great Ocean Road Race, das in Australien seit 2015 ausgerichtet wird und zu Ehren des ersten und einzigen australischen Tour-de-France-Gesamtsiegers benannt wurde. Bekannte Eintagesrennen, die aus dem Kalender gestrichen wurden – zumeist mangels Sponsorengelder –, sind unter anderem die Meisterschaft von Zürich, auch Züri Metzgete genannt (bis 2014) oder Bordeaux-Paris (bis 1988).

★ 5 ★
NATIONALE UND INTERNATIONALE MEISTERSCHAFTEN

1921 fanden die ersten Straßen-Weltmeisterschaften für Amateure statt, 1927 starteten die Profis erstmals. Erst in den 1990er-Jahren wurde die Trennung zwischen Profis und Amateuren aufgehoben. Die UEC-Europameisterschaften fanden erstmals 2016 statt. Bei den nationalen Titelkämpfen in Deutschland wird seit 1995 der Deutsche Meister im Straßenrennen und im Einzelzeitfahren gekürt.

5.1 WELTMEISTERSCHAFTEN

Fanden bereits Ende des 19. Jahrhunderts die ersten Bahn-Weltmeisterschaften statt, so mussten die Straßenfahrer bis zu den 1920er-Jahren warten. 1921 starteten erstmals Amateurrennfahrer bei einer WM in Kopenhagen. Erst sechs Jahre später fanden auf dem Nürburgring die ersten Weltmeisterschaften für Profis statt. Gemeinsam mit den Berufsradfahrern starteten die separat gewerteten Amateure in der Eifel. Später fanden die Rennen überwiegend getrennt voneinander statt. Erster

Profi-Weltmeister im Straßenrennen war der Italiener Alfredo Binda, der den Titel insgesamt dreimal gewinnen konnte.

In den Jahren des Zweiten Weltkriegs wurden die Weltmeisterschaften nicht ausgetragen. Erster Weltmeister nach dem Zweiten Weltkrieg bei den Profis war 1946 der Schweizer Hans Knecht. 1952 gewann der heute weitgehend unbekannte Heinz Müller als erster deutscher Profi das Straßenrennen bei der WM in Luxemburg. Der letzte deutsche Profi-Weltmeister hingegen war ein Star seiner Zeit. Der 2016 verstorbene Rudi Altig siegte 1966 nach 273 Kilometern auf dem Nürburgring vor Jacques Anquetil und Raymond Poulidor.

Auf Altigs Nachfolger müssen die deutschen Radsportfans immer noch warten, während bei den Amateuren in den 1980er-Jahren gleich mehrere Staatsamateure der ehemaligen DDR siegten: 1982 gewann Bernd Drogan die WM, im darauf folgenden Jahr Uwe Raab. Zwei Jahre später fuhr Uwe Ampler als Erster über den Zielstrich und 1988 war Olaf Ludwig der Schnellste. Einziger gesamtdeutscher Weltmeister im Straßenrennen der Amateure ist ein gewisser Jan Ullrich, während sich im selben Jahr (1993) in Oslo bei den Profis Lance Armstrong den Titel holte.

Die Trennung im Straßenradsport zwischen Profis und Amateuren wurde rund 70 Jahre lang aufrechterhalten. 1992 beschloss der Weltradsportverband die Trennung von Amateuren und Profis aufzuheben und vergab die sogenannte Einheitslizenz im internationalen Radsport. Mit dieser Reform wurde auch geregelt, dass ab 1996 in Atlanta auch Profis an den olympischen Straßenrennen teilnehmen durften. Die letzte Straßen-WM mit der Trennung zwischen Profis und Amateuren fand 1995 in Kolumbien statt. Bis 1994 wurden die Weltmeisterschaften Ende August ausgetragen, ab 1995 wurde der Termin nach hinten in den späten September oder sogar in den Oktober verlegt. Zudem kam in jenen reformfreudigen 1990er-Jahren das Einzelzeitfahren hinzu. Die Premiere 1994 im italienischen Agrigento gewann der der Engländer Chris Boardman.

Mixed-Relay ersetzt Teamzeitfahren ab 2019

Von 1962 bis 1994 wurde bei den Amateur-Weltmeisterschaften zudem ein Vierer-Mannschaftszeitfahren ausgetragen, bei dem die besten Zeitfahrer einer jeden Nation an den Start gingen. 2012 wurde das Teamzeitfahren eingeführt, bei dem jeweils sechs Fahrer eines Profiteams an den Start gingen, die Nationalität spielte bei der Zusammensetzung keine Rolle. 2018 in Innsbruck wurde das WM-Teamzeitfahren letztmalig ausgetragen, 2019 fand erstmalig im Rahmen einer WM ein Mixed-Rennen statt, bei dem drei Frauen und drei Männer aus einer Nation an den Start gingen. Die Premiere gewann das gemischte Team aus den Niederlanden vor Deutschland. 2021 bei der WM in Flandern siegte das Mixed-Team des Bund Deutscher Radfahrer mit Mieke Kröger, Lisa Brennauer und Lisa Klein sowie Nikias Arndt, Max Walscheid und Tony Martin im letzten Rennen seiner Karriere.

Der Austragungsort der WM wird von der UCI vergeben. Die Mindestlänge einer WM-Strecke bei den Männern liegt jenseits der 250 Kilometer, die WM-Straßenrennen der Frauen sind um die 150 Kilometer lang. Ein Kriterium bei der Vergabe ist das Profil, das das Ausrichterland bzw. die Region zu bieten hat. Dabei achtet der Verband darauf, dass sich Strecken für Sprinter und Kletterspezialisten abwechseln. In Innsbruck 2018 zum Beispiel mussten die Fahrer mehr als 5.000 Höhenmeter bewältigen; die Sprinter weltweit hatten bereits im Vorfeld dankend abgelehnt. 2019 gewann überraschend der Däne Mads Pedersen im Regen von Yorkshire, 2020 auf dem schweren Kurs rund um die Formel-1-Strecke im italienischen Imola siegte Julian Alaphilippe. Und weil der Franzose beinahe ein Alleskönner ist, verteidigte er seinen Titel bei den 88. UCI-Straßen-Weltmeisterschaften 2021 in Flandern.

Seit 1996 starten bei den Weltmeisterschaften der Elitefahrer auch die U23-Männer, seit 1994 bereits die Frauen, inzwischen auch die Junioren und Juniorinnen. Im Gespräch ist es derzeit, bei der WM zusätzlich ein U23-Rennen der Frauen ins Programm aufzunehmen. Die erste Straßen-

Weltmeisterschaft der Frauen fand 1958 im französischen Reims statt und wurde von der Luxemburgerin Elsy Jacobs gewonnen. Vom Prestige her ist ein WM-Titel ungefähr gleichzusetzen mit dem Gewinn eines der sogenannten Monumente im Radsport. Zusätzliche Motivation dürfte das Regenbogentrikot sein, dass sich der frisch gebackene Weltmeister oder die Weltmeisterin überstreifen darf. Und in diesem Jersey dürfen die Titelträger dann in der darauf folgenden WorldTour-Saison – verziert freilich mit Namen und Logo der Teamsponsoren – an den Start gehen.

Neben dem ersten Profi-Weltmeister Alfredo Binda konnten die Belgier Eddy Merckx, Rik van Steenbergen, der Spanier Oscar Freire und der Slowake Peter Sagan jeweils dreimal den WM-Titel im Straßenrennen gewinnen, Sagan als erster dreimal in Folge (2015, 2016 und 2017). Das WM-Einzelzeitfahren gewannen der Schweizer Fabian Cancellara und der Deutsche Tony Martin je viermal. Rekordweltmeisterin im Straßenrennen (5) und im Einzelzeitfahren (4) ist die Französin Jeannie Longo-Ciprelli. Deutsche Weltmeisterinnen im Straßenrennen sind Beate Habetz (1978), Judith Arndt (2004) und Regina Schleicher (2005) sowie Hanka Kupfernagel (2007), Arndt (2011 und 2012) und Lisa Brennauer (2014) im Einzelzeitfahren.

5.2 EUROPAMEISTERSCHAFTEN

Die UEC-Europameisterschaften blicken auf eine verhältnismäßig kurze Geschichte zurück. Sie wurden 2016 erstmals im französischen Plumelec ausgerichtet. Im Vergleich zu den Monumenten oder der WM besitzt die EM einen eher niedrigeren Stellenwert. Nicht immer stehen bei den kontinentalen Meisterschaften auch wirklich die besten Fahrer und Fahrerinnen Europas am Start. Dennoch: Gewinnen muss man ein EM-Straßenrennen auch erst einmal, und in die Siegerliste bei den Straßenrennen seit 2016 haben sich mit Alexander Kristoff, Matteo Trentin, Elia Viviani sowie den Italienern Giacomo Nizzolo und Sonny Colbrelli durchaus Profis von Weltklasseformat eingetragen. Bei den Frauen siegten die Niederländerinnen Ellen van Dijk (2021), Annemiek van Vleuten (2020), Amy Pieters (2019) sowie die Italienerin Marta Bastianelli (2018) im Straßenrennen.

5.3 STRASSEN-RADSPORT BEI DEN OLYMPISCHEN SPIELEN

Bei den ersten Sommerspielen der Neuzeit 1896 in Athen starteten die Radrennfahrer auf der Marathonstrecke. Während die Wettbewerbe im Bahnradsport auch bei den darauf folgenden Sommerspielen stattfanden, durften die Straßenfahrer erst 1912 wieder an den Start gehen. Bis 1928 gab es ausschließlich ein Einzelzeitfahren, von 1928 bis 1956 dann jeweils ein im Massenstartmodus gestartetes Straßenrennen. Zudem gab es Medaillen für die beste Nation im Straßenrennen. Ab den Olympischen Spielen 1960 in Rom gab es neben dem Straßenrennen ein Mannschaftszeitfahren über 100 Kilometer. 1988 siegte der Straßenvierer der DDR. Vier Jahre später in Atlanta, bei der letzten Austragung des Mannschaftszeitfahrens auf der Straße, gewann der Straßenvierer des Bund Deutscher Radfahrer die Goldmedaille. Bis 1992 waren im Straßenradsport nur Amateure berechtigt, an den Olympischen Spielen teilzunehmen. 1996 in Atlanta starteten erstmals die Profis; das Straßenrennen gewann überraschend der Schweizer Pascal Richard. Im Einzelzeitfahren, das in den USA Premiere feierte, war der fünfmalige Tour-de-France-Sieger Miguel Indurain der Schnellste. Ab 2000 in Sydney musste das Mannschaftszeitfahren dem Einzelzeitfahren Platz machen. Jan Ullrich holte Silber im Kampf gegen die Uhr, im Straßenrennen sogar Gold. Nach Olaf Ludwig, der 1988 in Seoul die Goldmedaille im Straßenrennen geholt hatte, ist Ullrich der zweite deutsche Straßenfahrer, der olympisches Gold in einer Einzeldisziplin holte.

5.4 DEUTSCHE MEISTERSCHAFTEN

Die ersten deutschen Meisterschaften im Straßenrennen für Profis wurden 1913 ausgetragen, die Amateure traten 1920 erstmals zu nationalen Titelkämpfen an. In der Zeit nach dem Ersten Weltkrieg bis zum Beginn des Zweiten Weltkriegs fanden die Profimeisterschaften unregelmäßig statt, während die Amateure fast jedes Jahr ihren Meister kürten. Jedes Jahr fanden die deutschen Meisterschaften verlässlich dann ab 1946 statt, bis 1994 getrennt für Berufsradfahrer und Amateure. Die Rekordmeister bis dahin bei den Profis sind Hennes Junkermann, Winfrid Bölke und Gregor Braun mit jeweils drei Titelgewinnen.

Von 1995 bis 2004 siegten zehnmal in Folge die Profis des Team Telekom bzw. des Nachfolgeteams Team T-Mobile. Darunter waren Udo Bölts, André Greipel, Rolf Aldag und Jan Ullrich. Ab 1995 wurden regelmäßig die nationalen Meister im Einzelzeitfahren ermittelt, die der viermalige Zeitfahrweltmeister Tony Martin dominierte. Im Jahr 2010 und von 2012 bis 2019 holte er sich den Titel. 2020 wurde das Zeitfahren aufgrund der Coronapandemie nicht ausgetragen, 2021 gewann Martin erneut, zum zehnten Mal im Laufe seiner Karriere. Bei den Frauen gewann Hanka Kupfernagel fünfmal das Straßenrennen, Judith Arndt sogar achtmal das Einzelzeitfahren.

Eine Spezialität, weitgehend unbeachtet von den Medien, ist die deutsche Bergmeisterschaft. Sie wurde für Profis erstmals 1925, dann 1939 und danach regelmäßig bis 1970 ausgetragen. Ab 1995 kämpfen die Elitefahrer wieder um den Titel, wobei die besten deutschen Profis regelmäßig mit Abwesenheit glänzen. Zum Teil wird der deutsche Bergmeister in einem Bergzeitfahren ermittelt, teilweise im Straßenrennen mit Bergankunft, dann wieder in einer Mischung aus beidem.

5.5 SPECIAL: BUND DEUTSCHER RADFAHRER

Die Idee, einen übergeordneten Radsportverband in Deutschland zu gründen, nahm bereits in den frühen 1880er-Jahren Form an. Im August 1884 wurde der Deutsche Radfahrer Bund (DRB) in Leipzig gegründet, ein Zusammenschluss des Deutschen-, des Deutsch-Österreichischen und des Norddeutschen Velocipedisten-Bundes. Aber irgendwie wurde man mit dieser Konstellation nicht glücklich. Mit dem Allgemeinen Deutschen Radfahrer-Verband (ADRV), der Allgemeinen Radfahrer-Union (ARU) und der Vereinigung Deutscher Radsport-Verbände (VDRV) sowie etwas später dem Verband Deutscher Radrennbahnen (VDR) gab es verschiedene Verbände neben dem DRB, die allesamt unterschiedliche Interessen vertraten. So akzeptierte beispielsweise der DRB, die Profisportler nicht, unterstützte nur die Amateure und erlaubte es seinen Mitgliedern auch nicht, an Rennen teilzunehmen, an denen auch Profis am Start waren.

1919 vereinigten sich DRB und ARU zum Bund Deutscher Radfahrer (BDR); im selben Jahr spalteten sich erneut Unzufriedene ab und gründeten die Deutsche Radfahrer-Union. Erst 1926 konnte man sich halbwegs einigen und der Bund Deutscher Radfahrer galt nun als einziger nationaler, von allen anerkannter Radsportverband Deutschlands, für Profis und Amateure. Von 1933 bis zum Ende des Zweiten Weltkriegs 1945 war der von den Nationalsozialisten gegründete Deutsche Radfahrer Verband (DRV) für die Belange der Radsportler verantwortlich. Im November 1948 wurde der Bund Deutscher Radfahrer reaktiviert, zwei Jahre später durfte der BDR auch wieder in den Schoß des Weltverbands UCI zurückkehren. Für die Radsportler in der DDR war von 1958 bis zur Wiedervereinigung 1990 der Deutsche Radsport-Verband (DRSV) zuständig. Seit der Wende sind insgesamt 17 Landesverbände unter dem Dach des BDR versammelt (17, weil sich das Bundesland Baden-Württemberg den Badischen und den Württembergischen Landesverband gönnt).

BDR-Präsidentin verliert den Machtkampf

Im Jahr 2001 stand mit Sylvia Schenk erstmals eine Frau an der Spitze des BDR. Die ehemalige Leichtathletin, Juristin und späteres Vorstandsmitglied bei Transparency International Deutschland versuchte, die verkrusteten Strukturen des BDR aufzubrechen, positionierte sich klar gegen Doping, stand für eine offene Kommunikation und kritisierte zudem den damaligen UCI-Präsidenten Pat McQuaid, der gleich mehrfach der Korruption verdächtigt wurde. Das war eigentlich schon zu viel in einer extrem von Männern dominierten Sportart. Zudem aber legte sich Schenk 2004 mit dem umstrittenen BDR-Sportdirektor Burckhard Bremer an, der Medienangaben zufolge die auffälligen Blutwerte von einem seiner Bahnradfahrer verschwiegen hatte. Schenk verlor den Machtkampf und trat 2004 zurück; ihr folgte ab 2005 bis heute der ehemalige Verteidigungsminister Rudolf Scharping.

Der SPD-Politiker war trotz einiger Erfolge im Kampf gegen Doping alles andere als unumstritten, unter anderem, weil er den eigentlich nicht haltbaren Burckhard Bremer stützte. Scharpings Stellvertreter Peter W. Streng und Manfred Schwarz mussten Ende 2016 ihren Hut nehmen, weil sie fremdenfeindliche Äußerungen auf ihrer Facebookseite geteilt hatten beziehungsweise sich über den offiziellen E-Mail-Verteiler negativ über Geflüchtete geäußert haben sollen. Und dass beim 125-jährigen Jubiläum des BDR zwar dopingüberführte Ex-Profis hofiert wurden, die ehemalige Präsidentin Schenk aber noch nicht einmal eingeladen war, wirft auch nicht gerade ein positives Licht auf den Verband beziehungsweise die Verbandsführung.

Rassistische Entgleisung Patrick Mosters bei den Olympischen Spielen

2021 bei den Olympischen Spielen leistete sich BDR-Bundestrainer Patrick Moster einen unverzeihlichen, rassistischen Fauxpas. Moster rief dem deutschen Zeitfahrer Nikias Arndt zu: „Hol die Kameltreiber, hol die Kameltreiber, komm." Vor Arndt fuhren der Eritreer Amanuel Ghebreigzabhier und der Algerier Azzedine Lagab. Arndt schrieb umgehend auf Twitter: „Ich bin entsetzt über die Vorfälle beim heutigen olympischen Zeitfahren und möchte mich hiermit deutlich von den Aussagen des sportlichen Direktors distanzieren! Solche Worte sind nicht akzeptabel."

Die Führung des BDR kritisierte die Aussagen Mosters zwar, ließ aber zunächst offen, welche Konsequenzen die rassistischen Entgleisungen haben würden. Anfang August gab der Verband bekannt, Moster „bis auf Weiteres" von internationalen Aufgaben zu entbinden, außerdem sprach der BDR eine schriftliche Abmahnung aus. Der Welt-Radsportverband UCI sprach eine Sperre bis zum Jahresende 2021 aus. Moster hatte sich bereits direkt nach seinen eigentlich unentschuldbaren verbalen Entgleisungen bei den Betroffenen entschuldigt. Die Äußerungen seien, so Moster, in der Hektik des Renngeschehens gefallen.

Lagab hatte direkt nach dem Rennen auf Twitter geschrieben: „Es gibt bei den Olympischen Spielen kein Kamelrennen. Deshalb habe ich mich für den Radsport entschieden."

Azzedine Lagab wurde kurz vor der Deutschland Tour Ende August 2021 vom saarländischen Continental-Team Bike Aid verpflichtet, das damit ein Zeichen gegen Rassismus setzen wollte. Als Moster davon erfuhr, suchte er den Kontakt zu Bike Aid und vereinbarte ein Treffen mit dem algerischen Rennfahrer. Lagab sagte nach dem Treffen, das im privaten Rahmen und ohne Presse stattgefunden hatte, dass er Moster verziehen habe.

★ 6 ★

DER WELTRADSPORTVERBAND UND DIE UCI-WORLDTOUR

Bereits seit 1900 lenkt die Union Cycliste Internationale (UCI) die Geschicke der Radsportler weltweit. 2011 rief der Verband die UCI-WorldTour ins Leben. Wie vielen anderen internationalen Sportverbänden wurde auch der UCI Korruption vorgeworfen. Viele Jahre drückte der Weltradsportverband beim Thema Doping beide Augen fest zu. Die größte Aufgabe der UCI scheint es derzeit zu sein, für mehr Sicherheit für die Fahrer bei den Rennen zu sorgen.

6.1 WELTRADSPORTVERBAND UNION CYCLISTE INTERNATIONALE

Der Weltradsportverband ist die Union Cycliste International (UCI). Sitz des Verbandes ist seit 2002 das schweizerische Aigle. Die UCI wurde im Jahr 1900 in Paris gegründet und ging aus der Vorgängerorganisation International Cyclists' Association (ICA) hervor, die seit 1892 bestand. Unter dem Dach der UCI finden heute sowohl Veranstaltungen im Kunstradfahren und im Radball, BMX-Freestyle-Wettbewerbe, internationale Mountainbike-Marathons als auch die Weltmeisterschaften der Straßenprofis statt. Angeschlossen sind dem Verband knapp 200 nationale Verbände, außerdem fünf kontinentale Verbände, darunter die Union Européenne de Cyclisme (UEC), die unter anderem die Europameisterschaften der Straßenfahrer veranstaltet. Neben der Ausrichtung verschiedenster Wettkämpfe wie Welt- und Europameisterschaften ist die UCI natürlich auch für die Regeln sämtlicher Radsportdisziplinen verantwortlich.

Die UCI wurde, wie so viele andere Sportverbände auch, häufig mit Korruption und Vetternwirtschaft in Verbindung gebracht und schien zudem wenig Interesse daran zu haben, das Dopingproblem in den Griff zu bekommen. So soll der Niederländer Hein Verbruggen, der von 1991 bis 2005 im Amt war, über Jahre den Dopingsünder Lance Armstrong geschützt und begünstigt haben. Auf Verbruggen folgte Pat McQuaid. Der Ire wurde von seinem Vorgänger protegiert und galt ebenfalls nicht gerade als engagierter Kämpfer gegen Doping im Radsport. Ganz im Gegenteil: McQuaid wurde verdächtigt, den Spanier Alberto Contador nach dessen positiven Dopingfall bei der Tour de France 2010 gedeckt zu haben und seinen Vorgänger Verbruggen bereits vor seiner Amtszeit als Präsident dabei unterstützt zu haben, Armstrongs Dopingpraktiken zu verschleiern. 2013 wurde McQuaid von Brian Cookson abgelöst. Eine unabhängige Untersuchungskommission fand nach McQuaids Amtszeit zwar keine unmittelbaren Beweise für Korruption, stellte aber fest, dass sowohl McQuaid als auch Verbruggen mehrfach gegen das Anti-Doping-Reglement der UCI verstoßen hatten. Der Brite Brian Cookson setzte sich ab 2013 unter anderem für ein unabhängiges Kontrollsystem im Radsport ein. Er sei, so Cookson bei seinem Amtsantritt, zuversichtlich, dass er die Wunden des Radsports heilen könne. Tatsächlich brachte der Brite einiges auf den Weg, stärkte unter anderem den Ethikkodex, an den sich alle Teams und Veranstalter im internationalen Radsport zu halten hatten. Zu Recht vorgeworfen wurde ihm jedoch, dass sich in seiner Amtszeit in puncto Sicherheit für die Fahrer kaum etwas zum Besseren verändert habe. Im September 2017 bewarb sich Brian Cookson um eine weitere

Amtszeit. Er unterlag bei der Delegiertenversammlung aber überraschend dem Franzosen David Lappartient. Dieser war zuvor Präsident des französischen und des europäischen Radsportverbands.

Kaum gewählt, versprach der neue Präsident, das Teamzeitfahren bei den Weltmeisterschaften ab 2020 abzuschaffen; dies wurde von den WorldTour-Teams begrüßt.

Virtuelle Streckenbesichtigung geplant

Was die Sicherheit der Fahrer anbelangt, wurden unter Lappartient langsam, aber sicher – zu langsam nach Ansicht vieler Rennfahrer – Reformen auf den Weg gebracht. So wurde beispielsweise eine Datenbank eingerichtet, mit der die vielen Stürze der Rennfahrer analysiert und in Zukunft verhindert werden sollen. Es wurden neue, deutlich sicherere Barrieren in den Zielbereichen eingeführt. Veranstaltern, die die verschärften Sicherheitsmaßnahmen nicht erfüllen, drohen teils drakonische Strafen. Die Forderung der Fahrer, das Sicherheitskonzept bei den Rennen in die Hände unabhängiger Fachleute zu geben, lehnte die UCI ab. Allerdings wird daran gearbeitet, dass die Rennfahrer und die sportlichen Leiter die Strecke bereits deutlich vor dem Start auch virtuell „abfahren" können. Das Thema scheint derzeit im Radsport das Thema Nummer eins zu sein, nachdem es zuletzt aufgrund der baulichen Veränderungen, insbesondere in den Städten, zahlreiche schwere Verletzungen gegeben hatte.

Für Kritik bei vielen Profis hingegen sorgte das Verbot der sogenannten Supertuck-Position sowie das Verbot der Unterarmposition auf dem Lenker. Und für Gespött sorgte gar die unter Lappartient verabschiedete Regelung, die Länge der Socken bei den Rennfahrern genau festzulegen. Positives Feedback hingegen gab es für die Agenda 2022, die die Förderung und letztendlich die Gleichstellung des Frauenradsports zum Inhalt hatte. Während der Straßen-Weltmeisterschaften 2021 in Flandern wurde David Lappartient in seinem Amt als UCI-Präsident für die kommenden vier Jahre bestätigt.

6.2 PROFI-RENNSERIEN VON 1948 BIS 2011

Nach dem Zweiten Weltkrieg fuhren die Radprofis ihre Rennen übers Jahr zunächst im Rahmen der Challenge Desgrange Colombo, von 1961 bis 1989 in der Super Prestige Pernod Trophy, ab 1989 im Weltcup. In allen drei Rennserien wurde am Ende des Jahres – nach teilweise umstrittenen Kriterien – der Gesamtsieger des jeweiligen Jahres gekürt. Der Weltcup bei den Männern, der lediglich Eintagesrennen umfasste, wurde 2005 von der UCI-ProTour abgelöst. Zu Zeiten des Weltcups wurden die Rennställe im internationalen Radsport als GS1-, GS2- oder GS-3-Teams (GS = Groupe Sportif) klassifiziert. Die ab 2005 als UCI-ProTeams bezeichneten Rennställe waren vergleichbar mit den GS-1-Teams aus der Zeit vor 2005. Die Kategorie Professional Continental Team entsprach einem vorherigen GS2-Team, die UCI-Continental Teams einem GS3-Rennstall.

Die ProTour sollte in erster Linie für eine bessere Vermarktung des Sports dienen. Die UCI ließ im Premierenjahr 2005 nach Prüfung der Bonität insgesamt 20 Profiteams zur ProTour zu und nahm die bedeutendsten Rennen des Jahres ins Programm auf. Allerdings erhielt die UCI reichlich Gegenwind von den großen Veranstaltern des internationalen Radsports. Die Amaury Sport Organisation (ASO), aber auch der Giro-Veranstalter RCS MediaGroup fürchteten um die Eigenständigkeit ihrer Rennen, aber auch um die Souveränität ihrer Entscheidungen, was das Startrecht der ProTour-Teams bei den Rennen anbelangte: Sie wollten sich beispielsweise vorbehalten, des Dopings verdächtige Teams auszuschließen und wollten weiter die Freiheit behalten, Wildcards für unterklassige Teams zu vergeben. Jedenfalls weigerten sich ASO & Co., eine Lizenzvereinbarung mit dem Weltradsportverband zu unterschreiben. Man wurde sich auch im Verlauf der kommenden Jahre nicht so recht einig: 2008 wurden sogar die drei Grands Tours aus dem Programm der ProTour genommen.

Schließlich einigten sich UCI und Veranstalter für die Jahre 2009 und 2010 auf den sogenannten UCI World Calender. Darin waren neben den verbliebenen ProTour-Rennen auch die drei großen Landesrundfahrten und mehrere andere Klassiker zusammengeschlossen, die unter der Kategorie „HIS" („Historische Rennen") geführt wurden. In die Kritik war die ProTour auch deshalb geraten, weil sich fast alles auf die „Champions League" des Radsports konzentrierte, die darunter angesiedelten zweit- und drittklassigen Profiteams mussten mangels Interesses der Medien um ihre Sponsoren und somit auch um ihre Existenz fürchten; dies schlug sich negativ auf die Förderung und Entwicklung der Nachwuchsfahrer nieder.

6.3 DIE WORLDTOUR SEIT 2011

Mit der Installation der UCI-WorldTour zur Saison 2011 war nicht alles in Butter im internationalen Radsport, aber UCI und die Veranstalter einigten sich schließlich auf die Rennen, die zur WorldTour zählen sollten und auf zunächst bis zu 18 lizensierte WorldTour-Teams. Darunter angesiedelt waren die UCI Professional Continental Teams (ab 2020 UCI ProTeams) und die drittklassigen UCI Continental Teams. Die Lizenz als WorldTour-Team erhält ein Rennstall bis heute im höchsten Fall für den Zeitraum von drei Jahren. Ob die Voraussetzungen für eine WorldTour-Lizenz gegeben sind, wird jedoch jährlich vom Weltverband geprüft. Die UCI kann Teams herabstufen und dafür einem anderen Team die WorldTour-Lizenz erteilen. Die Mannschaften müssen bestimmte Kriterien in sportlicher, finanzieller, administrativer, organisatorischer und ethischer Hinsicht erfüllen. Letzteres bezieht sich insbesondere auf das Thema Doping: Definitiv ein Fortschritt zu früheren Zeiten, in denen die UCI-Bosse erwiesenermaßen gedopte Fahrer gedeckt hatten. Bereits seit 2008 müssen alle Teams einen sogenannten biologischen Pass für jeden ihrer Fahrer vorlegen können.

Jedes WorldTour-Team hat einen Teambetreiber, kann aber bis zu drei Sponsoren haben, die gemeinhin als Hauptpartner bezeichnet werden. Jeder Rennstall braucht eine UCI-WorldTour-Lizenz, die an den Betreiber oder auch einen der Hauptpartner vergeben werden kann. Die Nationalität des Teams kann sich sowohl nach dem Sitz des Teambetreibers, des Lizenzinhabers oder auch nach dem Standort des Hauptsponsors richten. So ist beispielsweise das Team DSM (vormals Team Sunweb) ein deutscher Rennstall mit Sitz im niederländischen Deventer. Wie eigentlich fast alle WorldTour-Teams ist auch DSM international aufgestellt, der Großteil der Fahrer und Mitarbeiter kommt allerdings aus den Niederlanden.

Nach einer weiteren Reform der UCI im Jahr 2020 fahren die WorldTour-Teams inzwischen ihre Rennen über das Jahr sowohl in der UCI-WorldTour (dazu zählen unter anderem die Grands Tours und die sogenannten Monumente des Radsports) als auch in der UCI-ProSeries, die rund 50 Rennen umfasst. In Deutschland zählen die Cyclassics in Hamburg und seit 2017 auch Eschborn-Frankfurt zur WorldTour. Zur UCI-ProSeries zählen unter anderem die Algarve-Rundfahrt, die Tour of Yorkshire, aber auch traditionelle Eintagesrennen wie Kuurne-Brüssel-Kuurne oder Paris-Tours. In Deutschland wurden der Sparkassen Münsterland Giro und die Deutschland Tour in die ProSeries-Kategorie aufgenommen.

Die Teilnahme an den WorldTour-Rennen ist für die Teams der ersten Kategorie verpflichtend und nach bestimmten Schlüsseln sowie für die verschiedenen Kontinente unterschiedlich geregelt. So dürfen in Europa höchstens 70 Prozent der Fahrer aus WorldTour-Teams bei den Rennen der UCI-ProSeries starten, außerdem eine gewisse Anzahl an UCI-ProTeams und UCI Continental Teams sowie Nationalmannschaften der jeweiligen Ausrichterländer. Andererseits dürfen die Veranstalter der großen Rennen Wild-Cards an zweitklassige UCI-ProTeams vergeben.

Die Vergabe der WorldTour-Lizenz erfolgte ab 2020 in einem Drei-Jahres-Rhythmus. So wird das Radsportjahr 2022 besonders wichtig für die Teams. Am Ende des Jahres schaut die UCI auf die Drei-Jahres-Rangliste, nach der sich entscheidet, welche 18 Teams ab 2023 eine WorldTour-Lizenz erhalten. Berechnet wird die Rangliste, indem für die Jahre 2020, 2021 und 2022 jeweils die Punkte der zehn erfolgreichsten Fahrer der jeweiligen Teams bei offiziellen UCI-Rennen addiert werden. Allerdings ist nicht sicher, ob sich alle Rennställe dafür entscheiden, die WorldTour-Lizenz zu ziehen; schließlich ist das auch mit höheren Kosten und bestimmten Pflichten verbunden. Das Team Alpecin-Fenix um Mathieu van der Poel beispielsweise belegte Ende 2021 Platz neun im Ranking, die verantwortlichen Teamchefs allerdings hielten sich stets bedeckt, ob sie wirklich in die erste Liga des Radsports aufsteigen wollen. Angeführt wurde das Ranking zum Jahreswechsel 2021/22 vom Team Quick-Step, gefolgt von Jumbo-Visma und INEOS-Grenadiers.

Unter der UCI-ProSeries sind die kontinentalen Rennserien angesiedelt; dazu zählen die UCI Europe Tour, die UCI Africa Tour, die UCI America Tour, die UCI Asia Tour sowie die UCI Oceania Tour. Die Rennen sind wie folgt kategorisiert: Die erste Ziffer steht für die Art des Rennens (Etappenrennen oder Eintagesrennen), die zweite für die Wertigkeit. So hat zum Beispiel die Portugal-Rundfahrt die Klassifizierung 2.1, das Eintagesrennen Tour de Savoie Mont Blanc die Einordnung 2.2.

6.4 ORGANISATION EINES WORLDTOUR-TEAMS

Zu einem WorldTour-Team zählen logischerweise in erster Linie die Fahrer. Ein Rennstall aus der ersten Kategorie muss seit 2020 zwischen 27 und 30 Profis beschäftigen, darunter dürfen im Höchstfall fünf Neoprofis sein. Die Radprofis erhalten inzwischen ein von der UCI, der Interessensvertretung der Teameigentümer (Association Internationale des Groupes Cyclistes Professionnels), und der sogenannten Fahrergewerkschaft CPA ausgehandeltes Mindestgehalt. Es liegt bei rund 40.000 Euro im Jahr. Der zweifache Tour-de-France-Sieger Tadej Pogačar soll 2021 allerdings einen neuen Vertrag bei seinem UAE-Team Emirates unterschrieben haben, der ihm pro Jahr ein Gehalt von rund sechs Millionen Euro zusichert – ohne Prämien. Die Prämien, die die Fahrer im Laufe der Rennen verdienen, werden in der Regel nach einem bestimmten Schlüssel im Team untereinander aufgeteilt.

Jahresbudget zwischen zehn und 50 Millionen Euro

Neben dem Teamchef, beispielsweise Ralph Denk bei BORA-hansgrohe oder Patrick Lefevere bei Deceuninck Quick-Step, zählen diverse sportliche Leiter zum Team. Bei BORA-hansgrohe sind es inzwischen deren zehn, die verschiedene Aufgaben haben oder schlicht die Fahrer bei verschiedenen Rennen betreuen. Hinzu kommen Spezialisten, die im Radsport gerne Head of Performance genannt werden. Bei BORA ist das beispielsweise der „Fitnessguru" Dan Lorang, der neben den Radprofis unter anderem auch die Ironman-Weltmeister Jan Frodeno und Anne Haug betreut. Zu den sportlichen Leitern kommen noch einmal mehrere Coaches und Athletiktrainer hinzu. Köche und Ernährungsberater gehören zu einem professionellen Rennstall genauso dazu wie natürlich Masseure und Physiotherapeuten. Und schließlich beschäftigt jeder WorldTour-Rennstall inzwischen auch eine knappe Handvoll Presse- und PR-Menschen. Die einen kümmern sich speziell um die Sponsoren, andere um die klassischen Medien wie TV und Print und wieder andere übernehmen das inzwischen immens wichtige Thema „Social Media". Nicht zu vergessen natürlich die Mechaniker, die die Bikes der Stars in Schuss halten und im besten Fall auch noch einen Bus- oder Lkw-Führerschein haben. Alles in allem kommen bei einem WorldTour-Team locker zwischen 75 und 100 Personen zusammen.

Für jeden Fahrer stellt ein Radhersteller – bei BORA ist es Specialized – um die sechs verschiedene Rennmaschinen zur Verfügung. Kostenpunkt pro Rad: rund 10.000 bis 15.000 Euro, wobei die Zeitfahrräder durchaus noch mehr kosten können. Ausgestattet sind die Teams inzwischen mit fast 20 Begleitwagen und luxuriösen Mannschaftsbussen mit Duschen, Betten und allem erdenklichen Komfort. Allein die Klamotten, die jeder Fahrer am Anfang einer Saison erhält, haben einen Verkaufswert von rund 35.000 Euro, hinzu kommen locker 2.000 Reifen und genauso viele Rennkappen pro Saison, Riegel, Gels und Getränkepulver im Wert von rund 100.000 Euro und Zehntausende von Trinkflaschen.

Das Budget eines WorldTour-Teams variiert. BORA-hansgrohe gibt an, sich eher im unteren Drittel der erstklassigen Rennställe zu bewegen. Das geschätzte Jahresbudget des Rennstalls aus dem oberbayrischen Raubling liegt wohl bei 18 Millionen Euro. Das meiste Geld dürfte derzeit in das britische Team INEOS Grenadiers sowie in das Team UAE Team Emirates fließen. Schätzungen zufolge sollen es knapp 50 Millionen Euro pro Jahr sein.

6.5 WORLD TOUR-TEAMS 2022

Männer

Name (Teamcode)	Nationalität	Radhersteller
Ag2R Citroën Team (ACT)	Frankreich	BMC
Astana-Qazaqstan Team (AST)	Kasachstan	Willier Triestina
Bahrain Victorious (TBV)	Bahrain	Merida
Bora-hansgrohe (BOH)	Deutschland	Specialized
Cofidis (COF)	Frankreich	De Rosa
EF Education-EasyPost	USA	Cannondale
Groupama-FDJ (GFC)	Frankreich	Lapierre
Ineos Grenadiers (IGD)	Großbritannien	Pinarello
Intermarché-Wanty-Gobert Matériaux (IWG)	Belgien	Cube
Israel-Premier Tech (ISN)	Israel	Factor
Jumbo-Visma (TJV)	Niederlande	Cervélo
Lotto Soudal (LTS)	Belgien	Ridley
Movistar Team (MOV)	Spanien	Canyon
Quick-Step Alpha Vinyl Team (QST)	Belgien	Specialized
Team BikeExchange-Jayco (BEX)	Australien	Giant
Team DSM (DSM)	Deutschland	Scott
Trek-Segafredo (TFS)	USA	Trek
UAE Team Emirates (UAD)	Vereinigte Arabische Emirate	Colnago

Frauen

Name (Teamcode)	Nationalität
BikeExchange-Jayco (BEX)	Australien
Canyon SRAM Racing (CSR)	Deutschland
EF Education-Tibco-SVB	USA
FDJ Nouvelle-Aquitaine Futuroscope (FDJ)	Frankreich
Human Powered Health	USA
Jumbo-Visma	Niederlande
Liv Racing-Xstra (LIV)	Niederlande
Movistar Team Women (MOV)	Spanien
Roland Cogeas Edelweiss Squad (CGS)	Schweiz
Team DSM (DSM)	Niederlande
Team SD Worx (SDW)	Niederlande
Trek-Segafredo (TFS)	USA
UAE Team ADQ (UAD)	Vereinigte Arabische Emirate
Uno-X Pro Cycling-Team (UXT)	Norwegen

6.6 SPECIAL: FAHRERGEWERKSCHAFT CPA

Profis unzufrieden mit der Arbeit der „Fahrergewerkschaft"

Die Interessen der Radprofis vertritt offiziell die Cyclistes Professionnels Associés (CPA), die gerne auch mal als Fahrergewerkschaft bezeichnet wird. Allerdings steht die CPA, 1999 während des Giro d'Italia gegründet, massiv in der Kritik. Zunächst, weil in der Organisation nur Fahrer von einigen wenigen nationalen Verbänden aufgenommen und somit auch deren Belange vertreten wurden. Inzwischen sind alle Fahrer, die bei einem UCI-WorldTour- oder einem UCI-ProTour-Team fahren, automatisch Mitglied der CPA und verpflichtet, zwei Prozent ihrer gewonnenen Preisgelder an die Cyclistes Professionnels Associés abzugeben. Das aber schmeckt vielen Profis nicht, zumal sie sich nicht gut vertreten fühlen von der vom ehemaligen Profi Gianni Bugno geleiteten „Gewerkschaft". Und weil sie die CPA eher als Marionette des Weltradsportverbands wahrnehmen. Der deutsche Profi Rick Zabel sagte sogar einmal: „Die CPA ist ein Witz. Sie vertritt die Rechte von uns Fahrern nicht. Das Preisgeld, das wir an die CPA zahlen, könnten wir genauso gut im Klo runterspülen." Die Kritik der Fahrer machte sich zuletzt unter anderem daran fest, dass die CPA sich kaum für die Rennfahrer stark machte, als diese nach zahlreichen Stürzen in der Saison 2020 neue Maßnahmen in puncto Sicherheit von der UCI und den Rennveranstaltern forderte.

Darüber hinaus bemängeln die Profis das ihrer Ansicht nach undemokratische Wahlsystem der CPA, das in ungefähr mit dem Wahlmännersystem der USA zu vergleichen ist, ansatt wirklich jedem Radprofi eine eigene Stimme zuzugestehen.

Im Sommer 2020 initiierte der ehemalige Profi Stef Clement eine Petition, um etwas zu bewegen. Mehrere hundert Radprofis unterzeichneten die Petition. Im Herbst des Jahres gründeten Clement und der Radsportfunktionär Luuc Eisenga mit „The Riders Union" eine neue Fahrergewerkschaft. Die Fahrer befürworteten die Gründung einer solchen Organisation. Noch allerdings steckt die neue Fahrergewerkschaft in den Kinderschuhen. Angedacht ist eine Fusion der Riders Union mit der Vertretung der Frauen im Radsport, allerdings ist „The Cyclists' Alliance" von der UCI nicht offiziell anerkannt. Das droht nach ersten Äußerungen des UCI-Präsidenten David Lappartient auch der Riders Union der Männer. Der langjährige deutsche Profi Paul Martens sagte dazu nur lapidar: „Das wäre nur ein weiteres Zeichen dafür, wie nötig die Riders Union ist."

★ 7 ★

WETTBEWERBE IM STRASSENRADSPORT

7.1 STRASSENRENNEN

Als Straßenrennen (veraltet auch Einerstraßenrennen) wird in der Regel ein Eintagesrennen bezeichnet, das im Massenstart gestartet wird. Nach dem gleichen Prinzip funktionieren allerdings auch die einzelnen Etappen bei Rundfahrten, außer den Zeitfahrwettbewerben. Eine Rundfahrt ist eine Aneinanderreihung von verschiedenen Straßenrennen. Allerdings gibt es inzwischen sowohl bei den klassischen Eintagesrennen als auch beispielsweise bei den Etappen einen neutralisierten Start. Erst nach einigen Kilometern gibt der Rennleiter das Zeichen zum „scharfen Start". Den neutralisierten Start hat man eingeführt, um das Sturzrisiko auf den ersten Kilometern, häufig noch im urbanen Raum, zu minimieren. Kaum hat die Rennleitung aus dem Auto heraus die Fahne geschwenkt und das Rennen freigegeben, erfolgen in der Regel schon die ersten Attacken.

Etappen bei großen Rundfahrten oder Eintagesrennen im Rahmen der WorldTour sind – von einigen Ausnahmen abgesehen – zwischen 150 und gut 250 Kilometer lang. Die Regel ist denkbar einfach: Wer als Erster den Zielstrich überfährt, hat das Rennen gewonnen. Die Umsetzung hingegen ist umso schwerer. Fast alle Straßenrennen sind von der Taktik der Teams geprägt. Das Profil eines Straßenrennens kann topfeben sein oder an die 5.000 Höhenmeter betragen.

7.2 ETAPPENRENNEN/RUNDFAHRTEN

Etappenrennen werden häufig auch als Rundfahrten bezeichnet, obwohl sie in den wenigsten Fällen auf einer Art Rundkurs ausgerichtet werden und wieder am Startort ankommen. Von einem Etappenrennen wird gesprochen, wenn es mindestens zwei Renntage gibt. 1903 wurde die Tour de France als erstes Etappenrennen ins Leben gerufen und dauert wie die beiden anderen Grands Tours (Giro und Vuelta) drei Wochen, während die meisten anderen Etappenrennen zumeist über einen Zeitraum von vier bis zu zehn Tagen ausgetragen werden. Etappenrennen über zehn Renntage müssen mindestens einen Ruhetag haben, dreiwöchige Rundfahrten mindestens zwei. Die Länge der einzelnen Etappen variiert in der Regel zwischen 100 und mehr als 200 Kilometern; in den vergangenen Jahren gab es beispielsweise bei der Tour de France einen deutlichen Trend zu kürzeren Etappen. Die meisten Etappen während einer Rundfahrt werden als Straßenrennen ausgetragen, eine Rundfahrt kann aber auch sowohl Einzel- als auch Mannschaftszeitfahren enthalten. Sämtliche Zeiten auf den einzelnen Etappen werden addiert, am Ende gewinnt logischerweise der Fahrer, der am schnellsten war. Kommen Fahrer in einer geschlossenen Gruppe oder im großen Fahrerfeld ohne Abstand zueinander ins Ziel, so wird bei ihnen die gleiche Zeit genommen, egal ob sie als Fünfter oder 125. ins Ziel rollen. In der Gesamtwertung wird in der Regel der Rückstand zum Gesamtführenden angegeben. Etappenrennen werden grundsätzlich von Teams bestritten, bei den Grands Tours besteht eine Mannschaft aus acht Fahrern. Neben der Einzelwertung und der Teamwertung können die Veranstalter verschiedene Wertungstrikots vergeben. In der Regel sind das die Punktewertung, die Bergwertung und die Nachwuchswertung, für die es besondere Trikots gibt. Die Punkte für die Berg- und die Punktwertung, oft auch als Sprintwertung bezeichnet, werden entweder im Ziel oder auf der Strecke bei Zwischensprints beziehungsweise Bergwertungen nach einem festgelegten Schlüssel vergeben. Die Anstiege bei der Tour de France beispielsweise sind in vier Kategorien eingeteilt: von der eher einfachen vierten Kategorie an kurzen oder tendenziell flachen Anstiegen bis zur sogenannten „Hors categorie" im Hochgebirge, wo an einem Anstieg 1.500 Höhenmeter am Stück oder 1.000 Höhenmeter mit einer Steigung von mehr als 6,5 Prozent im Durchschnitt bewältigt werden müssen.

Neben den Rundfahrten für die Straßenrennfahrer gibt es auch einige bekannte Etappenrennen für Mountainbiker, so zum Beispiel den Bike Transalp und das Cape Epic in Südafrika.

7.3 SPECIAL: TAKTIK IM STRASSENRENNEN

Bei TV-Übertragungen von großen Rennen, bei der Tour de France oder auch bei Eintagesklassikern wie Lüttich-Bastogne-Lüttich assistiert dem Kommentator inzwischen fast immer mindestens ein sogenannter Experte. Man kann das „sogenannter" auch weglassen. Denn es handelt sich wirklich um Leute, die richtig Ahnung haben vom Radsport. Ob es nun der 16-malige Tour-de-France-Teilnehmer Jens Voigt ist, der ehemalige Telekom-Profi Rolf Aldag bei Eurosport oder auch Fabian Wegmann bei der ARD.

So eine Tour-Etappe dauert fünf bis sieben Stunden. Da wollen die Zuschauer unterhalten werden. Die Experten müssen viel erklären, und sie haben viel zu erzählen. Über die einzelnen Fahrer, über die Historie des Rennens, sie haben witzige Anekdoten und spannende Infos auf Lager. Und sie müssen immer wieder Prognosen abgeben, wie das Rennen an diesem Tag wohl ausgehen wird. Und das ist dann meistens für die Katz. Radrennen sind extrem von Taktik geprägt, und doch kann sich von einer Sekunde auf die andere alles ändern. Und es verhält sich zudem ja nun mal so, dass nicht nur ein Team, sondern alle 20 Teams eine Taktik verfolgen – aber am Ende doch nur einer gewinnen kann. Und wenn sich das Rennen dann ganz anders entwickelt, als von den Experten vorhergesagt, dann sagt Jens Voigt irgendwann den schönen wie selbstironischen Satz. „Also ich, der hier als Experte angestellt bin, ich halte jetzt mal lieber die Klappe."

Das Straßenrennen ist ein Mannschaftssport

Bei einem wichtigen Eintagesrennen oder einer Etappe treten um die 150 Radsportler an. Aber es treten vor allem Mannschaften an, Teams, Rennställe, wie man es auch immer nennen will. Denn das Straßenrennen und insofern auch die Etappen bei den großen Rundfahrten sind definitiv ein Mannschaftssport. Ohne bestens funktionierendes Teamwork gibt es selten Sieger bei wichtigen Radrennen. Man kann das immer wieder beobachten, wenn Profis als 15. oder 66. jubelnd über die Ziellinie fahren, weil sie sich so für ihren Kollegen freuen, der gerade das Rennen für sich entschieden hat. Und es gibt so gut wie nie ein Siegerinterview, in dem sich der Tagessieger nicht bei der Unterstützung der Mannschaft bedankt.

Die Taktik, die sich die Rennställe vor oder bisweilen auch noch während des Rennens ausdenken, ist immer vom Profil der Strecke abhängig, bei Etappenrennen definitiv auch noch vom Stand im Gesamtklassement. Wobei ganz klar bei den Etappenrennen über mehrere Tage oder gar Wochen taktische Maßnahmen eine größere Rolle spielen als bei Eintagesrennen. Es gibt Rennen, die sind nur etwas für die Klassementfahrer und die Bergfahrer; es gibt Flachetappen, bei denen es mit fast hundertprozentiger Sicherheit auf einen Massensprint hinausläuft. Und es gibt Etappen, bei denen tempoharte Ausreißer die Chance haben, den Sieg nach Hause zu fahren. Gerade auf den sogenannten Überführungsetappen bei den großen Rundfahrten gibt es immer wieder Fluchtgruppen, bestehend aus einigen wenigen Fahrern, die versuchen, auf diese Art und Weise das Rennen zu gewinnen.

Entscheidend ist unter anderem der Zeitpunkt der Attacke. Die Fahrer attackieren an markanten Stellen im Laufe des Rennens, bisweilen aber auch schon Sekunden nach dem sogenannten scharfen Start. Und wenn die Gruppe gut funktioniert, das heißt, wenn sich die Ausreißer in der Führungsarbeit ablösen und sich gegenseitig unterstützen, dann haben sie durchaus Chancen, einige Minuten Vorsprung herauszufahren. Insbesondere, wenn im Peleton keine Mannschaft ein großes Interesse daran hat, die Nachführarbeit zu leisten. Das ist zum Beispiel bei Etappenrennen der Fall, wenn die Fahrer aus der Fluchtgruppe bereits großen Rückstand im Gesamtklassement aufweisen. Und die Teams, die einen ihrer Fahrer in der Gruppe der Ausreißer haben, besitzen normalerweise keinerlei Interesse, die Gruppe wieder einzuholen. Ganz nebenbei sei noch erwähnt, dass sich auch deshalb Fluchtgruppen bilden, um möglichst lange in der TV-Übertragung das Logo der Sponsoren auf dem Trikot zu präsentieren.

Bitteres Ende für Ausreißer

Hat sich eine Fluchtgruppe abgesetzt und einen Vorsprung herausgefahren, sind mehrere Szenarien möglich. Die eine Möglichkeit ist die, dass die Ausreißer durchkommen. Aus den einst Verbündeten werden dann spätestens auf der Zielgeraden wieder Konkurrenten. Bisweilen setzt sich aus einer Fluchtgruppe ein einzelner Fahrer ab und holt sich den Sieg als Solist. Dann wieder setzt sich ein couragierter Fahrer von den Mitflüchtlingen ab, wird aber dennoch am Ende vom Hauptfeld gestellt. Das ist extrem bitter und man kann das immer wieder, gerade auf den Etappen der großen Rundfahrten, beobachten: Ein einsamer, tapfer kämpfender Ausreißer ist etliche Kilometer alleine im Wind gefahren. Aber der Vorsprung schmilzt, von Minute zu Minute, von Sekunde zu Sekunde. Bei den TV-Übertragungen wird das stets am Bildschirm eingeblendet.

Der Vorsprung schmilzt vor allem dann wie ein Sahneeis in der Sonne, wenn die Teams der Sprinter im Hauptfeld Tempo machen. Immer dann, wenn einer ihrer schnellen Jungs eine Chance auf den Sieg im Massensprint hat, dann geben sie im Hauptfeld richtig Gas. Dann wechseln sich an der Spitze des Feldes die Tempobolzer ab. Im Gegensatz zum Ausreißer können sie so Kräfte sparen. Die Durchschnittsgeschwindigkeit eines Klassikers oder einer Etappe liegt bei halbwegs normalen Bedingungen oft knapp über 40 Stundenkilometer.

Auf den letzten Kilometern rast das gesamte Feld mit einem Tempo deutlich jenseits der 55 Stundenkilometer dem Ziel entgegen. Die sogenannten Sprinterzüge bilden sich, um ihren schnellsten Mann in die beste Position für den Sprint zu bringen. Genau das ist sozusagen des Hasen Tod. Der Hase ist in dem Fall der Ausreißer. Er kann die Ziellinie schon sehen; er ist längst im roten Bereich, er ist ein Weltklasse-Profi – und hat doch keine Chance gegen das heranrasende Feld. Es ist in den vergangenen Jahren immer schwerer geworden für die Ausreißer. Über die Funkverbindung zu ihren sportlichen Leitern sind die Fahrer im Peleton stets bestens über die aktuellen Zeitabstände informiert. Und so wissen die Rennfahrer im Peleton ziemlich genau, was sie investieren müssen, um die Fluchtgruppen oder den einen Ausreißer noch zu stellen.

Natürlich bestimmt auch die aktuelle Form der Fahrer die Taktik. Bei Rundfahrten kommt der Aspekt hinzu, welche Fahrer eventuell die Chance haben, in eines der begehrten Wertungstrikots zu schlüpfen. Vielleicht sogar ins Gelbe des Gesamtführenden, vielleicht ins Grüne des Punktbesten oder ins gepunktete Jersey des besten Kletterers. Um es an einem Beispiel zu verdeutlichen: Wenn eine Mannschaft keinen Kletterspezialisten in ihren Reihen hat, dann wird sie sich für den Tag im Hochgebirge auch nicht viel vornehmen.

Ansonsten gilt grundsätzlich für die Mannschaften, insbesondere bei Rundfahrten, ihren Kapitän zu schützen, ihn aus dem Wind zu halten, solange es geht. Bei einigen Mannschaften ist das ein Sprinter, bei anderen ist es ein Klassementfahrer. Jeder Fahrer im Team hat in der Regel seine Aufgaben, dazu gehört es eventuell auch, in Fluchtgruppen zu gehen. Das macht Sinn, weil der Rennfahrer sich vielleicht den Etappensieg sichern kann, das hat aber auch häufig einen anderen Hintergrund.

Gerade bei Bergankünften schicken die sportlichen Leiter der Teams gerne einen Fahrer in eine Fluchtgruppe. Am besten einen, der gut klettern kann. Fährt die Spitze des Feldes mit allen Favoriten dann am Anstieg an die Ausreißer heran, profitiert der Kapitän des jeweiligen Teams von seiner „Relaisstation". Der Ausreißer stellt seine eigenen Interessen sofort wieder hintenan und versucht, so lange wie möglich an der Seite seines Kapitäns zu bleiben; er kann ihm eventuell mit Getränken, mit Verpflegung oder im Falle eines Defektes sogar mit seinem Rad helfen, aber auf jeden Fall kann er ihn auch moralisch unterstützen.

Jahrelang hat das Team Sky, heute INEOS-Grenadiers, mit den Tour-de-France-Gesamtsiegern Wiggins, Froome, Thomas und Bernal, zuletzt die Frankreich-Rundfahrt bestimmt. Die Mannschaft war perfekt zusammengestellt, sie war so stark, dass sie das Tempo und die Taktik bei den entscheidenden Etappen bestimmen konnte. Wenn es in den Schlussanstieg ging, konnte man sich darauf verlassen, dass Sky noch mit einer Handvoll an erstklassigen Fahrern vertreten war. Edelhelfer wie einst Wout Poel, Michał Kwiatkowski oder auch Dylan van Baarle legten am Berg ein höllisches Tempo vor und fuhren damit die Spitzengruppe auseinander. Natürlich mussten sie sich darauf verlassen, dass ihre Kapitäne bei ihnen im Windschatten das Tempo mitgehen konnten. Sie selbst fuhren so lange Vollgas, bis sie geradezu implodierten. Aber weil so ein Team wie einst Sky oder zuletzt auch Jumbo-Visma über so viele gute Rennfahrer verfügte, übernahm direkt danach der nächste Helfer die Tempoarbeit.

Bei der Tour de France 2020 tippten nicht nur die Experten wie Voigt bis zur vorletzten Etappe auf Primož Roglič als Gesamtsieger. Zu dominant war das Team Jumbo-Visma, als dass man sich einen anderen Sieger hätte vorstellen können. Doch dann kam das Einzelzeitfahren nach Les Planches des Belles Filles. Und Roglič' Landsmann Tadej Pogačar widerlegte alle Vorhersagen, nahm seinem Landsmann das Gelbe Trikot ab und die so souverän wirkende taktische Marschroute des niederländischen Teams und seines slowenischen Leaders war hinfällig.

7.4 EINZELZEITFAHREN

Beim Einzelzeitfahren (EZF), entweder im Rahmen von Europa- und Weltmeisterschaften, bei Olympischen Spielen oder als Etappe bei Rundfahrten ausgetragen, soll eine bestimmte Strecke als Solist in der schnellsten Zeit zurückgelegt werden. Gestartet wird in einem gewissen Abstand – meistens eine Minute, zum Teil eineinhalb und bei den Topfahrern zwei Minuten – von einer Rampe herunter. Bei den Rundfahrten starten die Fahrer in umgekehrter Reihenfolge nach der Platzierung in der Gesamtwertung. Der Fahrer mit dem Gelben Trikot bei der Tour de France beispielsweise startet also als Letztes, der Profi mit der „Roten Laterne" muss als Erstes von der Rampe.

Das Einzelzeitfahren (Englisch: individual time trial, ITT, Französisch: contre la montre, CLM) entscheidet nicht selten bei großen Rundfahrten über den Gesamtsieg. Wer die Tour oder den Giro gewinnen will, der muss gut klettern, aber definitiv auch gut Zeitfahren können. Wobei noch einmal unterschieden werden muss zwischen EZF auf flachem Terrain und Bergzeitfahren. Im Flachen sind Rouleure wie einst Tony Martin oder aktuell Filippo Ganna im Vorteil. Und bei Zeitfahren auf einem profilierten Kurs mit harten Anstiegen holen Männer wie Tadej Pogačar die entscheidenden Sekunden oder gar Minuten gegenüber den Kontrahenten heraus. Klassementfahrer, die richtig gut Zeitfahren können, nehmen ihren direkten Konkurrenten im Kampf um die Gesamtwertung auf einer 50 Kilometer langen Zeitfahrstrecke oft mehr als drei Minuten ab, bisweilen sogar noch mehr. Und es kommt nicht selten vor, dass ein Zeitfahrspezialist einen vor ihm gestarteten Fahrer einholt. Er darf dann laut Reglement nicht im Windschatten des Kontrahenten fahren, sondern muss ihn überholen. Die Distanzen bei den Zeitfahrweltmeisterschaften, aber auch bei den Rundfahrten, betragen in der Regel zwischen gut 30 bis hin zu knapp 60 Kilometer. Früher waren die Einzelzeitfahren bei der Tour de France bisweilen über 100 Kilometer lang.

Bei den Grands Tours gibt es häufig zwei Einzelzeitfahren, bisweilen aber auch nur eines, dafür dann ein Mannschaftszeitfahren oder einen sogenannten Prolog. Dabei handelt es sich um eine Sonderform des Zeitfahrens bei den Etappenrennen. Der Prolog darf laut UCI-Reglement bei den Männern nur noch bis zu acht Kilometer lang sein. Er zählt nicht als eigenständige Etappe und findet stets zum Auftakt einer Rundfahrt statt.

7.5 TEAMZEITFAHREN/ MANNSCHAFTSZEITFAHREN

Wie beim Einzelzeitfahren geht es auch beim Mannschaftszeitfahren darum, eine bestimmte Strecke so schnell wie möglich zurückzulegen, diesmal eben im Team. Gestartet wird nacheinander nach festgelegten Abständen. Zum ersten Mal bei der Tour de France fand ein Mannschaftszeitfahren (MZF) im Jahr 1935 statt. Das „contre la montre par équipes", wie es auf Französisch heißt, war und ist durchaus umstritten. Einfach aus dem Grund, dass nicht jeder Klassementfahrer auf gleich oder zumindest ähnlich starke Mannschaften im Zeitfahren zurückgreifen kann und dadurch eine gewisse Wettbewerbsverzerrung entsteht. Nichtsdestotrotz gehört das Mannschaftszeitfahren inzwischen seit 1999 immer wieder zum Programm von Tour, Vuelta und Giro. Die Streckenlänge bestimmt der Veranstalter, in der Regel sind heutzutage zwischen 25 und 50 Kilometer zurückzulegen. Viele Profis fürchten das „contre la montre par équipes". Im Gegensatz zum Teamzeitfahren bei den Weltmeisterschaften (bis 2018) kann nämlich kein Team aus Zeitfahrspezialisten zusammengestellt werden, sondern die gesamte Equipe muss gemeinsam antreten – vom Sprinter bis zum Kletterspezialisten. Die Kunst dabei ist es, konstant schnell zu fahren, einen gemeinsamen Rhythmus zu finden, den möglichst alle Teammitglieder bis zum Ziel durchhalten. Die Fahrer nutzen beim Teamzeitfahren den Windschatten der Kollegen, wobei die Zeit, die ein Fahrer vorne im Wind fährt, stark variiert. Zeitfahrspezialisten bleiben deutlich länger im Wind als beispielsweise die Kletterer. Das „team time trial" (TTT) ist definitiv eine Sache des Kollektivs bzw. des Teamworks.

Gewertet wird bei der Tour de France nicht die Zeit des letzten, sondern die des fünften Fahrers, der ins Ziel kommt. Die abgehängten Fahrer erhalten allerdings die gleiche Zeit wie ihre Kollegen. Ist ein Team durch Aufgabe einiger Fahrer so dezimiert worden, dass noch nicht einmal mehr fünf Profis an den Start gehen können, so wird der letzte Fahrer gewertet. Bei den einstigen WM-Teamzeitfahren, wo nur sechs Fahrer pro Team starteten, wurde die Zeit des vierten Rennfahrers genommen.

Auf ebener Strecke erreichen solche „Zeitfahr-Schnellzüge" Geschwindigkeiten von über 60 Stundenkilometern; das Durchschnittstempo bei einem 30 Kilometer langen Zeitfahren liegt gerne mal bei deutlich über 55 Stundenkilometern. Auch für das MZF benutzen die Radprofis ihre speziellen Zeitfahrmaschinen und ihre aerodynamischen Helme.

Von 2012 bis 2018 gab es im Rahmen der WM ein Teamzeitfahren, bei dem jedoch keine Ländermannschaften, sondern Profi-Teams an den Start gingen. Mit vier WM-Titeln im Zeitfahren ist das Team Omega Pharma-Quick Step (2012 und 2013) sowie die Nachfolgeteams Etixx-Quick Step (2016) und Quick-Step Floors (2018) Rekordweltmeister. Ab der WM 2019 treten Mixed-Staffeln der jeweiligen Landesverbände in einem Zeitfahr-Wettbewerb gegeneinander an; jeweils drei Männer und drei Frauen pro Nationalmannschaft. Die WM-Premiere gewannen die Niederlande, 2020 fiel das Mixed-Rennen der Coronapandemie zum Opfer, 2021 gewann Deutschland die Goldmedaille. Premiere auf internationaler Bühne hatte das sogenannte Mixed Relay bei den Europameisterschaften 2019 in Alkmaar.

7.6 STRASSENVIERER/OLYMPISCHES MANNSCHAFTSZEITFAHREN

Bei nationalen Titelkämpfen, bei den Olympischen Spielen von 1960 bis 1992 und bei den UCI-Weltmeisterschaften von 1962 bis 1994 starteten sogenannte „Straßenvierer" im Mannschaftszeitfahren gegeneinander. Die Länge der Strecke betrug in der Regel 100 Kilometer. Gleich bei der ersten Austragung, bei den Olympischen Spielen 1960 in Rom, holte der deutsche Vierer die Silbermedaille. 1988 gewann der Straßenvierer der DDR. Bei der letzten Austragung 1992 gewann der erste gesamtdeutsche Straßenvierer mit Bernd Dittert, Christian Meyer, Uwe Peschel und Michael Rich. Anschließend wurde die Disziplin aus dem Programm der Olympischen Spiele gestrichen.

7.7 SPECIAL: STUNDENWELTREKORD

Beim Stundenweltrekord wird gemessen, wer auf einem Rennrad in einer Stunde eine möglichst lange Strecke zurücklegen kann. Anders ausgedrückt: Wer schafft die höchste Durchschnittsgeschwindigkeit auf dem Rad während einer einstündigen Fahrt? Der Stundenweltrekord, der in der Regel auf einer Radrennbahn aufgestellt wird, gehört zu keinem Wettbewerb, er gilt aber definitiv als Ritterschlag im Radsport und ist von großem Prestige.

Den ersten Stundenweltrekord stellte Henri Desgrange auf. Der spätere Gründer der Tour de France schaffte im Mai 1893 eine Strecke von 35,325 Kilometern. Den aktuellen Rekord hält seit dem 16. April 2019 der belgische Profi Victor Campenaerts, der auf der Bahn im mexikanischen Aguascalientes 55,089 Kilometer schaffte. Die Bahn des Velodromo Bicentenario liegt auf 1.800 Meter Höhe und ist wegen der dünneren Luft und dem dadurch geringeren Luftwiderstand für Rekorde prädestiniert. Bei den Frauen hält die Britin Joscelin Lowden seit September 2021 den Stundenweltrekord (48,406 Kilometer), aufgestellt auf der Bahn im schweizerischen Grenchen.

Erstmals über eine Geschwindigkeit von mehr als 40 Stundenkilometer kam der US-Amerikaner William Hamilton im Jahr 1898. Anfang des 20. Jahrhunderts wechselten sich der Schweizer Oscar Egg und der Franzose Marcel Berthet in schöner Regelmäßigkeit ab mit dem Rekord. 1942 fuhr die italienische Radsportlegende Fausto Coppi mit 45,798 Stundenkilometern einen Stundenweltrekord, der bis zum Rekordversuch 1956 von Jacques Anquetil (46,159 Kilometer) im Jahr 1956 Bestand hatte. Eddy Merckx blieb 1972 mit seinem Stundenweltrekord (49,431 Kilometer) noch unter der magischen Grenze von 50 Kilometern, ehe der Italiener Francesco Moser 1984 mit 50,808 Kilometern in der Höhenluft von Mexiko-Stadt erstmals die Schallmauer durchbrach und einige Tage später mit 51,151 Kilometern den Rekord sogar noch verbesserte. Allerdings wurde Mosers Rekord später vom Welt-Radsportverband UCI aberkannt und wird inzwischen nur noch als Weltbestleistung geführt.

Denn so einfach ist es eben doch nicht mit dem Stundenweltrekord. Moser hatte nämlich, mit finanzieller Unterstützung des Radherstellers Colnago, auf einer eigens für den Rekord konzipierten Rennmaschine gesessen, die unter anderem einen speziellen Lenker und ein größeres Hinterrad besaß. Knapp zehn Jahre später knackte der Schotte Graeme Obree Mosers Rekord, indem er auf der Bahn im norwegischen Hamar 51,596 Stundenkilometer fuhr. Obree hatte den Rekord auf einem selbst zusammengebastelten Zeitfahrrad aufgestellt, für das er angeblich unter anderem die Lagerschalen einer Waschmaschine verwendet hatte. Auf jeden Fall konnte der Tüftler auf seinem Rad eine extrem windschnittige Haltung einnehmen, bei der seine Arme extrem eng am Körper anlagen und der Oberkörper weit über den Lenker gebeugt war.

Der Brite Chris Boardman knackte Obrees Rekord noch im Jahr 1996, dieser holte ihn sich zurück, ehe Miguel Indurain und Tony Rominger Mitte der 1990er-Jahre neue Bestmarken aufstellten. Schließlich sicherte sich Boardman 1996 erneut den Stundenweltrekord, indem er im Manchester Velodrome auf einem Zeitfahrrad mit einem modifizierten Triathlon-Lenker als erster Mensch über 56 Stundenkilometer fuhr.

Aberkennung aller Weltrekorde zwischen 1984 und 1996

Bereits 1997 erließ die UCI ein Verbot, für den Stundenweltrekord spezielle Zeitfahrmaschinen zu benutzen, auf denen die Fahrer eine extrem gestreckte und damit aerodynamische Sitzposition einnahmen. Der Verband ordnete eine Rückkehr zu traditionellen Rennrädern an, die ungefähr dem entsprachen, mit dem Merckx 1972 seinen Rekord geschafft hatte. Zeitfahrhelme, sogenannte Tri-Spoke- oder Scheibenräder und Rahmen in Monocoque-Bauweise waren nun ebenfalls verboten. In der Folge versuchte sich zunächst einmal keiner mehr daran, den nun wieder gültigen Rekord aus dem Jahr 1972 zu brechen. Im Jahr 2000 beschloss die UCI, sämtliche Rekorde zwischen 1984 und 1996 abzuerkennen und eben nur als Weltbestleistungen gelten zu lassen. Im selben Jahr trat Chris Boardman auf einem von der UCI genehmigten Rennrad an, um den nun fast 30 Jahre alten Rekord von Merckx zu knacken, was ihm mit 49,441 Stundenkilometern auch gelang. Wobei der Brite in dieser einen Stunde auf dem Rad gerade einmal zehn Meter mehr als Merckx zurücklegte. Fünf Jahre später überbot der Tscheche Ondrej Sosenka den Briten Boardman mit 49,700 gefahrenen Kilometern recht deutlich. Ob dabei alles mit rechten Dingen zuging, scheint fraglich. Der Tscheche war zwar definitiv ein Zeitfahrspezialist, aber auch ein überführter Doper.

Kaum jemand versuchte sich nun noch am Stundenweltrekord oder scheiterte. Ehe die UCI schließlich zurückruderte und ab Mai 2014 eine weitere Reform verkündete. Von nun an durften die Athleten wieder spezielle Zeitfahrräder benutzen, sie mussten nur den allgemeinen Regeln des Welt-Radsportverbandes entsprechen. Der Deutsche Jens Voigt, bislang nicht eben als ausgesprochener Zeitfahrspezialist in Erscheinung getreten, nutzte die Gunst der Stunde und wagte wenige Monate nach der Reform den Versuch. Auf einer modernen Zeitfahrmaschine knackte

Voigt zum Ende seiner aktiven Karriere den bestehenden Rekord Sosenkas deutlich um rund 1.400 Meter und stand nun mit 51,110 gefahrenen Kilometern in den Rekordlisten. Allerdings nicht lange; bereits im Oktober des Jahres fuhr der Schweizer Mattias Brändle 51,852 Kilometer weit in einer Stunde. Der Australier Rohan Dennis (52,492 Stundenkilometer), die Briten Alex Dowsett (52,937 Stundenkilometer) und Bradley Wiggins (54,526 Stundenkilometer) verbesserten den Rekord noch einmal, bis Viktor Campenaerts im April 2019 zu seinem Versuch in Aguascalientes antrat. Der mehrfache Europameister im Einzelzeitfahren überbot Wiggins um 563 Meter und durchbrach zudem als erster Fahrer die Schallmauer von 55 Stundenkilometern.

★ 8 ★

SPEZIALISIERUNG IM RADSPORT

Von Rundfahrern, Puncheuren, Bergziegen und Wasserträgern

Es gibt sie, besser gesagt: es gab sie. Die Rennfahrer, die wirklich alles konnten. Brutal schnell sprinten, ausdauernd klettern, exzellent Zeitfahren und mit großer Tempohärte attackieren. Eddy Merckx war so ein Alleskönner, wobei er nicht nur alles, sondern auch gleich alles am besten konnte. Im Laufe der Jahre und Jahrzehnte aber hat sich zunehmend eine Spezialisierung im Straßenradsport entwickelt. Rennfahrer konzentrieren sich auf ihre individuellen Stärken und gemeinsam mit ihren Teamchefs und sportlichen Leitern entscheiden sie, wo ihre Qualitäten am besten zum Zug kommen und übernehmen dementsprechend eine gewisse Rolle in ihrem Team.

Auch wenn es dem Laien etwas komisch vorkommen mag, weil schließlich immer nur einer als Erstes über den Zielstrich fährt – die Straßenrennen im Radsport sind definitiv keine Individualsportart, sondern absolutes Teamwork. Ein Sieg bei einem Profiradrennen, egal ob bei der Tour de France oder der Flandern-Rundfahrt, ist – Ausnahmen bestätigen die Regel – eigentlich nur mit einer funktionierenden Mannschaft möglich.

8.1 SPRINTER

Die Sprinter sind die Draufgänger, die Artisten im Peleton. Es sind nicht selten äußerst extrovertierte Typen wie einst der Italiener Mario Cipollini, der gerne mal Trikots im Tigermuster oder einen Ganzkörper-Muscle-Suit trug. Manche Sprinter waren auch einfach nur verrückt – zumindest wenn sie um den Sieg sprinteten –, wie der Usbeke Dschamolidin Abduschaparow, der aufgrund seines äußerst rücksichtslosen Fahrstils auch „Terror von Taschkent" genannt wurde.

Fakt ist: Sprinter müssen mutig sein, wild entschlossen und vor allem natürlich richtig schnell. Die Sprintspezialisten sind in der Regel von deutlich kräftigerer Statur als ihre Kollegen, bisweilen sind es echte Muskelpakete. Das hilft ihnen natürlich dabei, auf den letzten Metern auf Geschwindigkeiten von bis zu 75 Stundenkilometern zu beschleunigen, dabei treten sie in der absoluten Spitze bis zu 1.800 Watt. Während der Bergetappen hingegen versammeln sich die endschnellen Männer zumeist im sogenannten Gruppetto. Höchste Bewunderung für die Gilde der Sprinter hatte einer der Größten der Radsportgeschichte. Der fünfmalige Tour-de-France-Sieger Miguel Indurain sagte über die ganz schnellen Männer: „Sprinter leiden so viel im Verlauf eines Rennens, nur um bis zur Ziellinie zu kommen. Sie kämpfen in den Bergen ums nackte Überleben, aber dann, auf den letzten Kilometern, sind sie wie ausgewechselt und tun erstaunliche Dinge. Es ist nicht so sehr die schiere Kraft, die mich beeindruckt, sondern eher ihre Wiederauferstehung, ihr Leiden, nur um wiedergeboren zu werden."

Ein erstklassiger Sprinter braucht ein taktisches Gespür für das Finish, ein Näschen dafür, welches Hinterrad er sich suchen muss, welches die Ideallinie bis zur Ziellinie ist und wann genau er antreten muss. In der Regel beginnt das richtige Sprintfinale in einem klassischen Massensprint erst einige hundert Meter vor dem Zielstrich. Die Topsprinter werden meistens von ihren Mannschaftskollegen, von sogenannten Sprinterzügen, auf der Zielgeraden „abgeliefert". Das heißt, sie genießen so lange wie möglich den Windschatten der Kollegen, um im idealen Moment den alles entscheidenden Angriff zu wagen. Der Deutsche Roger Kluge ist beispielsweise ein exzellenter Anfahrer für den australischen Top-Sprinter Caleb Ewan, der Däne Michael Mørkov hat als Anfahrer großen Anteil an den Sprintsiegen von Sam Bennett und Mark Cavendish im Team Deceuninck Quick-Step.

Wer den Luxus eines exquisiten Sprinterzugs nicht genießt, muss sich alleine durchwurschteln und sich das bestmögliche Hinterrad suchen. All das impliziert, dass es bei einem Massensprint extrem hektisch und damit auch gefährlich zugeht. Stürze sind nicht selten. Gefährlich geht es auch deshalb zu, weil es unter den Sprintern immer wieder Typen gibt wie eben jenen Abduschaparow. Da wird dann bei einem Tempo von 60 Stundenkilometern der Nebenmann mit dem Ellbogen traktiert, da werden im Eifer des Gefechts tatsächlich schon mal Kontrahenten in die Bande gerammt oder es werden Schlenker gefahren, um den Konkurrenten die Ideallinie zu versauen. Immer wieder kommt es vor, dass Sprinter nach dem Studium der TV-Bilder von der Jury disqualifiziert beziehungsweise auf einen hinteren Platz zurückgesetzt werden.

Am Ende entscheiden nach 250 Kilometern einige Zentimeter, die sprichwörtliche Reifenbreite, und nicht selten gibt erst das Zielfoto Aufschluss über den Tagessieger. Nicht selten entscheidet ein sogenannter Tigersprung über Sieg oder Niederlage. Dabei werden die Arme maximal nach vorne durchgestreckt, während der Körperschwerpunkt hinter den Sattel rutscht. So wird die Rennmaschine im entscheidenden Moment noch einmal ein Stück nach vorne katapultiert.

8.2 KLASSEMENTFAHRER

Als Klassementfahrer werden die Radprofis bezeichnet, die bei Rundfahrten, insbesondere den Grands Tours, aufs Klassement fahren – deren Ziel also nicht in erster Linie Etappensiege sind, sondern der Gesamtsieg der

Rundfahrt. Häufig, aber nicht zwingend sind die Klassementfahrer die Kapitäne ihrer Mannschaft. Als Siegfahrer bei Rundfahrten muss man definitiv klettern können. Auf den Etappen im Hochgebirge wird das Gesamtklassement gemacht – wie es im Fachjargon heißt. Dort, insbesondere bei Bergankünften, kann man den Konkurrenten mit entscheidenden Attacken die meiste Zeit abnehmen. Und als Rundfahrspezialist sollte man zudem sehr gut Zeitfahren können. Es hat Tour-de-France-Sieger gegeben, die ihre Siege ausschließlich in den Bergen herausfuhren und ihren Vorsprung im Einzelzeitfahren mit Ach und Krach um Sekunden verteidigen konnten. So ein Typ waren der 2004 verstorbene Italiener Marco Pantani oder auch der Kolumbianer Nairo Quintana. Es hat Sieger bei Grands Tours gegeben, die in den Bergen zwar stets in der Spitzengruppe vertreten waren, aber eher defensiv mitfuhren. Weil sie sich auf ihre herausragenden Qualitäten als Zeitfahrer verlassen konnten. So ein Typ war der Spanier Miguel Indurain, der von 1991 bis 1995 als einziger Fahrer fünfmal in Folge die Tour de France gewinnen konnte. Und auch Jacques Anquetil holte die meisten seiner acht-Grand-Tour-Siege aufgrund seiner Stärke im „Contre la montre". Die aktuell besten Rundfahrer der vergangenen Jahre sind die beiden Slowenen Tadej Pogačar und Primož Roglič, der Kolumbianer Egan Bernal und der Ecuadorianer Richard Carapaz; als kommender Tour-de-France-Sieger gilt der junge Däne Jonas Vingegaard, der 2021 bereits Rang zwei in der Gesamtwertung der Frankreich-Rundfahrt belegte.

8.3 KLETTERER

Der ehemalige deutsche Radprofi und heutige sportliche Leiter Rolf Aldag hat einmal gesagt, die Berge seien „der natürliche Feind des Radrennfahrers". Das gilt in der Tat für viele Fahrer im Peleton, ausgenommen natürlich die Kletterspezialisten, die gerne auch „Bergziegen" genannt werden. So sagte der italienische Kletterer Marco Pantani einmal:

„Ich brauche kein Doping, ich brauche Berge, um zu gewinnen." Tatsächlich brauchte der 2004 verstorbene Italiener beides.

In der Regel ist der typische Kletterer eher klein und schmächtig. Die Formel ist relativ einfach: Je weniger ein Profi wiegt, desto besser kommt er die Pässe hinauf. Jedes Kilo mehr bedeutet, dass der Radler höhere Wattzahlen bergauf treten muss. „Der Feind Nummer 1 am Berg ist das Gewicht", wusste schon der große Eddy Merckx. Während Gewicht im Flachen kaum etwas ausmacht, ist es in den Bergen ein gravierender Faktor. Minimiert man bei einem 85 Kilogramm schweren Rennradler (inklusive Rennrad) das Gewicht um ein Kilogramm, sinkt die erforderliche Leistung für den Rollwiderstand in der Ebene nur um knapp 0,5 Watt. Wenn aber nun derselbe Fahrer mit einem Tempo von konstant 15 Stundenkilometern bei einer Leistung von rund 240 Watt zehn Kilometer lang eine durchschnittlich sechsprozentige Steigung hinauffährt, spart er bei einem Kilogramm weniger Gewicht schon fast zweieinhalb Watt. Dies nur als Beispielrechnung.

An kurzen, knackigen Anstiegen halten sogenannte „Puncheure" meistens gut mit, auf den oft kilometerlangen Anstiegen während der Hochgebirgsetappen trennt sich dann aber die Spreu vom Weizen. Das Gewicht ist nicht der einzige Faktor. Eine noch mal ausgeprägtere Leidensfähigkeit, als man sie eh schon braucht als Radprofi, gehört dazu. Der zweifache Tour-Sieger Greg LeMond sagte diesbezüglich: „Die Berge sind der Gipfel des Schmerzes", während der Franzose Richard Virenque, Rekordsieger des gepunkteten Trikots für den besten Bergfahrer bei der Tour de France, erklärte: „Kletterer leiden genauso viel wie alle anderen. Aber sie leiden anders. Du fühlst den Schmerz, aber auch die Freude, jetzt genau an diesem Ort zu sein."

In erster Linie muss man natürlich die Beine haben, um an den Anstiegen zu den Besten zu zählen. Hinzu kommt aber auch eine gewisse taktische Raffinesse: Wie sagte der einstige Tour-de-France-Sieger Henri Pélissier: „Attackiere stets so spät, wie du kannst, aber bevor die anderen es tun." Aber es gibt auch unter den absoluten Kletter-Koryphäen unterschiedliche Typen. Der eine kann immer wieder selbst attackieren, kommt gut mit Tempoverschärfungen der Konkurrenten zurecht, der andere braucht eher ein gleichmäßiges Tempo, muss seinen eigenen Rhythmus fahren. Der eine geht früh aus dem Sattel, der andere bleibt lange und auch an den steilsten Anstiegen im Sattel sitzen. Natürlich kann es hilfreich sein, wenn man bereits in der Jugend in den Bergen trainieren konnte. Doch es gibt genug Beispiele, dass Fahrer aus dem platten Land zu Kletterspezialisten werden. Am schönsten hat es vielleicht der belgische Radsportautor Tim Krabbé ausgedrückt. Er sagte: „Klettern ist eine Sache des Rhythmus, eine Trance; du musst den Protest deiner Körperteile in den Schlaf zurückschaukeln."

8.4 KLASSIKERJÄGER UND ALLROUNDER

Klassikerjäger ist nicht gleich Klassikerjäger. Wer bei Lüttich-Bastogne-Lüttich Siegchancen hat, der muss nicht zwingend auch bei Mailand-San Remo oder erst recht nicht bei Paris-Roubaix zu den Favoriten zählen. Dazu ist das Profil bei den wichtigsten Eintagesklassikern zu unterschiedlich. Und dennoch gibt es diese Spezies von Rennfahrern, die sich eher auf die klassischen Eintagesrennen als auf die großen Rundfahrten konzentriert. Weil vier der sogenannten fünf Monumente des Radsports im Frühjahr stattfinden (Frühjahrsklassiker), ist auch die Vorbereitung auf die Saison bei den Klassiker-Spezialisten eine andere als beispielsweise bei einem Rennfahrer, dessen Saisonhöhepunkt der Sommer mit der Tour de France ist. Was die Klassikerjäger eint, ist ihre Tempohärte. Die Rennfahrer, die bei den Frühjahrsklassikern ganz vorne landen, sind in der Regel sogenannte Rouleure. Fahrer, die in der Lage sind, über lange Distanzen ein extrem hohes Tempo zu fahren. Und das nicht nur an der Spitze des Feldes, sondern auch in Fluchtgruppen oder gar als Solist. Zumeist sind diese Rouleure respektive Klassikerjäger auch sehr gute Zeitfahrer. Eine andere Spezies der Klassikerjäger nennt man gerne auch Puncheure; abgeleitet natürlich vom englischen Begriff „punch", also zuschlagen.

Das Terrain des Puncheurs im Radsport sind beispielsweise die Ardennenklassiker wie Lüttich-Bastogne-Lüttich oder La Flèche Wallonne, aber auch die Flandern-Rundfahrt mit ihren Hellingen. Rennen also mit vielen kurzen, aber knackigen Steigungen, an denen die Puncheure mit explosiven Antritten die entscheidenden Attacken setzen – und sie durchziehen können. Meistens sind Puncheure auch passable Sprinter. Der zweifache Weltmeister Julian Alaphilippe, aber auch der Belgier Philippe Gilbert oder einst der Italiener Paolo Bettini, gelten beziehungsweise galten als Paradebeispiele eines Puncheurs. Aber auch Wout van Aert und Mathieu van der Poel sind dazuzurechnen.

Will man den Begriff des Allrounders im Radsport erklären, kann man das Pferd von beiden Seiten aufzäumen. Man könnte etwas despektierlich behaupten, ein Allrounder könne alles nur ein bisschen und ist deswegen in der Regel auch eher Helfer als Kapitän. Man könnte aber auch sagen, ein Allrounder kann alles gleich gut und hat deswegen auf fast jedem Terrain Siegchancen. Die Wahrheit liegt irgendwo dazwischen. Zu Zeiten eines Eddy Merckx in den 1960er- und 1970er-Jahren gab es weitaus mehr Allrounder als heute. Nur wenigen Profis heutzutage traut man zu, schwere Eintagesrennen im Frühjahr, ein Zeitfahren, einen Massensprint und eine schwere Bergetappe bei der Tour de France zu gewinnen. Einer, der das 2021 geschafft hat, ist der Belgier Wout van Aert, der definitiv beste Allrounder der Gegenwart.

8.5 HELFER

8.5.1 Edeldomestiken

In jeder Mannschaft gibt es Kapitäne und Helfer. Klar ist: Es gibt definitiv mehr Helfer als Kapitäne, aber Helfer ist nicht gleich Helfer. Und klar ist auch: Die Helfer im Radsport stehen nicht im Rampenlicht, sie holen in der Regel keine großen Siege, aber sie verdienen aufgrund ihrer aufopferungsvollen Arbeit höchsten Respekt.

Bei den sogenannten Edelhelfern, gern auch Edeldomestiken genannt (aus dem Französischen von „domestique", was so viel wie Dienstbote bedeutet), handelt es sich zumeist um Fahrer, die eigentlich selbst das Zeug dazu hätten, ein Rennen oder eine Rundfahrt zu gewinnen. Jan Ullrich beispielsweise startete 1997 bei seinem Tour-de-France-Sieg eigentlich als Edeldomestike von Vorjahressieger Bjarne Riis. Als sich herausstellte, dass Ullrichs Kapitän schwächelte, änderte man die Taktik und aus dem Helfer Ullrich wurde der neue Kapitän. Solche Konstellationen gab es häufig. 2012 beim Sieg des Briten Bradley Wiggins wurde die Loyalität eines gewissen Chris Froome auf eine harte Probe gestellt. Froome war laut Stallorder der Edelhelfer von Wiggins. Und obwohl sich im Verlauf der Rundfahrt herausstellte, dass Froome der Stärkere war, beließ es die sportliche Leitung des damaligen Team Sky bei der ursprünglich geplanten Hierarchie. Am Ende zog Froome seinen Kapitän zum Tour-Sieg, er selbst wurde als Edeldomestike Zweiter.

Die Gründe, warum ein Fahrer zum Helfer und nicht zum Kapitän bestimmt wird, sind vielfältig. Oft müssen sich jüngere Profis hinten anstellen, auch wenn sie das Zeug zum Siegfahrer haben. Bisweilen spielt die Nationalität eine Rolle. In einem britischen Team dürfte es ein Spanier schwerer haben, von der Helfer- zur Kapitänsrolle befördert zu werden als ein Brite. Häufig ist es auch so, dass sich talentierte Jungprofis zunächst als Siegfahrer versuchen. Stellt man irgendwann fest, dass die ganz großen Erfolge ausbleiben, so wechseln sie im Verlauf der Karriere in die Rolle des Helfers – so war es beispielsweise bei Marcus Burghardt. Je stärker die Kapitäne sind, desto stärker sind in der Regel auch die Edeldomestiken. Ein über Jahre in der WorldTour dominierender Rennstall wie Sky (ab 2019 INEOS Grenadiers) ging stets mit einer Handvoll an Edelhelfern in die Tour de France. Typen wie Michal Kwiatkowski, Wout Poels, Richie Porte oder einst Mikeł Landa hatten fast ausschließlich die Aufgabe, ihren Kapitän zu beschützen, ihn aus dem Wind zu halten, ihm bei einem Defekt notfalls auch ihre Rennmaschine zur Verfügung zu stellen oder ihren Top-Fahrer wieder ans Feld heranzuführen – obwohl sie selbst die Fähigkeit gehabt hätten, aufs Podium der Gesamtwertung zu fahren.

Gerade beim Team Sky, aber auch später beim Team Jumbo-Visma, waren die Edeldomestiken zudem Teil der Taktik auf den schweren Bergetappen. Insbesondere an den Schlussanstiegen fuhren die verbliebenen Edelhelfer mit einem abartig schnellen Tempo in den Berg hinein und versuchten so, die Gruppe auseinanderzusprengen. Im Idealfall bleibt der stärkste Edelhelfer so lange wie möglich an der Seite seines Kapitäns, versucht, Attacken der Konkurrenz zu vereiteln, fährt zum Teil in Absprache mit seinem Kapitän und den sportlichen Leitern selbst Attacken, um die noch bestehende Führungsgruppe auseinanderzureißen. Loyalität und Selbstlosigkeit stehen auch bei den Edeldomestiken an erster Stelle. „Auf eigene Kappe fahren", wie es im Jargon heißt, dürfen die Edeldomestiken bei kleineren Rundfahrten oder – wenn ihre Dienste gerade nicht gefragt sind – auf einzelnen Etappen während einer Rundfahrt. Aber sie könnten eben auch mehr erreichen und deshalb kommt es nicht selten vor, dass Edelhelfer irgendwann beschließen, zu einem anderen Team zu wechseln, um dort die Kapitänsrolle zu übernehmen.

8.5.2 Wasserträger

In jedem Team gibt es weitere Helfer, die unter anderem dafür verantwortlich sind, ihre Kollegen zum Beispiel mit Getränken zu versorgen, weshalb man sie bekanntlich auch „Wasserträger" nennt.

Dann mutieren die Profis für eine kurze Zeit zu merkwürdig deformierten Gestalten. Denn am Mannschaftswagen stopfen sie sich zehn und mehr Trinkflaschen unters Trikot, um ihre Teammitglieder damit zu versorgen. Genau für solche Aktionen gebührt den Helfern ein Riesenrespekt. Denn natürlich kostet es Kraft, sich zum Teamfahrzeug zurückfallen zu lassen, knapp zehn Kilogramm mehr Gewicht mit sich herumzuschleppen, um dann wieder die Lücke zu schließen und die Bidons (die Trinkflaschen) zu verteilen. Der „normale" Helfer ist in der Regel nur bedingt kletterfest, im Idealfall handelt es sich bei ihnen um sogenannte „Rouleure", die das Tempo über einen langen Zeitraum hochhalten können. Sie fahren lange Zeit an der Spitze des Feldes im Wind, leisten die Nachführarbeit, um beispielsweise Fluchtgruppen zu stellen oder bleiben bei einem Defekt ihres Kapitäns an dessen Seite, um ihn so schnell wie möglich wieder ans Peleton heranzufahren.

8.5.3 Capitaine de Route

Einen Capitaine de Route, auch Road Captain genannt, kann man bedingt mit dem Mannschaftskapitän einer Fußballmannschaft vergleichen. Allerdings ist er im Radsport nicht der Kapitän seines Teams, das darf man nicht verwechseln. Beim Road Captain handelt es sich in der Regel um einen erfahrenen Profi, der selbst nicht mehr unbedingt Ambitionen auf den Sieg hat. Der Capitaine de Route gilt als verlängerter Arm der sportlichen Leiter, er kann aufgrund seiner Erfahrung gut ein Rennen lesen und dementsprechend im Team gewisse Entscheidungen treffen: Wer, wann, wo und wie attackiert beispielsweise. Die letzte Verantwortung liegt zwar bei der Teamleitung, aber der Road Captain ist eben mittendrin im Renngeschehen und kann deshalb auch einige Situationen besser einschätzen als die Chefs im Teamfahrzeug. Der Capitaine de Route leitet die jungen Fahrer im Team an, er hilft ihnen nicht nur im Rennen, sondern im besten Fall auch neben dem Sport.

8.6 ZEITFAHRER

Zeitfahrer sind absolute Spezialisten. Sie müssen in der Lage sein, ein gleichmäßig hohes Tempo anzuschlagen und dieses möglichst bis ins Ziel aufrecht halten. Teilweise über eine Entfernung von bis zu 60 Kilometern. Aber egal, wie gut die Beine – und der Kopf – auch sein mögen, insbesondere der Aerodynamik kommt beim Kampf gegen die Uhr (Contre-la-montre) eine wichtige Rolle zu.

Bei einer Geschwindigkeit von 50 Stundenkilometern benötigt ein Radfahrer beinahe 90 Prozent seiner Energie, um den Luftwiderstand zu überwinden. Rund 75 Prozent davon werden von dem Fahrer selbst erzeugt, die restlichen Prozent vom Fahrrad bzw. von dessen Anbauteilen. Um den Luftwiderstand so gering wie möglich zu halten, kommt es also in erster Linie auf eine aerodynamische Sitzposition auf dem Rad an, um dem Luftwiderstand so wenig Angriffsfläche wie möglich zu bieten. Untersuchungen im Windkanal und Tests haben ergeben, dass sich der Luftwiderstand bei optimierter Sitzposition auf einem speziellen Zeitfahrrad um ein Viertel gegenüber der normalen Haltung auf einer Straßenrennmaschine verringert.

Der Luftwiderstand ergibt sich aus der Summe des sogenannten cw-Wertes (grob gesagt der „Windschlüpfrigkeit" eines Objekts) und der Stirnfläche des Objekts. Den cw-Wert kann man nur wenig beeinflussen, beeinflussbar dagegen ist die Stirnfläche, also jene Fläche des Radsportlers, die als seine Querschnittsfläche in Strömungsrichtung dem Wind ausgesetzt ist. Einfacher ausgedrückt: Je tiefer der Rennfahrer auf seinem Rad „liegt" desto besser. Die oft futuristisch anmutenden Zeitfahrmaschinen kennzeichnet deshalb ein deutlich steilerer Sitzrohrwinkel. Das bewirkt, dass die Sitzposition flacher, die Angriffsfläche verringert wird, wobei der Winkel zwischen Oberschenkeln und Oberkörper konstant bleibt.

Zweites herausstechendes Merkmal eines Zeitfahrrads ist der spezielle Lenker. Auf dem Lenker sind sogenannte „Aero-Bars" montiert, die man vor allem auch bei den Triathleten sieht. Auf diesen speziellen Armauflagen zur Abstützung des Oberkörpers kann man aerodynamische Positionen über einen längeren Zeitraum halten. Neben den körperlichen Voraussetzungen und der Technik spielt beim Zeitfahren das Mentale eine enorme Rolle.

Der viermalige Zeitfahr-Weltmeister Tony Martin sagte einmal: „Zeitfahren gibt mir ein Gefühl von Freiheit – das liebe ich. Ich bin alleine mit meiner Maschine. Ich habe die Kontrolle. Es gibt kein Windschattenfahren, keine Taktik. Man selbst ist sein einziger Gegner: Es ist nur die Frage, wie viel man bereit ist, zu investieren, wie viel Schmerz man hinnimmt."

Typen wie Martin sind auch bei den Mannschaftszeitfahren die Lokomotiven für ihr Team, bleiben länger im Wind und müssen dennoch das Tempo so dosieren, dass nicht sämtliche Kollegen abreißen lassen müssen. Es verwundert wahrscheinlich nicht, dass es in der Regel auch die besten Zeitfahrer der Welt sind, die sich an den Stundenweltrekord wagen. Zeitfahrspezialisten erklären häufig, dass „contre la montre" für sie die ehrlichste Form des Radrennens sei, weil es nicht auf die Mannschaft und die Taktik ankäme.

★ 9 ★

GEFÄHRLICHER SPORT

Es gibt unter Rennradfahrern eine Redewendung, die lautet folgendermaßen: „Wer noch nie mit dem Rennrad gestürzt ist, der ist kein richtiger Rennfahrer." Egal, was man davon nun halten mag: Rennfahrer leben verdammt gefährlich und es dürfte wohl kaum jemand unter den Profis in der UCI-WorldTour geben, der noch nie gestürzt ist. Bisweilen geht es glimpflich aus und die Fahrer kommen mit Hautabschürfungen davon. Die Radfahrer sprechen in solchen Fällen lapidar davon, dass die „Tapete" ab sei. Oft aber erleiden Radprofis nach Stürzen auch zum Teil schwere Verletzungen.

9.1 STÜRZE SIND AN DER TAGESORDNUNG

Viele Unfälle im Rennen passieren bei regennassen Straßen. Stellvertretend dafür steht die erste Etappe bei der Tour de France 2020 rund um Nizza. Gefühlt alle paar Sekunden lag einer der Fahrer auf der Nase, manche mussten das Rennen verletzt aufgeben, manch einer büßte durch einen Sturz auf dem glitschigen Asphalt alle Chancen auf eine vordere Platzierung im Gesamtklassement ein. Warum es auf dieser Etappe zu solch extrem vielen Stürzen kam, ist immer noch ein Rätsel. Zwischenzeitlich wurde gar gemutmaßt, eines der Sponsorenfahrzeuge in der Werbekarawane hätte so etwas wie Seifenblasenflüssigkeit an die Zuschauer verteilt und diese wäre den Profis zum Verhängnis geworden. Hätte der deutsche Profi Tony Martin die Kollegen während der Etappe nicht zur Mäßigung ermahnt, so hätte es wahrscheinlich noch mehr Stürze und noch mehr Verletzte gegeben.

Am gefährlichsten ist der Zeitpunkt, an dem es anfängt, zu regnen, noch schlimmer ist es nach langen Trockenphasen. Denn dann vermischt sich der Niederschlag mit dem Staub, den Ölresten und sonstigem Schmutz auf der Fahrbahn, es bildet sich ein gefährlicher Schmierfilm. Regnet es länger, wird der Dreck von der Straße gewaschen und es ist in der Regel nicht mehr ganz so glatt. Ungefährlich ist es deshalb noch längst nicht. Vor allem die weißen Fahrbahnmarkierungen sind bei Regen oft besonders glatt und werden vielfach den Fahrern zum Verhängnis. Von regennassen Kopfsteinpflasterpassagen wie bei Paris-Roubaix ganz zu schweigen ...

Sturz in eine 70 Meter tiefe Schlucht

Bei den Abfahrten, bei denen die Profis oft an die 100 Stundenkilometer schnell den Berg hinunterrasen, mag man als TV-Zuschauer sowieso schon gar nicht so richtig hinschauen – bei Regen erst recht nicht. Es gibt leider unzählige Fälle, in denen Profis die Kurven nicht richtig aussteuern konnten und stürzten, bisweilen sogar Abhänge und tiefe Schluchten hinunterstürzten. Einen der wohl spektakulärsten Stürze der Radsportgeschichte legte der Niederländer Wim van Est hin. Er stürzte 1951 während der Abfahrt vom Col d'Aubisque 70 Meter tief in eine Schlucht. Die Rettung erfolgte mittels aneinandergeknoteter Fahrradschläuche. Und als die Retter den tapferen Niederländer hochgezerrt hatten, wollte der doch tatsächlich am liebsten gleich weiterfahren.

Es gibt viele Beispiele, wo sich Radprofis nach solchen Unfällen wieder aufs Rad gesetzt haben. Und es gibt viele Beispiele dafür, dass Radprofis aus echt hartem Holz geschnitzt sind. Tyler Hamilton fuhr den kompletten Giro mit angebrochenem Schulterblatt und wurde Zweiter. 2003 brach er sich bei der Tour de France das Schlüsselbein und hielt dennoch bis Paris durch. Zuletzt sorgte Maximilian Schachmann für Aufsehen, als er knappe zwei Wochen, nachdem er sich bei der Lombardei-Rundfahrt einen Schlüsselbeinbruch zugezogen hatte, bei der Tour de France an den Start ging.

Früher waren Stürze im Rennen aufgrund von Schlaglöchern alltäglich, das hat abgenommen, wenngleich es immer noch vorkommt, wie beispielsweise bei der Dauphiné-Rundfahrt 2020, als gleich mehrere Favoriten auf einer wahren Rumpelpiste bergab stürzten und sich offiziell bei der UCI über die Streckenführung beschwerten. Heutzutage sind es eher die vielen Fahrbahntrenner, die den Fahrern zum Verhängnis werden. Fast immer steht vor solchen Hindernissen ein Polizist oder ein Ordner mit Warnweste und Flagge und signalisiert: Vorsicht, Gefahrenstelle! Nicht immer klappt es, und dann werden bisweilen auch die Sicherheitskräfte mit in Unfälle verwickelt. Außerdem sind immer wieder Sicherheitsmängel seitens der Veranstalter zu beobachten gewesen. Straßen waren nicht komplett abgesperrt, offizielle Fahrzeuge standen den Profis im Weg herum.

In seltenen Fällen ist auch schon der heiß gewordene Asphalt den Rennfahrern zum Verhängnis geworden. Wie bei dem Spanier Josep Beloki während der Tour de France 2003: Hochsommerliche Temperaturen hatten den Asphalt aufgeweicht. Halb rutschte der ONCE-Kapitän weg, halb blieb er quasi kleben in der Spurrille. Der Sturz während der Abfahrt war fürchterlich, Beloki hat sich nie wieder richtig davon erholt.

Eher selten kollidieren die Radprofis mit Zuschauern. Das lange Zeit berühmteste Beispiel der Radsport-Historie ist der Sturz von Lance Armstrong, ebenfalls während der Tour 2003. Auf der Bergetappe von Bagnères-de-Bigorre nach Luz Ardiden blieb der US-Amerikaner mit dem

Bremshebel an der Tasche eines Fans hängen und stürzte. Während Iban Mayo über Armstrong fiel, konnte Jan Ullrich so gerade noch ausweichen. Die Szene ging auch deshalb in die Geschichte ein, weil „Ulle" so fair war, auf die Konkurrenten zu warten. Was Armstrong nicht davon abhielt, wenig später zu attackieren. Ein ähnliches Malheur wie Armstrong passierte dem dreifachen Weltmeister Peter Sagan bei der Flandern-Rundfahrt 2017. Der Slowene fuhr am Oude Kwaremont zu dicht am Absperrgitter, blieb an der Jacke eines Zuschauers hängen und stürzte.

Pappschild wurde den Fahrern zum Verhängnis

Bei der Tour de France 2021 hielt eine unachtsame Zuschauerin ein Schild in die Kamera („Allez Opi-Omi), mit dem sie ihre deutschen Großeltern grüßen wollte. Sie stellte sich dabei so dumm an, dass sie Tony Martin mit dem Pappschild zu Fall brachte. Zahlreiche Fahrer stürzten ebenfalls, der Deutsche Jascha Sütterlin und der Spanier Marc Soler mussten das Rennen aufgeben. Die Frau hat sich nach dem Vorfall zunächst versteckt, stellte sich aber schließlich den Behörden. Nachdem der Tour-de-France-Veranstalter ASO eine Zivilklage gegen die Frau angekündigt hatte – auch um eine abschreckende Wirkung für andere Zuschauer zu erreichen –, zog die Organisation die Klage wieder zurück. Die Fahrervereinigung CPA hingegen reichte Klage ein. Die Staatsanwaltschaft forderte beim Prozess im Oktober des Jahres vier Monate Haft auf Bewährung. Anfang Dezember 2021 fällte das Gericht in Brest das Urteil: Die Frau wurde zu einer Geldstrafe in Höhe von 1.200 Euro und darüber hinaus zur Zahlung eines symbolischen Euros an Frankreichs Radfahrervereinigung verurteilt.

Unvergessen bleibt auch der Sturz Johnny Hoogerlands. Dessen Kontrahent Juan Antonio Flecha war während der neunten Etappe der Tour de France 2011 von einem der Begleitfahrzeuge gerammt worden. Der Spanier riss Hoogerland mit, und dieser flog seinerseits durch die Luft und schließlich in hohem Bogen in einen Stacheldrahtzaum. Der Niederländer zog sich böse Schnittwunden zu, wurde anschließend mit 33 Stichen genäht und fuhr nicht nur die Etappe, sondern die komplette Rundfahrt zu Ende.

Recht häufig passieren Unfälle im Massensprint beziehungsweise bei der Vorbereitung darauf. So manches Mal sind wild gewordene Sprinter dafür verantwortlich. Manches Mal sind die Stürze in der Endphase der Rennen aber auch der Streckenführung geschuldet. Immer dann, wenn es im Zickzack durch irgendwelche historischen Altstädte geht, ist die Sturzgefahr im Finale am höchsten.

Bei der Polen-Rundfahrt legten die Veranstalter den Sprint in Kattowitz jahrelang quasi in eine Abfahrt. Auf der abschüssigen Zielgeraden rasten die Sprinter mit mehr als 80 Stundenkilometern dem Zielstrich entgegen – bis es zur Katastrophe kam. Der Niederländer Dylan Groenewegen rammte seinen Kontrahenten Fabio Jakobsen in die Absperrgitter. Jakobsen erlitt schwerste Verletzungen, musste unter anderem mit mehr als 100 Stichen im Gesicht genäht werden. Erst nach dem anschließenden Protest der Fahrer wurde diese Zielankunft eliminiert.

9.2 TODESFÄLLE IM RADSPORT

Fabio Jakobsen schaffte es, nach einer mehrmonatigen Reha, wieder zurück in den Profi-Radsport. Manche seiner Kollegen aber starben. Waren es vor dem Zweiten Weltkrieg insbesondere die Sportler und die Tempomacher bei den Steherrennen, so nahmen die tödlichen Unfälle auf der Bahn später ab, während im Straßenradsport fast jedes Jahr Todesopfer zu beklagen sind. Der erste Rennfahrer, der unmittelbar während der Tour de France starb, war der Spanier Francisco Cepeda im Jahr 1935. Er stürzte auf der rasanten Abfahrt vom Col du Galibier unter nie geklärten Umständen. Drei Tage lang kämpften die Ärzte im Krankenhaus von Grenoble um das Leben des Rennfahrers – sie haben den Kampf verloren. Der niederländische Weltmeister Stan Ockers, der keinen Geringeren als Eddy Merckx zum Radsport animierte, starb

1956 im Alter von nur 36 Jahren nach einem Unfall auf der Radrennbahn in Antwerpen.

Helmpflicht erst seit 2003

Traurige Geschichte schrieb auch der tödliche Unfall Fabio Casartellis, der während der Tour de France 1995 auf der Abfahrt vom Col de Portet d' Aspet stürzte und mit dem Kopf gegen einen Betonklotz am Straßenrand schlug. Der Unfall des Italieners blieb auch deshalb im Gedächtnis, weil der Veranstalter an diesem schwarzen Tag die Siegerehrung durchführte, als sei nichts gewesen. Die Etappe am nächsten Tag wurde zum Trauerzug für den Kollegen, heute erinnert ein Denkmal an der Unfallstelle an das Opfer.

Casartelli trug keinen Helm; keiner der Profis trug zu der Zeit einen Helm. Es brauchte anscheinend noch ein Todesopfer, ehe man umdachte im Profi-Radsport. 2003 während der Fernfahrt Paris-Nizza verstarb der Kasache Andrey Kivilev nach einem Sturz. Danach setzten die Verantwortlichen der UCI die Helmpflicht im Radsport durch; damals gegen den Willen der meisten Radprofis! Den Belgier Wouter Weylandt rettete auch der Helm nicht. Er stürzte 2011 auf einer Abfahrt während der dritten Etappe des Giro schwer, erlitt einen Schädelbasisbruch und verstarb noch an der Unfallstelle. Das letzte Todesopfer im internationalen Radsport kam ebenfalls aus Belgien: Der erst 22 Jahre alte Bjorg Lambrecht stürzte 2019 während der dritten Etappe der Polen-Rundfahrt auf regennasser Straße und erlag später im Krankenhaus seinen Verletzungen.

★ 10 ★

DIE VERPFLEGUNG DER PROFIS

Treten und essen und treten und essen

Zehn Big Macs von einer bekannten US-amerikanischen Burgerbraterei, acht Kugeln Sahneeis und eineinhalb Liter Cola. Das macht zusammen rund 8.000 Kalorien. Das macht garantiert auch Bauchschmerzen und es macht dick. Kein Radsportler der Welt würde sich so ernähren. Aber es macht deutlich, wie viel ein Profi an einem harten Renntag während einer Bergetappe an Kalorien verbrennt.

Jedes WorldTourTeam beschäftigt inzwischen mindestens einen Ernährungsberater, der die Essenspläne zum Teil auch individuell für die Profis erstellt. So mancher Berufsrennfahrer ist inzwischen sogar vegetarisch oder gar vegan am Start. Auch das geht. Hauptsache, er füllt seine Speicher wieder auf. Außer Strampeln müssen die Rennfahrer insbesondere bei großen Rundfahrten vor allem eins: essen, essen und nochmals essen. Die Zeiten eines François Faber, Tour-Sieger von 1909, oder die eines Alfredo Binda kurz vor dem Zweiten Weltkrieg sind allerdings längst vorbei. Binda soll während eines Renntages angeblich 28 hart gekochte Eier gegessen, Faber soll neun Koteletts und drei Flaschen Rotwein pro Etappe verputzt haben. Und Jacques Anquetil sagte noch in den 1960er-Jahren:

„Um sich auf ein Rennen vorzubereiten, gibt es nichts Besseres als einen leckeren Fasan, etwas Champagner und eine Frau."

Ernährungswissenschaftler heute empfehlen Radsportlern, um die 60-65 Prozent ihrer Kalorien aus Kohlenhydraten zu sich nehmen, etwa zehn bis 15 Prozent aus Eiweiß, bis zu 25 Prozent aus Fett. Wobei man bei den Fetten darauf achten sollte, dass es sich um hochwertige Fettsäuren handelt. Burger, Pommes und Wiener Schnitzel gehören definitiv nicht dazu. Die meisten Nüsse (außer Erdnüsse) schon, außerdem Avocado, Leinsamen-, Soja- und Rapsöl sowie bestimmte Fische, insbesondere Lachs und Hering.

Vor einem Rennen müssen die Fahrer ihre Glykogenspeicher, so gut es geht, auffüllen. Das heißt, dass man dem Körper genügend Kohlenhydrate zuführt, auf die der Sportler im Wettkampf dann zurückgreifen kann. Es kommt auf den richtigen Zeitpunkt, die richtige Menge und die richtige Zusammenstellung des Essens an. Nach einer Faustregel rechnet man: sieben bis zwölf Gramm Kohlenhydrate pro Kilogramm Körpergewicht pro Tag. Eine Methode, den eigenen Kohlenhydratspeicher zu vergrößern, ist das sogenannte „Carboloading". Bei der ursprünglich in Schweden entwickelten Methode isst man zunächst drei Tage lang kohlenhydratarm (Fisch, Gemüse, Milchprodukte oder Soja) bei intensivem Training. Dann steigt man in den letzten drei Tagen vor dem Rennen auf kohlenhydratreiche Kost um, also Nudeln, Reis und Kartoffeln, aber durchaus auch Süßes. Kurz, alles, was wenig Fett und wenig Ballaststoffe, aber viele Kohlenhydrate enthält. Die Intensität des Trainings wird in den Tagen des Carboloadings deutlich heruntergefahren.

Funktioniert in der Praxis der meisten WorldTour-Profis schon mal nicht, weil sie entweder bei einer Rundfahrt unterwegs sind oder alle drei Tage ein Rennen fahren. Der Ablauf bei einer Tour-de-France-Etappe zum Beispiel sieht folgendermaßen aus: Der Wecker klingelt früh, denn das Frühstück vor dem Rennen sollte rechtzeitig, möglichst drei Stunden vor dem Start, eingenommen werden: eingeweichtes Müsli, Quark, Bananen, Omelett und immer noch auch Pasta oder Reis. Das Frühstück am Renntag sollte wenig Fette und je näher der Start rückt, wenig Ballaststoffe enthalten. Kaffee trinken die Radprofis gern und aus gutem Grund viel. Neben dem Wachmach-Effekt setzt das Koffein vermehrt Fettsäuren frei, das wiederum schont die Kohlenhydratspeicher. Zum letzten Mal essen die meisten Rennfahrer etwa eine halbe Stunde vor dem Start noch einmal einen kohlenhydrathaltigen Snack oder einen Riegel. Andere Experten hingegen raten davon ab; sie behaupten, die Kohlenhydrate der Gels oder Riegel würden den Insulinspiegel erhöhen, der Blutzuckerspiegel würde abfallen und man würde nicht mehr hundertprozentig fit an den Start gehen. Aber so ist das oft in diesem Bereich: Was ein Experte heute sagt oder schreibt, kann schon morgen ein anderer anzweifeln.

10.000 Kalorien pro Bergetappe

Während des Wettkampfs müssen die Profis Kohlenhydrate nachlegen, bevor die gespeicherte Energie verbraucht ist. Allerspätestens eine Stunde nach dem Start geht es weiter mit dem Essen. Pro Stunde können nur bis zu 90 Gramm Kohlenhydrate aufgenommen und vom Organismus verarbeitet werden, während um die 200 Gramm pro Stunde verbraucht werden können. Die Differenz speist sich aus den Glykogenspeichern in Leber und Muskulatur. Und die fassen im besten Fall bis zu 600 Gramm.

Im Idealfall startet man also mit vollen Glykogenspeichern und schont diese durch die stetige Zufuhr von zusätzlicher Energie. Bei einer schweren Bergetappe verbraucht ein Radprofi bis zu 10.000 Kalorien; bei einer Flachetappe liegt der Kalorienverbrauch um die 5.000. Normal bei einem erwachsenen Mann und Alltagsaktivitäten sind 2.000 bis höchstens 3.000 Kalorien.

Früher wurden die Profis während des Rennens mit sogenannten „Silberlingen" versorgt. Der Name stammt aus der Zeit, als die Nahrungsmittel zumeist in Alufolie eingewickelt waren. Das waren und sind immer noch durchaus leckere Dinge: Croissants, gefüllt mit Frischkäse und magerem

Schinken, Waffeln oder verschiedene Kuchenteilchen, am besten Reiskuchen. Heute greifen die meisten Rennfahrer allerdings auf fertige Riegel oder auf Gels zurück. Auf Gels insbesondere in der Schlussphase des Rennens, wenn der Magen bei der extrem hohen Belastung ansonsten gar nicht mehr in der Lage wäre, die Energie aus fester Nahrung zu verarbeiten. In einem dieser Gelpäckchen verbergen sich rund 150 Kalorien und bis zu 30 Gramm Kohlehydrate.

Das Abendessen im Teamhotel wird bei den Profi-Rennställen von eigenen Köchen zubereitet, und auch da wird inzwischen durchaus auf die speziellen Vorlieben der Profis Rücksicht genommen. In der Regel kommen neben Pasta, Reis, Kartoffeln und Gemüse fast immer auch mageres Fleisch, Fisch und Meeresfrüchte auf den Teller. So um die 4.000-5.000 Kalorien nehmen die Profis am Abend, möglichst nicht zu spät, zu sich.

Früher ein Bier, heute isotonische Drinks

Genauso wichtig wie das Essen ist das Trinken während des Rennens. Angeblich hat Jan Ullrich bei seinem Olympiasieg 2000 in Sydney 20 Liter getrunken. Kann man glauben, muss man nicht. Aber bis zu zehn Liter fließen bei hohen Temperaturen und schweren Etappen schon mal durch die Kehle eines Radprofis. Gleichmäßig zu trinken, ist wichtig, ein halber bis ein dreiviertel Liter pro Stunde ist das Minimum, abhängig sind die Mengen aber auch vom Gewicht des Rennfahrers. Und natürlich sind die Zeiten längst vorbei, in denen die Fahrer zwischendurch an der nächsten Kneipe anhielten und sich ein Bier gönnten.

Trinken ist deshalb wichtig, weil beim Schwitzen wichtige Mineralstoffe wie Kalium, Kalzium, Natrium, Magnesium verloren gehen. Bei der Dehydration des Körpers geht Flüssigkeit in den Zellen verloren, was zur Folge hat, dass die Kontraktionsfähigkeit der Muskeln abnimmt. Nur Wasser zu trinken (wenn, dann am besten natrium- und magnesiumhaltiges sowie Wasser, das Hydrogencarbonat enthält), birgt die Gefahr, Magenkrämpfe zu bekommen. Außerdem würden die Elektrolyte, also die Mineralstoffe, fehlen. Das Zauberwort bei den Getränken heißt „isotonisch" und meint, dass die aufgenommene Flüssigkeit die gleiche Menge an Mineralstoffen aufweist wie das Blut. Auch dafür bietet die Radsportindustrie inzwischen reichlich Pülverchen, die in Wasser aufgelöst werden. Eine gut dosierte Apfelschorle hat allerdings fast den gleichen Effekt. Was in der Schorle fehlt, sind Salze. Denn auf seinen Salzhaushalt sollte man achten, sonst drohen Krämpfe. Also, wer lieber Schorle trinkt, der gibt einfach ein bis zwei Messerspitzen normales Kochsalz dazu. Das Salzige schmeckt man nicht wirklich und es hilft.

Nach dem Rennen oder einer anstrengenden Tour müssen die Glykogenspeicher möglichst schnell wieder aufgefüllt werden, am besten innerhalb der ersten eineinhalb Stunden nach der Belastung. Eiweiße, in Form von Fruchtquark, sind wichtig, kleine Kuchenteilchen gehen auch. Profis greifen inzwischen schon während des Ausfahrens zu Recoverydrinks mit hohem glykämischen Index zurück. Traditionalisten schwören auf den guten alten Kakao, auch Buttermilch kommt gut nach dem Rennen. Direkt nach der Zielankunft – manchmal auch auf den letzten Kilometern – geht es allerdings um die Aufnahme von kurzkettigen Kohlenhydraten – und da heißen die Klassiker bei den Radprofis Gummibärchen und Cola.

Frühestens 30 Kilometer nach dem Start und bis maximal 20 Kilometer vor dem Ziel dürfen die Fahrer aus dem Teamfahrzeug oder von offiziellen Begleitfahrzeugen aus versorgt werden. Bei außergewöhnlichen klimatischen Bedingungen gestatten die Renndirektoren die Verpflegung auch schon mal früher. Außerdem gibt es feste Verpflegungszonen, die zumeist in der Mitte einer Etappe liegen. Dort ist immer wieder zu beobachten, wie die Betreuer der Teams versuchen, den Fahrern Beutel mit dem Essen während der Fahrt zu überreichen, was definitiv nicht immer klappt. Wer sich nicht an Regeln hält, wie beispielsweise Chris Froome, der sich bei der Tour de France 2013 auf den letzten Kilometern ein Gel reichen ließ, erhält entweder eine Geld- oder eine Zeitstrafe.

★ 11 ★

DER FRAUENRADSPORT

Diskriminierung seit einem Jahrhundert

Der Radsport ist eine Männerdomäne. So könnte man es einigermaßen wertfrei ausdrücken. Man könnte aber auch sagen: Der Radsport war und ist immer noch eine von Machos dominierte Sportart. Im Laufe des vergangenen Jahrhunderts haben Männer die Entwicklung des Frauenradsports mit allen Mittel verhindert oder zumindest erschwert. Erst 125 Jahre nach der Premiere von Paris-Roubaix für die Männer (1896) durften die Frauen im Jahr 2021 zum ersten Mal den Klassiker im Norden Frankreichs fahren. Die erste Straßen-Weltmeisterschaft für Frauen fand 1958 statt, bei den Olympischen Spielen mussten sie ebenfalls jahrzehntelang warten, ehe sie starten durften. Und in puncto Tour de France mussten sich die besten Radrennfahrerinnen der Welt bis 2022 gedulden, ehe ihnen die Organisatoren wieder eine eigene einwöchige Rundfahrt zusicherten.

Irgendwie erinnert die Haltung der Radsportfunktionäre an einige andere Ungeheuerlichkeiten, bei denen die Frauen noch im 20. Jahrhundert massiv benachteiligt wurden. Zum Beispiel daran, dass das Wahlrecht für Frauen in der Schweiz erst 1971 eingeführt wurde. Oder daran, dass

Frauen in der BRD ohne Einwilligung ihrer Ehemänner bis weit in die 1970er-Jahre nur dann arbeiten durften, wenn das mit „ihren Pflichten in Ehe und Familie" vereinbar war. Und was im Arbeitsleben auch heute immer noch gang und gäbe ist, ist auch im internationalen Radsport bittere Wahrheit: Die besten Rennfahrerinnen der Welt erhalten nach wie vor nur einen Bruchteil von dem Gehalt, das Männer bekommen. Vergleichbar mit der Situation im Profifußball.

Reformen auf den Weg gebracht

2017 ergab eine Umfrage der „Fahrerinnen-Gewerkschaft", dass zwei Drittel der Rennfahrerinnen in der WorldTour unter 10.000 Euro pro Jahr verdienen, sprich, dass sie bei Weitem nicht von ihrem Sport leben können. Zur gleichen Zeit verdiente Peter Sagan beim deutsche Rennstrall BORA-hansgrohe fünf Millionen Euro pro Jahr. Er war damit der bestbezahlte Profi im Männerbereich. Nicht alle verdienen Millionen, aber die Diskrepanz zwischen Männern und Frauen ist nach wie vorher krass. Immerhin, es scheint sich etwas zu tun seit dem Beginn der 2020er-Jahre: Die Frauenpremiere von Paris-Roubaix ist ein Beispiel, die 2022 neu eingeführte Frankreich-Rundfahrt für die Frauen ein weiteres. Zuvor mussten sie sich über Jahre mit dem Eintagesrennen La Course by Le Tour de France begnügen. Zudem will die UCI ein Mindestgehalt im Frauenradsport festlegen und die Teams zu Zahlungen von Urlaubs- und Krankengeld sowie Lohnfortzahlungen während des Mutterschutzes verpflichten.

Der Rennkalender wurde bereits 2020 dem der Männer angepasst, das zweistufige Modell aus WorldTour- und Continental-Teams übernommen. Der Weltverband verpflichtete zudem in einer Agenda die Veranstalter dazu, für eine TV-Liveübertragung zu sorgen. Als der Giro Rosa dies 2020 nicht gewährleisten konnte, strich die UCI die Italien-Rundfahrt für Frauen kurzerhand aus der WorldTour. Die Professionalisierung des Frauenradsports geht voran, die Einführung der Women's WorldTour im Jahr 2016 begrüßten auch die Fahrerinnen, standen doch nun im Vergleich zum vorher ausgetragenen Weltcup deutlich mehr Rennen auf dem Programm.

Das Fahrrad als Symbol der Emanzipation

Die Frauen der WorldTour haben aber auch hart dafür gekämpft, so wie es die ersten Frauen im Radsport vor mehr als 100 Jahre auch taten. Wobei es damals in erster Linie gar nicht um den Sport ging, sondern zunächst um das Recht der Frauen, überhaupt Fahrrad fahren zu dürfen. In den Augen vieler Männer ziemte es sich nicht für die Frau, auf einem solchen Drahtesel zu sitzen. Die Konservativen machten jedenfalls Stimmung in der Gesellschaft, die es den Frauen insgesamt schwer machte, Rad zu fahren – geschweige denn, bei Rennen anzutreten.

Letztendlich aber hatten die Herren der Schöpfung wohl vor allem Angst davor, dass sich diese selbstbewussten, fahrradfahrenden Frauen – darunter viele Künstlerinnen und Schauspielerinnen – noch weiter emanzipieren könnten. Einher mit dem Radfahren ging nämlich unter anderem eine praktische Mode, bei der die Röcke der Damen kürzer wurden und diese sogar Hosen trugen beim Radfahren – was damals definitiv als ein Symbol der Männlichkeit galt. 1896 sagte die US-amerikanische Frauenrechtlerin Susan B. Anthony gar über das Fahrrad: „Ich denke, es hat mehr für die Emanzipation der Frau getan als irgendetwas anderes auf der Welt. Ich stehe da und freue mich jedes Mal, wenn ich eine Frau auf einem Fahrrad sehe. Es gibt Frauen ein Gefühl von Freiheit und Selbstvertrauen."

Es gab bereits in den 1860er- und 1870er-Jahren Frauenrennen; zudem nahmen Frauen zum Teil sehr erfolgreich an den Rennen der Männer teil. Wie zum Beispiel die gebürtige Schwedin Tillie Anderson, die zu Beginn des 20. Jahrhunderts an Sechstagerennen der Männer teilnahm und dort gar Rekorde aufstellte.

Erstes reines Frauenrennen

Das erste reine Frauenrennen soll im November 1868 in einem Park bei Bordeaux stattgefunden haben. Siegerin war, so ist es Geschichtsbüchern über den Radsport zu entnehmen, eine gewisse Miss Julie. Bei einem der ersten Straßenrennen überhaupt, das ein Jahr später über 123 Kilometer von Paris nach Rouen führte, nahmen fünf Frauen teil. So weit, so gut. Als sich aber zur Premiere von Paris-Brest-Paris im Jahr 1891 einige Frauen anmelden wollten, schickten die Organisatoren von der Zeitung „Le Petit Journal" die mutigen Damen nach Hause. Und als sich einige Frauen 1909 zum Start der ersten Tour de France dafür stark machten, eine solche Rundfahrt auch für Frauen einzuführen, blitzten sie bei Henri Desgranges, dem Gründer der Frankreich-Rundfahrt, ab.

Das erste Frauenrennen in Deutschland wurde 1890 im sächsischen Machern veranstaltet, allerdings saßen die Teilnehmerinnen dort noch auf Dreirädern. Das erste offizielle Frauenrennen auf Zweirädern fand 1893 auf der Radrennbahn Halensee bei Berlin statt. Aber schon 1896 machten sich die Funktionäre des Deutschen Radfahrerbundes (DRB) für ein Verbot von Frauenrennen stark, drei Jahre später setzten die Betonköpfe des DRB das Verbot durch. Außerdem wurde den weiblichen Verbandsmitgliedern ab 1897 das Stimmrecht entzogen.

Nach dem Ende des Ersten Weltkriegs hatte es anscheinend auch der letzte rückwärtsdenkende Mann so halbwegs kapiert, dass Frauen auf Fahrrädern nichts Besonderes sind. Gesellschaftlich waren radelnde Frauen nun weitgehend akzeptiert. Davon, Rennen fahren zu dürfen, waren sie noch weit entfernt. Die Männer argumentierten – wenn sie das überhaupt taten – gerne damit, dass Frauenrennen einen höchst niedrigen sportlichen Wert hätten, und dass Frauen auf Rennrädern unästhetisch seien.

Dass Frauen schnell Rad fahren können, bewiesen sie jedoch immer wieder bei bestimmten inoffiziellen Rekordleistungen. Oder wenn sie sich, wie Alfonsina Strada im Jahr 1924, als Mann ausgaben und am Giro d'Italia teilnahmen. Dass Alfonsina in Wahrheit eine Frau war, kam zwar noch vor dem Start heraus, aber man ließ die Frau, die bereits zweimal die Lombardei-Rundfahrt gefahren war, dennoch teilnehmen. Strada ließ auf den ersten Etappen durchaus auch Männer hinter sich. Auf der achten Etappe allerdings brach ihr der Lenker, den sie höchst provisorisch mit einem Besenstiel reparierte. Strada schaffte auf dieser Etappe das Zeitlimit nicht und wurde zunächst vom Giro ausgeschlossen. Auf Druck der Öffentlichkeit und der Medien ließ Veranstalter Emilio Colombo sie jedoch weiterfahren, allerdings auf eigene Kosten und ohne jedwede Prämien. Alfonsina Strada wollte nach der zehnten Etappe eigentlich aufgeben, vollkommen entkräftet und nach zahlreichen Stürzen auch reichlich lädiert. Doch nachdem die Fans sie im Etappenziel in Fiume frenetisch gefeiert hatten, motivierte sich Strada noch einmal und schaffte die beiden letzten Etappen bis nach Mailand auch noch. Gegenüber dem Sieger Giuseppe Enrici hatte sie 28 Stunden Rückstand, allerdings war sie 20 Stunden schneller, als Telesforo Benaglia, der Letztplatzierte der Männer.

Radrennen für Frauen in Deutschland bis 1967 verboten

Alfonsina Strada, die später noch einen Stundenweltrekord aufstellte, war eine absolute Ausnahme. Nicht nur in Deutschland, weltweit hatten Frauen keinerlei Lobby im Radsport. Erst in den 1930er-Jahren wurden in Belgien Straßenrennen für Frauen ausgerichtet; es gab sogar so etwas wie inoffizielle Welt- und Europameisterschaften, ehe auch der belgische Radsportverband sämtliche Frauenrennen untersagte. Zahlreiche Stundenweltrekorde der Frauen wurden bis in die 1950er-Jahre offiziell nicht anerkannt; Radsport und Frauen, das durfte und sollte in den Augen der männlichen Funktionäre einfach nicht sein.

Nach dem Zweiten Weltkrieg fanden in Deutschland ab den frühen 1950er-Jahren einige regionale Rennen für Frauen statt, offiziell anerkannt vom Bund Deutscher Radfahrer in der Bundesrepublik Deutschland waren sie nicht. In der DDR hingegen fand 1956 die erste Meisterschaft im Straßenrennen statt. Es siegte eine gewisse Elfriede Vey, die zwei Jahre später auch an den ersten UCI-Weltmeisterschaften für Frauen teilnahm. Erste Weltmeisterin im Straßenrennen wurde die Luxemburgerin Elsy Jacobs. Eine Ikone des Frauenradsports ist die Britin Beryl Burton, die unter anderem zwischen 1959 und 1974 fünf Weltmeistertitel holte und mehr als 20 nationale Titel holte. Angeblich verweigerte die überaus ehrgeizige Mrs. Burton ihrer Tochter bei den britischen Meisterschaften den Handschlag, nachdem diese sie geschlagen hatte. Sie starb im Sattel an einem Herzinfarkt, als sie gerade dabei war, die Einladungen für ihren 59. Geburtstag zu verteilen.

Den Frauen in Westdeutschland hingegen gestattete man es bis weit in die 1960er-Jahre immer noch nicht, Radrennen zu fahren. Im Gegenteil: Die Machos, die in deutschen Verbänden und in den Medien das große Wort schwangen, äußerten sich überwiegend geringschätzig über die Frauen. Als 1965 die DDR-Meisterin Elisabeth Eichholz sogar den WM-Titel im Straßenrennen holte, da speisten westdeutsche Medien das Ereignis mit einer kleinen Meldung ab.

Erst 1967 wurde es den Frauen in der BRD erlaubt, Radsport offiziell auszuüben. Vorangegangen war eine lange und hitzige Diskussion auf der Jahreshauptversammlung des BDR in Ludwigsburg. Und schließlich wurden die ewig Gestrigen wie der damalige Straßenfachwart Heinz Ewert („Frauenrennen sollte man aus ästhetischen Gründen nicht zulassen") überstimmt. Erste deutsche Meisterin im Straßenrennen war im darauf folgenden Jahr Monika Mrklas, die ursprünglich Skilangläuferin war. Sie nahm auch als erste westdeutsche Fahrerin bereits 1967 an den Weltmeisterschaften teil und belegte Platz 26 im Straßenrennen.

Fahren für den „Preis der Eleganz"

Der Frauenradsport war nun offiziell anerkannt, aber er fristete ein Mauerblümchendasein. Selbst die öffentlich-rechtlichen Sender, die in der

„Sportschau" damals alles vom Galopprennen über Ringen bis Trampolinspringen zeigten, ignorierten die Radrennfahrerinnen weitgehend. Daran änderte auch der WM-Titel von Beate Habetz im Straßenrennen 1978 nichts. Und auch wenn der Frauenradsport in anderen Ländern einen höheren Stellenwert besaß als in Deutschland, angefeindet wurden die Frauen weiterhin.

Als in den 1980er-Jahren eine Tour de France für Frauen ins Leben gerufen wurde, sagte Marc Madiot, heute Teamchef bei Groupama-FDJ, die Frauen auf den Rennrädern seien hässlich und meinte damit in erster Linie seine Landsfrau Jeannie Longo. Diese war der erste Superstar im Frauenradsport, wenn man bei dem Schattendasein, den die Sportart führte, überhaupt von Stars sprechen konnte. Longo gewann unter anderem dreimal die Grande Boucle Féminine, die Tour de France für Frauen. Die Rundfahrt fand allerdings nicht regelmäßig statt, 2009 wurde sie letztmalig ausgetragen. Und gemessen wurden die Frauen von den männlichen Ausrichtern nicht nur am Ergebnis, sondern auch an ihrer Erscheinung auf dem Rad. Nach jeder Etappe wurde der „Preis der Eleganz" an eine der Fahrerinnen vergeben ...

Immerhin wurde das Straßenrennen der Frauen bei den Olympischen Spielen 1984 in Los Angeles ins Programm aufgenommen, die Bahnfahrerinnen durften 1988 in Seoul erstmals starten.

Premiere des Frauen-Weltcups

Die erfolgreichsten Rennfahrerinnen der 1980er- und 1990er-Jahre waren eben jene Französin Jeannie Longo (nach ihrer Hochzeit Longo-Ciprelli) sowie die viermalige Weltmeisterin Leontien Zijlard-van Moorsel aus den Niederlanden. Von 1985 bis 1988 fuhren sie ihre internationalen Rennen in der Super-Prestige-Pernod-Wertung, die Longo-Ciprelli dreimal in Folge gewann. Die Französin, die bis zum Alter von 53 Jahren an großen Meisterschaften teilnahm, fuhr im Laufe ihrer langen Karriere angeblich 1.278 Siege ein, gewann bei 115 Rundfahrten die Gesamtwertung, stellte 38 Weltrekorde auf und kam auf neun WM-Titel. Inklusive nationaler Meisterschaften und Olympischer Spiele kam sie auf eine Sammlung von 112 Medaillen. 1998 wurde der Frauen-Weltcup ins Leben gerufen, ein Jahr später vergab die UCI erstmals auch Lizenzen an Frauenteams. Der Frauen-Radweltcup blieb bis 2015 bestehen und umfasste die wichtigsten Eintagesrennen. Erste Gewinnerin der Weltcup-Einzelwertung war die Litauerin Diana Žiliuté, erste deutsche Siegerin im Gesamt-Weltcup war Petra Rossner im Jahr 2002. Die zweite Deutsche, der das 2008 gelang, ist Judith Arndt. Rekordsiegerin im Frauen-Weltcup ist die Niederländerin Marianne Vos, die fünfmal zwischen 2009 und 2013 triumphierte. Von 2006 bis 2015 gab es zudem eine Teamwertung, die das Rabobank Women Cycling Team bzw. das Nachfolgeteam Rabo Liv Women Cycling Team ab 2012 gewann.

Niederländische Dominanz

Überhaupt kann man sagen, dass niederländische Fahrerinnen den Frauenradsport zumindest prägen, wenn nicht sogar dominieren. Seit der Einführung der UCI Women's WorldTour im Jahr 2016 gab es drei niederländische Gesamtsiegerinnen, zudem holten sich Fahrerinnen aus den Niederlanden seit 2016 viermal den WM-Titel im Straßenrennen sowie im Einzelzeitfahren, zudem siegten die Niederlande 2019 bei der ersten Ausrichtung des Mixed-Relay-Zeitfahrens bei einer Weltmeisterschaft. Die erfolgreichste, noch aktive Fahrerin aus den Niederlanden ist Marianne Vos, die außer ihren Erfolgen im Weltcup dreimal das WM-Straßenrennen, das olympische Straßenrennen 2012, und zudem noch siebenmal Cyclocross-Weltmeisterin, Olympasiegerin und Weltmeisterin auf der Bahn wurde.

In ihre Fußstapfen traten die dreifache Weltmeisterin und Olympiasiegerin (EZF) von 2021, Annemiek van Vleuten sowie deren Landsfrau Anna van der Bregghen, die ebenfalls drei WM-Titel gewann und 2016 in Rio das olympische Straßenrennen gewann. Auch Chantal Blaak, Ellen van

Dijk und Lorena Wiebes aus den Niederlanden zählen nach wie vor zu den weltbesten Fahrerinnen bei Großveranstaltungen und bei den Rennen der Women's World Tour. Weitere Weltklasse-Fahrerinnen sind unter anderem die Britin Elizabeth Deignan (früher Armistead), die den WM-Titel im Straßenrennen 2015 holte und Geschichte schrieb als Premierensiegerin bei Paris-Roubaix 2021.

Wie gesagt, 125 Jahre lang hat es gedauert, ehe man den Frauen ein eigenes Rennen bei Paris-Roubaix gönnte. Die Flandern-Rundfahrt für Frauen wurde 2016 eingeführt.

Lüttich-Bastogne-Lüttich 2017. Für die Tour de France 2022 der Frauen hat die ASO (Amaury Sport Organisation) mit der Online-Trainingsplattform ZWIFT einen potenten Sponsor gefunden. Zur Renndirektorin wurde Marion Rousse ernannt, ehemalige Rennfahrerin, Journalistin und Ehefrau des zweimaligen Weltmeisters Julian Alaphilippe. Die deutsche Topfahrerin Lisa Brennauer sagt im Jahr 2021: „Es geht voran, auf allen Ebenen, aber wir sind noch längst nicht am Ziel." Stimmt, denn weder ein Mailand-San Remo noch eine Lombardei-Rundfahrt für Frauen gibt es. Und von den Gehältern, die im internationalen Frauenradsport gezahlt werden, können bislang nur die Besten der Besten leben.

★ 12 ★

DOPING IM RADSPORT

Kein Sport der Welt wurde und wird immer noch so mit Doping verbunden wie der Radsport. Zu recht. Weltklassefahrer fast aller Epochen gaben offen zu, zu stimulierenden Mitteln zu greifen – die lange Zeit gar nicht verboten waren. Erst ab den 1970er-Jahren gab es so etwas wie Dopinglisten und -kontrollen. Gedopt wurde trotzdem munter weiter. Aber erst als der Radsport im Dopingsumpf zu versacken drohte, kam auch der Weltradsportverband auf Druck der Medien nicht mehr umhin, Reformen einzuleiten und die Kontrollen zu verschärfen. Ob der Radsport heute sauber ist, vermag wohl niemand mit Gewissheit zu sagen. Definitiv werden weniger Fahrer bei Kontrollen positiv getestet. Und Anti-Doping-Experten wie der ARD-Journalist Hajo Seppelt gehen zumindest davon aus, dass in anderen Sportarten mehr gedopt wird.

Wein, Schnaps, Kokain, Koffein, Äther, Morphium, Amphetamine, Strychnin und Nitroglycerin: Kaum zu glauben, aber all das nahmen die Radrennfahrer bereits vor mehr als 100 Jahren. Gedopt wurde schon immer im Radsport, man nannte es nur noch nicht so. Die Rennfahrer hatten früher unglaublich lange Strecken zu bewältigen, 300 Kilometer, 400 Kilometer pro Etappe und noch mehr waren keine Seltenheit. Oder sie mussten bei den Bahnrennen tagelang und fast ohne Pause Höchstleistungen vollbringen. Sie nahmen Aufputschmittel, um nicht einzuschlafen, sie betäubten ihre Schmerzen mit Alkohol und Kokain, sie tranken Absinth, um ihre Ängste zu vergessen.

Ein Unrechtsbewusstsein bei den Fahrern schien es nicht wirklich zu geben. Und auch die Zuschauer fanden es offensichtlich nicht verwerflich, dass die Sportler mit allen möglichen Mitteln nachhalfen. In den Anfangsjahren des Radsports wurde gar in Radsportpublikationen für leistungssteigernde Substanzen geworben, die dann so schöne Namen wie „Elexier de vitesse" hatten. Und bei den Sechstagerennen zum Ende des 19. Jahrhunderts in den USA wurde den Rennfahrern der sogenannte „American Coffee" ausgeschenkt, der neben Koffein auch Strychnin, Kokain und eben sogar Nitroglycerin enthalten haben soll.

Seinen etymologischen Ursprung hat der Begriff Doping im Afrikaans, der Sprache der Buren, also der niederländischen Einwanderer in Südafrika. Auf Feiern trank man einen starken Schnaps namens „Dop". Die afrikanische Bevölkerung übernahm das Wort, benutzte es aber grundsätzlich für anregende, stimulierende Getränke. Erstmals in einem englischen Lexikon tauchte der Begriff Doping dann 1899 auf. Im Sprachgebrauch in Großbritannien wurde er allerdings eher im Zusammenhang mit Pferderennen benutzt: Doping bedeutete zunächst, Rennpferden eine Mischung aus Morphium und anderen schweren Schmerzmitteln zu spritzen.

Die Welt Anti-Doping-Agentur WADA mit Sitz im kanadischen Montréal definiert Doping heute in verkürzter Fassung (www.wada-ama.org) wie folgt: „Doping ist das Vorhandensein einer verbotenen Substanz, seines Metaboliten oder eines Markers in Körperbestandteilen eines Athleten. Doping ist die Verwendung von Substanzen aus den verbotenen Wirkstoffgruppen und die Anwendung verbotener Methoden." Der WADA-Code hingegen zählt auf rund 120 Seiten detailliert alle Leitlinien, Rechte, Pflichten, Analysemethoden und mögliche Sanktionen auf.

„Und diese Pillen nennen wir Dynamit."

In den 1920er-Jahren sah man das noch ganz und gar anders. Im „Café de la Gare" in Coutances saßen im Sommer 1924 drei der Favoriten der Tour de France bei einer Tasse heißer Schokolade. Die Gebrüder Henri und Francis Pélissier sowie Maurice Ville hatten das Rennen vorzeitig beendet. Aus Protest gegen die ihrer Meinung nach unmenschlichen Bedingungen. Am Tisch in dem kleinen Städtchen in der Normandie saß auch ein gewisser Albert Londres, ein Autor und Reporter aus Paris. Was die Fahrer da erzählten, war ein gefundenes Fressen für ihn. Die heiße Schokolade in den Tassen dampfte, und auch die Rennfahrer ließen Dampf ab: „Wir lassen uns nicht wie Hunde behandeln", sagte Henri, der Ältere der Pélissier-Brüder. „Ihr habt ja keine Ahnung von der Schinderei. Ihr wisst ja gar nicht, wie wir das fertig kriegen." Sprach's und zog einige Tuben und Schachteln aus seiner Tasche. „Das ist Kokain für die Augen, das ist Pomade, um die Knie zu erwärmen. Aber wir haben auch Chloroform, und diese Pillen nennen wir Dynamit." Londres schrieb einen Artikel, in dem er die Strapazen der Fahrer eindrücklich schilderte und den er „Sträflinge der Landstraße" nannte. Der Artikel machte den Autor berühmt, die Einnahme der verbotenen Substanzen wurde in dem Text allerdings nur am Rande erwähnt.

1930 schrieb Tour-Direktor Henri Desgrange seinen Fahrern in die Verträge, dass er als Ausrichter zwar für die normale medizinische Versorgung zuständig sei, die Fahrer sich aber selbst ihre Aufputschmittel besorgen müssten. Auch die Heroen der 1940er-, 1950er- und 1960er-Jahre sprachen nicht selten offen davon, dass sie zu leistungssteigernden Mitteln greifen. Der italienische Superstar Fausto Coppi erklärte einmal, er nehme nur dann „la bomba" – so nannten die Italiener die Amphetamine –, wenn es unbedingt nötig sei. Und Coppi ergänzte lapidar, dass es eigentlich immer nötig sei. Und Jacques Anquetil, der erste Fahrer, der die Tour de France fünfmal gewinnen konnte, gab Doping ebenfalls offen zu. All diejenigen, die das verneinten, nannte der Franzose Lügner.

Auf einer Etappe 1955 über den Mont Ventoux kollabierte der Franzose Jean Malléjac. Schon am Boden liegend, trat er weiter, mit dem einen Fuß in der Pedale, mit dem anderen Fuß in der Luft. Malléjac musste vom Tourarzt zurück ins Leben geholt werden. Als man ihm erklärte, dass er auf keinen Fall weiterfahren könne, rastete der Franzose vollkommen aus und musste schließlich sogar fixiert werden. Ähnlich bizarr war der Auftritt Ferdi Küblers auf dieser elften Etappe. Zunächst fuhr er allen davon, dann rollte er im Schlingerkurs die Abfahrt hinunter und soll wie wild vor sich hingeschimpft haben: „Ferdi ist geladen, Ferdi wird explodieren." Man geht davon aus, dass auch Kübler ohne Ende Amphetamine in sich hineingepumpt hatte. 1959 konfiszierte der französische Zoll ein Paket mit leistungssteigernden Pillen: Adressat war der luxemburgische Spitzenfahrer Charly Gaul. Und schon damals streikten die Fahrer gegen die Kontrollen. Es sei ein Eingriff in die individuelle Freiheit der Sportler, hatte der damalige Wortführer der Rennfahrer, der Belgier Rik van Looy, behauptet.

Tom Simpson stirbt am Mont Ventoux

Einige Jahre später, im Sommer 1967, war auf bitterste Art und Weise zu sehen, wie weit die individuelle Freiheit führen kann. Es war Freitag, Freitag, der 13. Ein schwarzer Freitag für den Radsport. Beim Anstieg auf den Mont Ventoux fiel der Engländer Tom Simpson vier Kilometer vor dem Gipfel vom Rad. Der Weltmeister von 1965 rappelte sich wieder hoch. Im Schlingerkurs fuhr er einige Meter weiter, um wieder zu Boden zu gehen. Er stand nie wieder auf. Tom Simpson starb ein paar Stunden später im Krankenhaus in Avignon. In den Taschen seines Trikots und in seinem Gepäck fand man Amphetamine, zudem stellte man Alkohol im Blut fest. Der Berg, die Hitze, der Alkohol und die Tabletten – eine tödliche Mischung.

Es war insbesondere der damalige Tourarzt Pierre Dumas, der schon vor Simpsons Tod versucht hatte, ein gewisses Bewusstsein dafür zu schaffen, wie gefährlich diese Cocktails sein konnten, die sich die Fahrer selbst verabreichten. 1963 hieß es in einer Erklärung des Europarates: „Doping ist die Verabreichung oder der Gebrauch körperfremder Substanzen in jeder Form und physiologischer Substanzen in abnormaler Form oder auf abnormalem Weg an gesunde Personen mit dem einzigen Ziel der künstlichen und unfairen Steigerung der Leistung für den Wettkampf (...)."

Aber erst 1966 nahm der Welt-Radsportverband UCI verbindliche Anti-Doping-Bestimmungen ins Reglement auf. Bei der Tour im selben Jahr fand erstmals eine unangemeldete Dopingkontrolle statt. Die Fahrer waren sauer. Auf Initiative von Jacques Anquetil streikten sie am Tag darauf; es war ausgerechnet Tom Simpson, der die Kollegen dazu bewegte, weiterzufahren. Die Kontrollen fanden durchaus auch unangemeldet statt, aber sie wurden äußerst lasch durchgeführt. Häufig durften Fahrer trotz positiver Tests schon bald wieder an Rennen teilnehmen, es sprang allenfalls eine Zeitstrafe dabei heraus. Man argwöhnte zudem, dass die Tester nicht selten beide Augen zudrückten. Es waren in der Regel Angestellte der nationalen Verbände oder der UCI, und die hatten nun mal kein Interesse daran, so viele Dopingsünder wie möglich zu finden – im Gegenteil.

1972 gab das Internationale Olympische Komitee (IOC) die erste verbindliche Dopingliste heraus, auf der klar zu erkennen war, welche Mittel verboten und welche erlaubt sind. Fortan begann eine Art Wettkampf, bei der die Dopingfahnder versuchten, die unerlaubten Mittel im Körper eines Sportlers nachzuweisen, während die Doper sich daran machten, neue, nicht nachweisbare Präparate zu finden, beziehungsweise Mittel und Wege zu finden, wie ihnen die Einnahme unerlaubter Mittel nicht nachgewiesen werden konnte. Man muss leider sagen, dass die Betrüger den Fahndern meistens mindestens einen Schritt voraus waren.

Die Rennfahrer und deren Ärzte hatten schon bald herausbekommen, wie man Dopingmittel durch bestimmte Methoden oder andere Mittel verschleiern konnte. Und bis eines dieser Verschleierungsmittel auf der Dopingliste landete, verging viel Zeit. Beim Tour-de-France-Sieg Pedro Delgados im Jahr 1988 wurde dem Spanier die Einnahme des Rheumamittels Provenicid nachgewiesen. Aber weil das Mittel, das zur Verschleierung anderer Mittel diente, noch nicht auf der offiziellen Dopingliste stand, kam Delgado ungeschoren davon und steht bis heute in den Palmarès der Tour.

In den 1970er-Jahren waren es inzwischen vor allem Kortikoide bzw. Korticosteroide, die sich die Rennfahrer zuführten. Nach der Einnahme solcher Mittel empfindet man die Belastung als nicht mehr so hart, außerdem beschleunigen die Medikamente die Regeneration. Und, optimal für die Doper der damaligen Zeit: Die Wirkstoffe waren lange nicht im Urin nachzuweisen. Anabole Steroide hingegen machten eher für die Sprinter im Radsport Sinn, wurden aber dennoch zuhauf von allen Fahrern eingenommen.

Die EPO-Ära

Ende der 1980er-Jahre brach das EPO-Zeitalter an. EPO, mit vollem Namen Erythropoetin, ist ein in der Niere produziertes, körpereigenes Hormon, das die Bildung roter Blutkörperchen (Erythrozyten) im Knochenmark anregt. Es bewirkt eine Steigerung der Ausdauerleistung und eine sehr viel kürzere Erholungszeit, es wurde das Standard-Dopingmittel in den 1990er-Jahren. Das gentechnisch produzierte EPO konnte bis 2000 nicht wirklich im Körper der Sportler nachgewiesen werden. Die UCI beschloss daher im Jahr 1997, Sportler bei einem Hämatokritwert von mehr als 50 Prozent für ein Rennen zu sperren. Der Wert gibt Auskunft über den Anteil der roten Blutkörperchen im Blut im Verhältnis zum Gesamtvolumen.

Zunächst waren es italienische Profis oder Fahrer aus italienischen Teams, die EPO vom Arzt Michele Ferrari erhalten hatten und der Konkurrenz davonfuhren. Und schon bald standen Profis aus aller Herren Länder und aus allen Rennställen Schlange bei „Dottore EPO", um sich ihre Ration abzuholen. Bester Kunde Ferraris war Lance Armstrong. Und wenn es nicht so zynisch wäre, könnte man sagen, so bestand wieder Chancengleichheit. Es war ja auch genau das Argument, das viele Berufsrennfahrer anführten, um ihre Dopingaktivitäten zu rechtfertigen.

Die wenigen Rennfahrer, die nicht zu solchen Mitteln griffen, fuhren komplett hinterher. Und diejenigen, die den Konsum verbotener Mittel öffentlich machten, wurden im Peleton wie Aussätzige behandelt. Sie konnten froh sein, wenn sie im Rennen von den Kollegen nicht in den Straßengraben gedrängt wurden. Der Italiener Filippo Simeoni war nur ein Beispiel. Er hatte den Arzt Michele Ferrari schwer belastet. Armstrong ließ danach keine Möglichkeit aus, Simeoni im Peleton zu diskreditieren und zu mobben. Wer als junger Fahrer in dieser Zeit in ein Profiteam kam, der hatte ganz offensichtlich nur die Wahl, auszusteigen oder eben mitzumachen. Das soll die Fahrer nicht gänzlich von ihrer Eigenverantwortung freisprechen, aber den Mut und das Selbstbewusstsein, sich gegen das systematische Doping zu stellen, hatte ganz offensichtlich kaum einer. Zudem gab es ganz offensichtlich auch Fahrer, die nicht nur auf Anweisung der Teamchefs dopten. So sagte beispielsweise der Pfleger Willy Voet, Hauptfigur der Festina-Affäre, einmal zu Richard Virenque: „Du Bastard wärst tot, wenn ich dir alles injiziert hätte, was du wolltest."

In den 1990er-Jahren, aber auch noch zu Beginn der 2000er-Jahre, starben mehrere Radprofis, die alle keine 30 Jahre alt wurden, überwiegend nach Herzinfarkten, manche an einem allergischen Schock. Experten gehen davon aus, dass diese Rennfahrer an den Folgen überdosierter oder unsachgemäßer EPO-Einnahmen gestorben sind. Einer der Verstorbenen, der Niederländer Johannes Draaijer, habe nach Aussage seiner Ärzte das Herz eines 75-Jährigen gehabt. Und man geht davon aus, dass mehrere Profis dem Tod während ihrer aktiven Zeit nur knapp von der Schippe gesprungen seien. Der ehemalige französische Radprofi Philippe Gaumont schrieb in seinem Buch „Prisonnier du dopage" (Gefangener des Dopings): „1995 wäre einer der Leader des Teams Castorama fast gestorben. Sein Blut ähnelte Brei und einer der Pfleger musste ihn umgehend zur Ader lassen."

Die Tour de France 1998 dann ging als die „Tour de Farce" in die Geschichtsbücher ein. Es war das Jahr, in dem vielleicht sogar die Zukunft dieses Sports auf dem Spiel stand. Bei internationalen Rennen waren nicht mehr nur Fahrer, Masseure und sportliche Leiter präsent, sondern auch Sondereinheiten der Polizei und Dopingfahnder. Während der Tour de France gab es Razzien in den Mannschaftshotels. Die Ermittlungen ergaben, dass bei Festina flächendeckendes Doping praktiziert wurde. Und sie brachten ans Licht, dass die meisten Dopingkontrollen zu jener Zeit eine Farce waren. Keiner der Festina-Profis war bei den vorherigen Kontrollen positiv getestet worden. Festina sowie das ebenfalls des Dopings überführte Team TVM-Farm Frites wurden von der Tour ausgeschlossen. Mehrere spanische Mannschaften zogen sich aus Protest gegen die Ermittlungsmethoden der französischen Behörden von der Tour zurück. 15 Jahre später veröffentlichte die französische Anti-Doping-Kommission Ergebnisse von Dopingproben aus diesem Jahr. Unter anderem waren auch die Proben des Siegers Marco Pantani als auch die von Jan Ullrich positiv. Weil jedoch keine B-Probe vorhanden war, hatten diese wissenschaftlich lupenreinen Ergebnisse juristisch keine Relevanz.

Ausgelöst wurden die Untersuchungen im Sommer 1998 dadurch, dass der Pfleger des Teams Festina, Willy Voet, bereits wenige Tage vor dem Start der Tour beim Schmuggel mit Dopingsubstanzen in dem kleinen französisch-belgischen Grenzort Le Donkaert verhaftet wurde. Darunter waren 234 Flakons EPO, 80 Ampullen Wachstumshormone, 160 Einheiten Testosteron und 60 Gelatinekapseln Asaflow, ein aspirinhaltiges Präparat, das verdicktes Blut verflüssigt.

In seinem 1999 veröffentlichten Enthüllungsbuch „Massacre à la Chaîne" berichtete Voet von Dopingpraktiken, von denen man definitiv lieber nichts wissen möchte; bis hin zu Spritzen in die Harnröhre, um sauberen Urin abgeben zu können. Auch der einstige Kelme-Profi Jesus Manzano berichtete von täglichem Doping bei seinem Team: „Es ist fast wie bei einem Büffet, wo man täglich seine Spritze mit EPO bekommt."

Der Dopingskandal um Eufemiano Fuentes

Die gesamte Ära Lance Armstrong zu Beginn des neuen Jahrtausends war dadurch geprägt, dass geschätzt um die 90 Prozent der Fahrer durch die Transfusion von Eigenblutkonserven ihre Leistungsfähigkeit steigerte. EPO war ab dem Jahr 2000 nicht mehr das Mittel der Wahl, nachdem es bei Kontrollen nachgewiesen werden konnte. Auch das Eigenblutdoping sorgt für eine erhöhte Hämoglobinkonzentration und dadurch für eine erhöhte Sauerstoffaufnahme beziehungsweise einen besseren Sauerstofftransport im Blut. Für das Eigenblutdoping stand vor allem der spanische Arzt des Liberty-Seguros-Teams, ein gewisser Eufemiano Fuentes.

Die „Operación Puerto", wie der Skandal auch genannt wurde, gilt als die größte Dopingaffäre im internationalen Radsport. Bei dem Sportmediziner aus Madrid wurden bei einer Razzia im Mai 2006 große Mengen an Blutbeuteln und Dopingmitteln sowie eine Liste mit Codenamen gefunden, die unter anderem Alberto Contador, Jan Ullrich, Alejandro Valverde und Ivan Basso, insgesamt mehr als 50 Top-Profis zugeordnet werden konnten. Auch bekannte Fußballer der großen spanischen Klubs sollen Kunde bei Fuentes gewesen sein. Erst 2013 wurde Fuentes im Rahmen einer anderen Untersuchung, der „Operación Galgo", zu einem Jahr Haft auf Bewährung und zu vier Jahren Berufsverbot verurteilt. Die Sperre wurde jedoch 2016 aufgehoben und Fuentes von allen Vorwürfen freigesprochen. Die spanische Zeitung El País hatte schon früher resigniert geschrieben: „Die Operación Puerto ist zu einem Synonym geworden für Unfähigkeit, Chaos, Verschleppungstaktiken und juristisches Geplänkel."

Aber immerhin, im internationalen Radsport tat sich etwas in den darauf folgenden Jahren. Wohl auch, weil sich ein Teil der Fans angewidert vom Profi-Radsport abwandte, sicherlich weil sich Sponsoren zurückzogen und TV-Sender die Übertragung der Rennen absetzte.

Mehrere europäische Länder verschärften die Anti-Doping-Gesetze, so konnte ab Ende der 1990er-Jahre nicht mehr nur der Handel mit Dopingpräparaten, sondern auch der Einsatz bereits strafrechtlich verfolgt werden. Die UCI beschloss, überführte Fahrer fortan mit einer zweijährigen, anstatt einer sechsmonatigen Sperre zu belegen. Die Profiteams verschärften den Ethikcode, der biologische Pass wurde 2009 eingeführt. Einigen Profis aus dieser finsteren Ära wurden nachträglich immerhin zahlreiche Siege aberkannt. Der sicherlich bekannteste Fall ist Lance Armstrong, der 2013 systematisches Doping gestand und dessen sieben Tour-de-France-Siege allesamt gestrichen wurden.

Die Verfahren wegen Dopingverstößen waren zumeist bei Gremien bzw. Gerichten der nationalen Radsportverbände anhängig. Dadurch kam es immer wieder zu Konflikten zwischen den Länderverbänden und der UCI. Höchstes Gremium auch in Dopingangelegenheiten war damals der Internationale Sportgerichtshof (CAS) in Lausanne, wodurch sich zahlreiche Fälle ewig in die Länge zogen. 2014 beschloss die UCI, ab 2015 ein unabhängiges internationales Anti-Doping-Tribunal einzusetzen, das einheitliche Strafen verhängen und die Urteile in einem überschaubaren zeitlichen Rahmen fällen sollte. Aber auch das kam nur langsam in Fahrt und funktioniert bis heute nicht perfekt. Auch weil die Rolle der WADA nicht geklärt war und weil in einigen Ländern nicht die Nationale-Anti-Doping-Agentur, sondern das Nationale Olympische Komitee das Sagen hat.

Ist der Radsport sauber?

Inwieweit sich der einst so verseuchte Radsport aus dem Dopingsumpf befreit hat, vermag man nur schwer zu sagen. Der ARD-Doping-Experte Hajo Seppelt geht davon aus, dass in der Leichtathletik oder im Skilanglauf inzwischen mehr gedopt wird als im Radsport. Aber bis heute sind immer noch viele ehemals gedopte Fahrer als Funktionäre im Radsport aktiv.

Im Zuge der sogenannten Operation Aderlass flog 2019 das Dopingnetzwerk des Erfurter Arztes Mark Schmidt auf und mit ihm gleich mehrere Radprofis. Es waren keine Spitzenprofis darunter, aber Vertrauen schafft auch so etwas nicht. Zumal der Arzt und seine gedopten Kunden nicht durch Dopingkontrollen, sondern erst durch polizeiliche Ermittlungen aufflogen.

Auf der anderen Seite kann der Radsport von sich behaupten, dass dort sehr intensiv getestet wird und umfangreiche und innovative Analyseverfahren eingesetzt werden. Natürlich müssen auch die Radsportler gegenüber den Verbänden stets ihren aktuellen Aufenthaltsort angeben. Im Radsport werden sowohl Urinproben als auch Blutproben genommen, vor großen Rundfahrten wird darüber hinaus noch der Hämatokritwert kontrolliert. Bei der Tour de France kontrolliert nicht der Verband, sondern eine unabhängige Anti-Doping-Organisation, in Zusammenarbeit mit der französischen Anti-Doping-Agentur. Jeden Tag werden der aktuelle Etappensieger, der Träger des Gelben Trikots und weitere rund fünf bis sechs Fahrer kontrolliert. Seit 2015 jedenfalls gab es bei der Frankreich-Rundfahrt keinen positiven Dopingtest mehr.

Die aktuellen deutschen Profis wie Maximilian Schachmann oder Lennard Kämna stehen für sauberen Sport. Auch der mehrfache Zeitfahr-Weltmeister Tony Martin, der 2021 seine Karriere beendete sowie der ehemalige Weltklasse-Sprinter Marcel Kittel und John Degenkolb positionierten sich stets mit klaren Worten und der Forderung nach harten Strafen bei Dopingfällen. Es gab und gibt Indizien dafür, dass im Radsport nicht mehr (so viel) gedopt wird. Die Zeiten, mit denen die Radprofis beispielsweise die rund 13 Kilometer hinauf nach L'Alpe d'Huez fahren, kommen nicht mehr an die Spitzenwerte der Ära Armstrong/Pantani heran. Aber es gibt auch Momente, in denen man zweifelt. Beispielsweise als Tadej Pogačar beim Einzelzeitfahren nach Les Planches des Belles Filles wie auf einem Moped den Anstieg hinaufraste und alle anderen Profis, so Tony Martin, hat aussehen lassen „wie U23-Fahrer". Die Werte, die der Slowene bei seinem entscheidenden Coup trat, so meinten einige Trainingswissenschaftler, wären, ohne nachzuhelfen, nicht zu erreichen. Die Verdächtigungen in der Szene bekamen auch dadurch Nahrung, dass Pogačar von Mauro Gianetti trainiert wurde, der sich 1998 selbst beinahe umgebracht hatte, nachdem er einen Doping-Cocktail falsch zusammengemischt hatte.

Natürlich wurde auch Pogačar bei seinem Triumph 2020 und dem darauf folgenden 2021 mehrfach nach neuesten Methoden getestet. Aber man kennt es aus der Vergangenheit: In der Regel hinken die Kontrolleure den Betrügern meist hinterher. War das Doping vor 100 Jahren auch der Kampf ums nackte Überleben, so ging es später neben der Leistungssteigerung und dem Ruhm des Siegers vor allem um viel Geld. Wo viel Geld im Spiel ist, wird betrogen. Das ist eine Binsenweisheit, aber deswegen nicht weniger wahr. Aber es gibt auch Statistiken, die Hoffnung machen: Von den Teilnehmern an der Tour de France 1998 waren mehr als 53 Prozent im Laufe ihrer Karriere positiv getestet worden. 2020 waren es ungeachtet der Dunkelziffer 4,5 Prozent.

12.1 SPECIAL: MOTORDOPING

Fabian Cancellaras Antritt war unwiderstehlich. Es war ein Genuss für jeden Radsportfan. Zu sehen, wie der Schweizer, der gerne auch „Spartakus" genannt wurde, die Konkurrenz abhängte. Sowohl bei der Flandern-Rundfahrt als auch wenig später bei Paris-Roubaix im Frühjahr 2010. Doch dann spuckte den Fans ein gewisser Michele Bufalino in die Suppe. Der Italiener behauptete, Cancellara hätte bei seinen Siegen auf eine Art Motor-Doping zurückgegriffen. Zuvor hatte bereits Bufalinos Landsmann, der ehemalige Rennfahrer und spätere TV-Kommentator Davide Cassani, im italienischen Fernsehen davon gesprochen, dass ein solches Motor-Doping denkbar sei. Bufalino versuchte, das mittels eines Videos, das bei Youtube millionenfach geklickt wurde, zu beweisen. Die unnormalen Handbewegungen, die Cancellara während seiner Attacke gemacht habe, erklärte Bufalino damit, dass der Schweizer Rennfahrer einen kleinen, in der Sattelstütze versteckten Motor per Knopfdruck aktiviert habe. Fabian Cancellara wies die Vorwürfe vehement zurück („Mein Körper ist mein Motor").

Die Untersuchungen dazu verliefen im Sande, die UCI führte jedoch im selben Jahr Magnetscanner-Tests ein. Inzwischen, nach der rasanten Entwicklung im E-Bike-Bereich, werden bei jedem Eintagesrennen Hunderte und bei jeder großen Rundfahrt Tausende von Kontrollen an den Rennmaschinen durchgeführt. 2015 erhöhte die UCI die Sanktionen für Motor-Doper: Die Höchststrafe liegt bei einer lebenslänglichen Sperre und einer Strafzahlung von bis zu einer Million Schweizer Franken.

Während der Cross-Weltmeisterschaft 2016 wurde im Bus der belgischen Spitzenfahrerin Femke Van Den Driessche ein Bike mit einem Hilfsmotor gefunden. Die UCI leitete umgehend Untersuchungen ein. Van Den Driessche, die in der letzten Runde des WM-Rennens aufgegeben hatte, bestritt, das Fahrrad im Rennen benutzt zu haben. Die Cross-Spezialistin wurde dennoch rückwirkend vom 11. Oktober 2015 für sechs Jahre gesperrt. Zusätzlich musste die damals 19-Jährige 20.000 Schweizer Franken zahlen und die Prozesskosten übernehmen. Ganz offensichtlich wollte der Weltverband an Van Den Driessche ein Exempel statuieren.

Über Jahre wurden bei den Rennen keine Auffälligkeiten festgestellt. 2021 berichtete die Schweizer Zeitung *Le Temps* unter Berufung auf drei namentlich nicht genannte Zeugen von ungewöhnlichen Geräuschen an den Hinterrädern bei mehreren Teams während der Tour de France. Darunter sollen die Rennmaschinen des späteren Gesamtsiegers Tadej Pogačar und die des Gesamtzweiten Jonas Vingegaard gewesen sein. Die Zeugen mutmaßten, dass die Geräusche von einem Motorantrieb kämen, der in der Nabe platziert sei. Die abermals weit über 2.000 Kontrollen bei der Tour de France 2021 hatten allerdings keinen positiven Test auf das sogenannte Motor-Doping ergeben.

12.2 SPECIAL: RASSISMUS IM RADSPORT

Ein Sport für Weiße

Die Frauen hat der Radsport in den vergangenen 100 Jahren nicht gut behandelt. Diesen Vorwurf muss sich der Radsport beziehungsweise müssen sich die Verantwortlichen des Radsports gefallen lassen. Die People of Color, wie es heute politisch korrekt heißt, haben im Radsport der Männer bislang auch kaum eine Chance bekommen. Der Radsport ist ein weißer Sport. Er war bislang kein Sport, der Kulturen verbindet, Grenzen überschreitet, sich solidarisch zeigt mit den Schwächeren und Ärmeren dieser Welt. Der Radsport war und ist kein Vorzeigemodell, wenn es darum geht, Rassismus zu überwinden.

Bei der Tour de France 2020 war der Franzose Kévin Réza der einzige Schwarze im Peleton. Bei der Tour de France 2021 nahm der Südafrikaner Nic Dlamini als einziger People of Colour an der Frankreich-Rundfahrt teil. Es dauerte 108 Jahre, ehe 2011 mit dem Franzosen Yohann Gène der erste schwarze Profi die Tour fuhr. Daniel Teklehaimanot aus Eritrea nahm zweimal an der Tour de France teil und ist in seiner Heimat ein Volksheld, seit er 2015 für einige Tage im gepunkteten Trikot des besten Bergfahrers bei der Tour unterwegs war.

Mehr als 100 Jahre zuvor hatte es bereits einen schwarzen Superstar auf dem Rennrad gegeben. Marshall Walter „Major" Taylor bekam als Kind von seinen weißen Herren ein Rad geschenkt, wurde mit 18 Jahren Profi und stellte zahlreiche Weltrekorde auf. 1899 wurde er Weltmeister über die Meile. Der Erfolg war groß, der Rassismus, der ihm offen entgegenschlug, war größer. Taylor wurde aus den Radsportverbänden ausgeschlossen, er durfte in den Südstaaten nicht mehr gegen Weiße antreten. Auf der Bahn wurde er von weißen Kontrahenten abgedrängt, Zuschauer bewarfen ihn mit Gegenständen. Taylor wurde von Fahrern und Publikum tagtäglich als Nigger beschimpft. Er floh für eine Weile nach Europa, wo die rassistischen Anfeindungen nicht ganz so hart waren wie in den USA. Aber letztendlich hielt „Major" Taylor den Hass nicht mehr aus; er beendete im Alter von nur 32 Jahren seine Karriere.

Auch Kévin Réza ist 2014 und 2017 während des Rennens rassistisch beleidigt worden. Passiert ist danach wenig bis gar nichts. „Meine engsten Freunde im Feld sind zwar zu mir gekommen, aber generell? Nein, ich habe keine größere Solidarität erfahren", sagte der Franzose. Durch die weltweite Aufmerksamkeit der Black-Lives-Matter-Bewegung würde er inzwischen ein wenig mehr gehört werden – aber längst nicht genug. Réza fordert, die Fahrer hart zu bestrafen, die schwarze Kollegen rassistisch beleidigen. „Man sollte erwarten, dass ein Rassist wie ein Doper bestraft wird", so der Profi vom Team B & B Hotels.

An Talenten mangelt es sicher nicht in Afrika. Dass sich so wenige Radsportler von dort im Profi-Radsport durchsetzen können, hat natürlich in allererster Linie mit den oft katastrophalen Lebensbedingungen und der Armut der Menschen zu tun. Das einzige Team aus Afrika, das je eine WorldTour-Lizenz besaß (von 2016 - 2021) ist das Team Qhubeka. Namensgeber ist die Freiwilligenorganisation Qhubeka, die Kindern in Afrika kostenlose Fahrräder zur Verfügung stellt, damit die beispielsweise ihre langen Schulwege besser bewältigen können. Das Team hatte verschiedene Sponsoren, u.a. das Telekommunikationsunternehmen MTN und das Schweizer Unternehmen Assos. Aufgrund finanzieller Schwierigkeiten wurde das WorldTour-Team 2021 aufgelöst, Talentierte Nachwuchsfahrer aus Afrika kommen seitdem beim UCI-Continental Team Qhubeka unter. Mit dem Team Bike Aid gibt es seit 2014 einen deutschen Continental-Rennstall, der weit über den Tellerrand hinausschaut und versucht, Brücken zu bauen. In der ersten Pressemitteilung des Teams damals hieß es: „Ziel der Mannschaft ist es, mit eigenen Projekten einen Beitrag zur Förderung von Bildung in strukturarmen Ländern zu leisten, sowie interkulturellen Austausch zu ermöglichen und selbst zu leben."

Im richtigen Leben heißt das: Beim Team Bike Aid erhalten junge Fahrer aus afrikanischen Ländern die Möglichkeit, Erfahrungen zu sammeln und Rennen zu fahren, bei denen sie sonst nie und nimmer würden starten können. Die Gastfahrer erhalten darüber hinaus Sprachkurse sowie die Chance, Betriebspraktika bei den Teamsponsoren von Bike Aid zu absolvieren. Gemeinsam fährt das Multikulti-Team Rennen in Europa, aber vielfach und gerne auch in Afrika, beispielsweise bei der Tour du Faso oder der Tour du Rwanda. Dort, das hat die UCI während der WM 2021 in Belgien bekannt gegeben, findet 2025 die Straßen-WM statt, erstmals überhaupt in einem afrikanischen Land. Und mit dem Eritreer Biniam Girmay hat 2022 bei Gent-Wevelgem der erste Fahrer aus Afrika einen der Eintagesklassiker im internationalen Radsport gewonnen.

Wer das Projekt BIKE AID – Ride to Help unterstützen will, kann das mit einer Mitgliedschaft für 60 Euro pro Jahr tun.

★ 13 ★

PORTRÄTS

Vom zweifachen Weltmeister Julian Alaphilippe sollte man schon mal gehört haben. Genauso wie vom Slowenen Primož Roglič, der einst vom Skifliegen auf den Radsport umsattelte und bislang vergeblich versucht hat, die Tour de France zu gewinnen. Dafür siegte er dreimal bei der Vuelta. Über die beiden, über den zweifachen Tour-de-France-Sieger Tadej Pogačar sowie über zahlreiche andere Weltklasse-Profis wie Wout van Aert oder Mathieu van der Poel sind hier Kurzporträts zu finden. Es fehlen die ganz Großen aus der Geschichte des Radsports, wie Eddy Merckx, Fausto Coppi oder auch Jan Ullrich. Sie findet man im Buch „Legenden des Radsports", das im Meyer & Meyer Verlag erscheint.

13.1 AKTUELLE WELTKLASSE-PROFIS

Primož Roglič: * 29.10.1989

Primož Roglič hat eine der erstaunlichsten Karrieren im Radsport hingelegt. Der Slowene war zunächst Skispringer, ehe er im wahrsten Sinne des Wortes umsattelte und Radprofi wurde. Roglič wurde 2007 mit der slowenischen Mannschaft Juniorenweltmeister im Skispringen, anschließend jedoch stagnierte die Entwicklung des Youngsters. Außerdem machte ihm eine Knieverletzung zu schaffen, die er sich bei einem schweren Sturz auf der Schanze in Planica zugezogen hatte. 2011 beschloss Roglič, dem Skispringen Adieu zu sagen und begann mit dem Radsport. Es müssen harte Zeiten gewesen sein, denn der einstige Wintersportler erwies sich zunächst nicht unbedingt als Steuerkünstler und lag deutlich häufiger auf dem Asphalt, als ihm lieb war. Aber mit enormem Ehrgeiz entwickelte sich Roglič weiter, trat 2013 für ein kleines slowenisches Team erstmals bei Profirennen an, ehe er 2016 zum World-Tour-Team LottoNL-Jumbo (heute Team Jumbo-Visma) wechselte. Bereits im ersten Jahr gewann er beim Zeitfahren des Giro d'Italia seine erste Etappe bei einer Grand Tour, 2017 holte sich Roglič seine ersten Tour-Etappensieg. Angekommen in der absoluten Weltspitze der Rundfahrer war der Slowene dann 2018, als er die Frankreich-Rundfahrt als Vierter beendete. 2019, 2020 und 2021 triumphierte er bei der Vuelta, nur mit dem ersehnten Gesamtsieg bei der Tour de France sollte es nichts werden. Nach einem Sturz Mitte August 2020 beim Critérium du Dauphiné bangte er um seinen Start bei der Tour. Doch dann präsentierte sich der Slowene beim Grand Départ in Topform. Er und seine Helfer dominierten die Rundfahrt, der Jumbo-Visma-Kapitän trug das Gelbe Trikot von der neunten bis zur 19. Etappe. Doch dann verlor er beim Zeitfahren hinauf zur Planche des Belles Filles nicht nur mehr als zwei Minuten auf seinen Landsmann Tadej Pogačar, sondern auch den Gesamtsieg. Zumindest 2020 gab es im internationalen Sport nicht mehr Drama, als an diesem Samstag in den Vogesen. Aber Roglič präsentierte sich einmal mehr als Stehaufmännchen, erwies sich als mental enorm stark und gewann mit Lüttich-Bastogne-Lüttich sein erstes Monument im Radsport. 2021 nahm Roglič erneut einen Anlauf, die Tour de France zu gewinnen. Aber der Jumbo-Visma-Kapitän stürzte früh während der Rundfahrt, quälte sich noch bis zur neunten Etappe, um dann frustriert auszusteigen. Aber Roglič wäre nicht Roglič, wenn er nicht erneut wieder aufgestanden wäre. Bei den Olympischen Spielen in Tokio gewann er die Goldmedaille im Einzelzeitfahren, anschließend holte er souverän, mit drei Etappensiegen und mehr als viereinhalb Minuten Vorsprung, zum dritten Mal in Folge den Gesamtsieg bei der Vuelta a España.

Tadej Pogačar: * 21.9.1998

Große Brüder sind fast immer das Vorbild der Jüngeren; so war es auch bei einem gewissen Tadej Pogačar, der als Kind am liebsten Fußball spielte. Aber weil sein älterer Bruder Tilen auf dem Rennrad unterwegs war, wollte auch der kleine Tadej Radrennen fahren. Er war so klein, dass der Radclub in der slowenischen Hauptstadt Ljubljana ihm zunächst gar kein Rad stellen konnte. Er begann schließlich als Neunjähriger mit dem Radsport, während sein großer Bruder bald davon abließ. Tadej Pogačar erwies sich als außergewöhnliches Talent. Nach einigen Erfolgen im Juniorenbereich unterzeichnete er 2017 seinen ersten Profivertrag bei einem kleineren slowenischen Rennstall, 2018 gewann er die Gesamtwertung der Tour de l'Avenir, der wichtigsten Rundfahrt weltweit im Nachwuchsbereich. Bald darauf unterschrieb er einen Vertrag beim WorldTour-Team UAE Emirates, gewann zu Beginn des Jahres die Algarve-Rundfahrt und im Mai die Kalifornien-Rundfahrt. Damit war Pogačar der bislang jüngste Rennfahrer, der eine WorldTour-Rundfahrt gewinnen konnte. Doch damit nicht genug: Bei der Vuelta a España gewann der Slowene drei Etappen, die Nachwuchswertung und stand als Dritter der Gesamtwertung auf dem Podium.

Bei der Tour de France 2020 galt Pogačar eher als Geheimtipp. Lange Zeit, bis zum Einzelzeitfahren auf der vorletzten Etappe, dominierte Pogačars Landsmann Primož Roglič mit seinem Team Jumbo-Visma die Rundfahrt. Beim Bergzeitfahren auf der vorletzten Etappe, hinauf zur Planche des Belles Filles, nahm Pogačar seinem Kontrahenten dann mehr als zwei Minuten ab und gewann als jüngster Profi überhaupt die Tour de France. Kollege Richie Porte fand es geradezu „furchteinflößend", wie Pogačar die Steigung hinaufgerast war, „wie von einem anderen Planeten". Die Tour de France im Sommer 2021 war eine einzige Demonstration der Stärke. Der UAE-Emirates-Kapitän schien mit seinen Gegnern zu spielen und sicherte sich souverän den zweiten Gesamtsieg bei der wichtigsten Rundfahrt der Welt. Nachdem er 2021 mit Lüttich-Bastogne-Lüttich bereits sein erstes Monument im Radsport gewonnen hatte, ließ er Anfang Oktober des Jahres mit dem Triumph bei der Lombardei-Rundfahrt den zweiten Sieg bei einem der fünf Monumente folgen.

Julian Alaphilippe: *11.6.1992

Kaum einer hat einen solch explosiven Antritt an den steilsten Rampen wie Julian Alaphilippe. Kaum einer hat ein solches Kämpferherz wie der Franzose, der 2020 in Imola ins Regenbogentrikot des Weltmeisters fuhr. „Der auf den Pedalen tanzt", nannte ihn einmal eine Zeitung, weil bei all dem Kampf auch immer eine gewisse Eleganz mitschwingt. Franzosen lieben ihn vor allem, weil er sich nicht wie viele andere „wattfixierte" Weltklasse-Profis auf wissenschaftliche Erkenntnisse verlässt, sondern auf seinen Instinkt, weil er mit dem Herzen fährt – und manchmal eben auch mit dem Messer zwischen den Zähnen. Alaphilippe kommt vom Cyclocross und mischte erstmals 2014 in der WorldTour mit. Spätestens 2016 war „Loulou", wie die Franzosen ihn nennen, in der erweiterten Weltklasse angekommen. 2018 gewann Alaphilippe den Flèche Wallonne und siegte als Ausreißer bei zwei Etappen der Tour de France. Im Sommer des Jahres 2019 fuhr Alaphilippe bei der Tour nicht nur im Gelben Trikot durch seine Heimat, er schien es auch partout nicht mehr abgeben zu wollen. Der Quick-Step-Floors-Profi hielt bis wenige Tage vor Schluss bei den schweren Bergetappen mit und wurde schließlich als bester Franzose Fünfter.

Im Jahr 2019 hatte er zudem mit Mailand-San Remo sein erstes Monument gewonnen. Nachdem Alaphilippe 2020 erneut eine Tour-de-France-Etappe gewonnen hatte, sicherte er sich im Oktober 2020 in seiner unnachahmlichen Art schließlich den WM-Titel im Straßenrennen. Im September 2021 verteidigte Alaphilippe dann bei der WM in Flandern seinen WM-Titel. Wie schon im Vorjahr attackierte er einige Kilometer vor dem Ziel und keiner der Konkurrenten konnte seinem Antritt folgen.

Egan Bernal: * 13.1.1997

Ein Radsportmagazin nannte den Kolumbianer Egan Bernal in Anlehnung an einen bekannten Filmtitel einmal einen „Natural Born Climber". In seiner Heimat war Bernal zunächst überwiegend auf dem Mountainbike unterwegs. Erst 2016 wechselte er aufs Rennrad und wagte den Sprung nach Europa, wo er sich zunächst einem zweitklassigen Rennstall in Italien anschloss. Bernal gewann bei eher kleineren Rundfahrten sowohl Etappen als auch in schöner Regelmäßigkeit die Nachwuchswertung. Den Scouts des britischen WorldTour-Teams Sky waren die Erfolge des Ausnahmetalents natürlich nicht verborgen geblieben. Bernal, nicht nur ein hervorragender Kletterer, sondern auch ein sehr guter Zeitfahrer, wechselte 2018 zu Sky, wo er zunächst als Helfer für Chris Froome vorgesehen war. Als dieser schwächelte, schlug die Stunde von Geraint Thomas. Stets an dessen Seite, auch auf den schwersten Bergetappen, fuhr dieser junge und noch wenig bekannte Kolumbianer und hatte somit erheblichen Anteil am Tour-Gesamtsieg von Thomas. 2019 reiste Bernal ein weiteres Mal als Edeldomestike zur Tour und beendete sie als erster kolumbianischer Gesamtsieger in der Historie der Frankreich-Rundfahrt. Die Experten gingen davon aus, dass in diesem Sommer 2019 eine neue Ära begonnen hatte, die niemand anders als Egan Bernal prägen würde. Doch es kam anders. Der bereits als „Messi des Radsports" gefeierte Südamerikaner musste 2020 bei der Tour aufgeben. Rückenprobleme waren dafür verantwortlich, dass er nie seine Höchstleistungen abrufen konnte. Die Ursache dafür war offensichtlich, da ein Bein des Radprofis deutlich länger als das andere ist. Nach einer langen Pause, nach viel Tüftelei an der Technik und an der Sitzposition feierte Bernal im Sommer 2021 beim Giro ein grandioses Comeback und gewann damit seine zweite Grand Tour. Anfang Februar 2022 verunglückte Bernal bei einer Trainingsausfahrt schwer. Der Kolumbianer fuhr mit hohem Tempo in einen stehenden Bus und zog sich an die 20 Brüche zu. Weil auch die Halswirbelsäule verletzt wurde, bestand die Gefahr, dass der Radprofi querschnittsgelähmt werden könnte. Nach mehreren Operationen stand jedoch fest, dass er weiterhin Leistungssport betreiben kann. Bernal selbst sprach von einer „Wiedergeburt".

Wout van Aert: *15.9.1994

Der Belgier Wout van Aert ist der wohl kompletteste Rennfahrer seit Eddy Merckx. Er kommt ursprünglich vom Cyclocross und holte sich in der Disziplin von 2016 bis 2018 dreimal in Folge den WM-Titel. Van Aert gewann den Gesamt-Weltcup und mit der Superprestige-Serie sowie der bpost bank trophy die wichtigsten Rennserien im in Belgien so populären Cross-Sport. Von Anfang an lieferte sich van Aert dabei ein Duell mit dem Niederländer Mathieu van der Poel. Ungefähr zeitgleich wagten sich die beiden Querfeldein-Spezialisten auf die Straße, waren jedoch 2016 und 2017 eher bei kleineren Rennen am Start. Im Jahr 2018 schaffte van Aert den Sprung in die erweiterte Weltspitze der Straßenfahrer. Im März des darauf folgenden Jahres schloss sich van Aert dem WorldTour-Team Jumbo-Visma an, obwohl er noch einen gültigen Vertrag bei seinem zweitklassigen Team Vérandas Willems-Crelan besaß. Das bescherte ihm eine Millionenklage seines ehemaligen Teamchefs Nick Nuyens, die 2019 in erster Instanz abgewiesen wurde. Van Aert wurde 2019 erstmals für die Tour de France nominiert, gewann mit dem Team das Mannschaftszeitfahren und fungierte als Edelhelfer für Primož Roglič. Der Tour-Novize siegte auf der zehnten Etappe und war im Einzelzeitfahren in Pau gut unterwegs, ehe er an einem Absperrgitter hängen blieb und sich eine tiefe Fleischwunde zuzog. Nicht nur die Tour war für ihn beendet, van Aert feierte sein Comeback erst in der Wintersaison auf dem Crossrad. Bevor die Coronapandemie Europa erreichte, fuhr Wout van Aert lediglich den Omloop Het Nieuwsblad im Februar, ehe die WorldTour bis Ende Juli 2020 unterbrochen wurde. Wout van Aert hatte die wettkampffreie Zeit offensichtlich gut genutzt. Er gewann überlegen die

Strade Bianche und eine Woche später mit Mailand-San Remo sein erstes Monument im Radsport. Van Aert war im Sommer 2020 definitiv der Mann, den es zu schlagen galt. Bei der Tour de France gewann er diesmal zwei Etappen, bei den Weltmeisterschaften holte er Silber im Einzelzeitfahren und im Straßenrennen und wurde anschließend auch noch Zweiter bei der Ronde van Vlaanderen. Auch im Frühjahr 2021 galt der Jumbo-Visma-Profi bei fast jedem Rennen als einer der Topfavoriten. Er wurde der Rolle überwiegend gerecht, obwohl er sich bei Mailand-San Remo mit Platz drei begnügen musste. Dafür gewann er Gent-Wevelgem und das Amstel Gold Race. Im Trikot des belgischen Straßenmeisters trat er Ende Juni zum dritten Mal bei der Tour de France an und gewann diesmal drei Etappen. Absolut bemerkenswert dabei ist, welche Etappen er gewann: Van Aert siegte auf der schweren Bergetappe am Mont Ventoux; er siegte im Einzelzeitfahren und er gewann den Sprint auf der prestigeträchtigen Schlussetappe auf den Champs-Élysées. Hätte es noch eines Beweises bedurft, wer der kompletteste Rennfahrer im Peleton ist, bei der Tour hat van Aert ihn geliefert. Im Straßenrennen der Olympischen Spiele in Tokio holte der Belgier Silber, genauso wie im Einzelzeitfahren bei der Heim-WM in Flandern im September des Jahres.

Mathieu van der Poel: * 19.1.1995

Mathieu van der Poel ist ein „Alleskönner", der auf dem Crossrad, auf dem Mountainbike und auf der Straßenmaschine gleichermaßen eine Ausnahmeerscheinung ist. Wie sein ewiger Rivale Wout van Aert bestritt auch der Cyclocrosser van der Poel ab 2019 vermehrt Rennen auf der Straße. Und wie van Aert katapultierte sich auch der Niederländer in die Weltspitze der Straßenfahrer. Van der Poel wurde im April 2019 Vierter bei der Ronde van Vlaanderen, ehe er beim Amstel Gold Race einen spektakulären Coup landete und eines der wichtigsten Eintagesrennen im WorldTour-Kalender gewann. Wenige Kilometer vor dem Ziel führten Julian Alaphilippe und Jakob Fuglsang mit einem komfortablen Vorsprung. Van der Poel glaubte weiter an seine Chance. Er selbst führte die Verfolgergruppe wieder heran an die beiden Spitzenreiter, fuhr dabei selbst die ganze Zeit im Wind. Und anstatt sich auf irgendwelche taktischen Spielchen einzulassen, ging der Niederländer direkt zur Attacke über. Er fuhr einen brutal langen Sprint und hatte tatsächlich noch die Körner, allen anderen das Hinterrad zu zeigen. Der Sieg beim Amstel Gold war wohl der spektakulärste in der Karriere van der Poels. Der emotionalste war der Etappensieg bei der Tour de France 2021. Mathieu van der Poel ist der Sohn des ehemaligen Profis Adrie van der Poel, aber er ist auch der Enkel von Raymond Poulidor. „Poupou", wie die Franzosen Poulidor nannten, war der Liebling der französischen Radsportfans, obwohl oder eher weil er der „ewige Zweite" war. Dreimal belegte er in der Gesamtwertung der Tour Platz zwei, nicht einen einzigen Tag trug er das Gelbe Trikot. 2019 starb Pou-Pou im Alter von 83 Jahren.

Als sein Enkel 2021 erstmals bei der Tour de France startete, hatte er nur ein einziges Ziel: für seinen Opa in Gelb zu fahren. An der Mur de Bretagne auf der zweiten Etappe attackierte van der Poel früh; viel zu früh nach Ansicht der Experten. Aber der Niederländer hatte schließlich einen Plan, der ihn beflügelte. Und er schaffte, was seinem Großvater verwehrt blieb. Mathieu van der Poel fuhr mit dem Etappensieg ins Gelbe Trikot, das er bis zur siebten Etappe verteidigte. Zur neunten Etappe trat van der Poel, der zuvor 2021 bereits die Strade Bianche gewonnen hatte und Zweiter bei der „Ronde" wurde, nicht mehr an. Das war von Anfang an so geplant, denn van der Poel hatte noch einen Plan für 2021: Er wollte in Tokio Olympiasieger auf dem Mountainbike werden. Doch dort stürzte van der Poel schwer und musste das Rennen aufgeben. Der Titelfavorit monierte hinterher in den sozialen Medien, dass an der Sturzstelle im Training noch eine Rampe gestanden hatte und er dadurch irritiert gewesen wäre. „Ich konnte die Strecke mit verbundenen Augen fahren, aber ich habe nicht gewusst, dass diese Rampe am Renntag weggenommen wird", so ein extrem genervter van der Poel. 2022 gewann er dafür zum zweiten Mal in seiner Karriere die Flandern-Rundfahrt.

Remco Evenepoel: *25.1.2000

Remco Evenepoel hatte es als Fußballer bis in die belgische U16-Nationalmannschaft geschafft. Doch als der junge Belgier 2017 im Klub erstmals für eine Weile auf der Ersatzbank Platz nehmen musste, beschloss er, dem Fußball Adieu zu sagen und er begann ernsthaft mit dem Radsport. Zuvor hatte der Teenager nur aus Spaß auf dem Rennrad gesessen. Doch es war bald vorbei mit dem Spaß, vor allem auch für die gleichaltrigen Konkurrenten des Quereinsteigers. Konnte man 2017 noch als Testphase sehen, so fuhr der ehemalige Fußballer 2018 in seiner Altersklasse alles in Grund und Boden und wurde direkt Junioreneuropameister im Straßenrennen sowie im Zeitfahren und anschließend Doppelweltmeister bei der WM in Innsbruck. Zur Saison 2019 unterschrieb der Wunderknabe einen Vertrag beim belgischen Top-Team Deceuninck Quick-Step. Er brauchte eine Weile, um sich an den Profi-Radsport auf allerhöchstem Niveau zu gewöhnen, doch spätestens in der zweiten Jahreshälfte stürmte Evenepoel in die absolute Weltspitze.

Er gewann die Belgien-Rundfahrt, die Clásica San Sebastián, wurde Europameister im Einzelzeitfahren und spätestens jetzt mit keinem Geringeren als Eddy Merckx verglichen.

Vom „Nachwuchs-Kannibalen" war die Rede in Anlehnung an Merckx' Spitznamen. Manch einer, und darunter war sogar Merckx selbst, glaubte gar, Evenepoel könne noch besser werden. Der junge Belgier, der 2019 auch noch Vizeweltmeister im Einzelzeitfahren wurde, machte 2020 da weiter, wo er 2019 aufgehört hatte und gewann sowohl vor der Coronapandemie als auch nach der daraus resultierenden Zwangspause jede Rundfahrt, bei der er an den Start ging. Mitte August 2020 startete Evenepoel erstmals beim Herbstklassiker Il Lombardia und stürzte einen Abhang hinunter. Der Belgier zog sich dabei unter anderem einen Beckenbruch zu und musste ein Dreivierteljahr pausieren. Für Irritationen sorgte ein Video, das in den sozialen Medien viral ging. Auf dem Video ist zu sehen, wie einer der Betreuer an der Unfallstelle etwas aus Evenepoels Trikottasche zog, um es eilig in seiner Tasche verschwinden zu lassen.

Die Anti-Doping-Kommission des Radsports (CADF) leitete Ermittlungen ein, stellte diese aber Ende November 2020 ein. Nach Ansicht der CADF habe es keine Anhaltspunkte für Doping gegeben. Remco Evenepoel startete 2021 direkt beim Giro d'Italia in die WorldTour. Zunächst konnte er mit den Besten mithalten, musste dann aber einsehen, dass auch er nicht in der Lage ist, von null auf hundert starten zu können und stieg nach der 18. Etappe aus. Nach Silber und Bronze bei den Europameisterschaften sowie der Bronzemedaille in WM-Zeitfahren fuhr Evenepoel im Oktober 2021 erneut die Lombardei-Rundfahrt, wo er als Neunzehnter ins Ziel kam. Aber ausnahmsweise war der siegeshungrige Belgier damit zufrieden; es ging ihm nach eigener Aussage eher darum, das Trauma aus dem Vorjahr zu überwinden, als dort um den Sieg zu fahren.

Mark Cavendish: *21.5.1985

Mark Cavendish legte 2021 das Comeback des Jahres hin. „Cav", einst der beste Sprinter der Welt, schien komplett weg vom Fenster zu sein. Zweimal, 2017 und 2018, erkrankte der Sprinter am Pfeifferschen Drüsenfieber, später erklärte er auch noch, dass er unter schweren Depressionen gelitten hatte. Dann gab ihm Patrick Lefevere vom belgischen Rennstall Deceuninck Quick-Step zur Saison 2021 eine neue Chance. Cavendish nutzte sie; er gewann mehrere Etappen bei der Türkei-Rundfahrt. Mit den Siegen hatte der Brite reichlich Selbstbewusstsein gesammelt, enorm wichtig für die schnellen Männer auf der Zielgeraden. Überraschend rutschte der inzwischen 36-Jährige dann im Sommer des Jahres sogar noch ins Tour-Aufgebot. Und dort war er wieder der „fastest man on two wheels", wie sich der Brite selbst gerne nannte. Cavendish gewann die vierte Etappe, er siegte auf dem sechsten Tagesabschnitt, jeweils vom Dänen Michael Mørkov ideal an der Ziellinie abgeliefert. Cavendish holte sich auf der zehnten Etappe seinen 33. Etappensieg bei der Tour de France und war damit nur noch einen Sieg vom Rekord des großen Eddy Merckx entfernt. Tatsächlich stellte „Cav" mit seinem Sieg auf der 13. Etappe die Bestmarke ein und hatte auf der Schlussetappe auf den Champs-Élysées sogar noch die Chance, alleiniger Rekordsieger zu werden. Es sollte nicht sein. Cavendish wurde Dritter, holte sich aber am Ende das Grüne Trikot des Punktbesten. Man sagt dem Sprinter, der in seinen jungen Jahren oft rücksichtslos auf den Zielgeraden unterwegs war, ein fotografisches Gedächtnis für die Zielankünfte bei Massensprints nach. Hinzu kommt taktisches Geschick, inzwischen viel Erfahrung und natürlich schnelle Beine. Im Laufe seiner Karriere gewann Mark Cavendish mehrere WM-Titel auf der Bahn, wo seine Karriere begann, 2009 den WM-Titel im Straßenrennen und insgesamt 52 Etappen bei den drei Grands Tours.

Peter Sagan: *26.1.1990

Drei Weltmeistertitel in Folge hat noch niemand gewonnen. Der Slowake Peter Sagan brachte das bislang einzigartige Kunststück in den Jahren 2015, 2016 und 2017 fertig. Im US-amerikanischen Richmond war Sagan dem Feld enteilt und rettete drei Sekunden Vorsprung ins Ziel, in Doha (Katar) war er der Schlaueste im Sprint, im norwegischen Bergen einfach nur der Schnellste. Und Sagan hält noch einen weiteren Rekord: Siebenmal gewann er das begehrte Grüne Trikot des Punktbesten bei der Tour de France, knackte 2019 die bisherige Bestmarke von Erik Zabel. Es wären vielleicht sogar acht grüne Jerseys geworden, doch 2017 wurde Sagan nach einem wilden Zielsprint und einer Kollision mit Mark Cavendish von der Tour ausgeschlossen. Nach Ansicht der meisten Experten zu Unrecht, wie das Studium der Bilder hinterher bewies. Sagan gilt als der „Rockstar des Peletons", gibt immer wieder auch im Rennen den Clown. Dann wieder ist er auf den Punkt konzentriert und fokussiert und wird auf der Zielgeraden zum eiskalten „Killer". Zunächst eher ein reiner Sprinter entwickelte sich Sagan spätestens ab 2016 zum Klassikerjäger, gewann im selben Jahr die Flandern-Rundfahrt und 2018 mit Paris-Roubaix ein zweites Monument des Radsports. In seiner Heimat längst ein Superstar wechselte Peter Sagan 2017 zum deutschen Rennstall BORA-hansgrohe; ein genialer Schachzug von Teammanager Ralph Denk, war der Slowake doch inzwischen eine eigene Marke. Die kolportierten fünf Millionen Euro Jahresgehalt schienen sich jedenfalls auszuzahlen für BORA. Zum Ende seiner Zeit bei BORA-hansgrohe fuhr Sagan allerdings längst nicht mehr so viele Siege einfuhr wie zu seinen besten Zeiten. Zur Saison 2022 wechselte der Slowene, der 2021 erstmals in seiner Karriere auch beim Giro die Punktewertung gewann, zum Team TotalEnergies.

Weitere Profis, die sich seit Jahren in der Weltklasse tummeln, sind die Gebrüder **Yates**, wobei **Simon** mit dem Gesamtsieg bei der Vuelta und mehreren Etappensiegen bei Grands Tours deutlich erfolgreicher ist, als sein Zwillingsbruder **Adam**. Der Waliser **Geraint Thomas** gewann 2018 überraschend die Tour de France, 2019 wurde er hinter seinem Teamkollegen Egan Bernal Gesamtzweiter. Danach allerdings konnte er allerdings nicht mehr an seine Topleistungen anknüpfen. Der mehrfache Olympiasieger und Weltmeister auf der Bahn stürzte mehrfach schwer, kam nie wieder so richtig in Form und beendete die Tour de France auf Platz 41.

Ähnliches gilt für **Chris Froome**. Der viermalige Tour-de-France-Sieger (2013, 2015, 2016 und 2017), der außerdem noch zweimal die Vuelta (2011 und 2017) sowie den Giro (2018) gewinnen konnte, stürzte 2019 bei der Streckenbesichtigung im Rahmen des Critérium du Dauphiné. Froome, der sich auf einer Abfahrt die Nase putzen wollte und deshalb einhändig fuhr, wurde von einer Windböe erwischt und krachte mit hohem Tempo in eine Hauswand. Der in Kenia geborene Brite zog sich mehrere Brüche zu und kam danach nie wieder richtig in Schwung. 2021 wechselte Froome vom Team INEOS Grenadiers (ehemals Team Sky) zum Team Israel Start-Up Nation. Hoffnungsträger der britischen Radsportfans ist **Thomas Pidcock**, der eigentlich aus dem Cyclocross- bzw. dem Mountainbike-Bereich kommt. 2021 mischte der Cyclocross-U23-Weltmeister von 2019 plötzlich bei den schweren Frühjahrsklassikern vorne mit, anschließend konzentrierte er sich wieder aufs Mountainbike und holte bei den Olympischen Spielen in Tokio die Goldmedaille. Tao **Geoghegan Hart** gewann völlig überraschend im Coronajahr 2020 den Giro d'Italia, 2021 konnte er keinesfalls daran anknüpfen und landete beispielsweise bei der Tour de France nur auf Gesamtrang 60. **Ethan Hayter** ist ein exzellenter

Allrounder und Edelhelfer beim Team INEOS-Grenadiers, während **Hugh Carthy** vom Team EF Education-Nippo das Zeug hat, bei den Grands Tours in die Top Ten zu fahren. Der Ire **Sam Bennett** gewann 2020 unter anderem zwei Etappen und das Grüne Trikot bei der Tour de France. 2021 verkrachte er sich mit dem Deceuninck-Quick-Step-Teamchef Lefevere, wurde nicht mehr für wichtige Rennen nominiert und wechselte deshalb zur Saison 2022 zurück zu BORA-hansgrohe.

Erster Giro-d'Italia-Sieger aus Ecuador ist **Richard Carapaz**, der 2020 zudem bei der Vuelta Zweiter und 2021 bei der Tour de France Dritter wurde. Außerdem siegte er im Straßenrennen der Olympischen Spiele in Tokio 2021. Neben Egan Bernal zählt auch dessen kolumbianischer Landsmann **Nairo Quintana** nach wie vor zu den besten Kletterern der Welt, wenngleich die ganz großen Zeiten des zweifachen Grand-Tour-Siegers (Giro 2016 und Vuelta 2016) vorbei zu sein scheinen. Auch **Esteban Chaves**, 2016 Giro-Zweiter und **Rigoberto Urán**, einmal bereits Zweiter bei der Tour de France und zweimal Zweiter beim Giro zählen zu den besten Rundfahrern der Welt. Genau wie **Miguel Ángel López**, der in seiner Heimat „Superman" genannt wird. Den Spitznamen erhielt der Kolumbianer, weil er sich als Teenager mutig zwei bewaffneten Räubern entgegenstellte, die sein Rennrad stehlen wollten. López gelang es, die Räuber in die Flucht zu schlagen und gewann auf dem Rad am nächsten Tag ein Rennen. Der Streckensprecher wusste von López' Heldentat und nannte ihn „Superman". Der Spitzname ist dem Giro-Dritten von 2018 geblieben. **Fernando Gaviria** ist ausnahmsweise mal kein Kletterer aus Kolumbien, sondern ein Sprinter, der bereits Etappensiege bei der Tour sowie beim Giro einfahren konnte und in Italien 2017 zudem die Punktewertung gewann. **Daniel Felipe Martínez gewann** 2020 das Critérium du Dauphiné und holte sich vor Lennard Kämna den Etappensieg auf der 13. Etappe der Tour de France.

Der Italiener **Sonny Colbrelli** gewann 2021 zunächst das Straßenrennen bei der Europameisterschaft und im Oktober schließlich Paris-Roubaix. Der erfolgreichste italienische Rennfahrer des neuen Jahrtausends ist **Vincenzo Nibali**. Der „Hai von Messina", wie italienische Zeitungen den

Sizilianer gerne nennen, gewann 2013 und 2016 den Giro sowie 2014 die Gesamtwertung der Tour de France. Zweimal (2015 und 2017) siegte er zudem bei Il Lombardia. Zur Saison 2022 kehrte Nibali zurück zum Astana-Team (ab 2022 Astana Qazaqstan Team), wo er einst große Erfolge feierte. Weitere Spitzenfahrer aus Italien sind **Matteo Trentin**, unter anderem Europameister 2018 und Vizeweltmeister im Straßenrennen von 2019, die Sprinter **Giacomo Nizzolo** und **Elia Viviani**, der überraschende Zweite des Giro 2021, **Damiano Caruso**, sowie der zweifache Zeitfahrweltmeister **Filippo Ganna**.

Seit einigen Jahren fast immer unter den Top Ten bei den großen Rundfahrten zu finden, ist der Spanier **Enric Mas**, während sein Landsmann **Mikel Landa** seine besten Zeiten hinter sich hat. Ältester Profi im Peleton ist **Alejandro Valverde**, der im Alter von 38 Jahren in Innsbruck Weltmeister wurde und mit inzwischen über 40 immer noch mit der Weltspitze mithalten kann. Der Movistar-Profi ist auf fast jedem Terrain zu Hause, fühlt sich aber am wohlsten in den Ardennen: Valverde gewann viermal Lüttich-Bastogne-Lüttich und ist mit fünf Siegen Rekordhalter beim Flèche Wallonne. Immer ein Kandidat für die Top Ten bei großen Rundfahrten ist der Baske **Pello Bilbao** vom Team Bahrain-Victorious.

Frankreich wartet seit mehr als 35 Jahren auf den nächsten Tour-de-France-Sieger seit Bernard Hinault im Sommer 1985. Dem Groupama-FDJ-Kapitän **Thibaut Pinot** trauten es die Franzosen in den vergangenen Jahren am ehesten zu. 2019 präsentierte er sich in der zweiten Hälfte der Frankreich-Rundfahrt als der stärkste Fahrer im Peleton und hätte vielleicht sogar Egan Bernal Paroli bieten können. Doch dann musste Pinot während der 19. Etappe verletzt das Rennen aufgeben. Die Bilder, wie er sich den Berg hinaufquälte und schließlich tränenüberströmt ins Teamfahrzeug stieg, waren Drama pur. Der zweite französische Profi, dem die Grande Nation einen Gesamtsieg zugetraut hatte, ist **Romain Bardet**. Über den zweiten Platz im Sommer 2016 kam allerdings auch er nicht hinaus. Ähnlich kletterstark wie ihre beiden Landsleute sind auch **David Gaudu** und **Guillaume Martin**. Wobei Letzterer insbesondere deshalb ein interessanter Mann ist, weil er parallel zum Profi-Radsport Philosophie studiert hat und das Buch „Sokrates auf dem Rennrad" und das Theaterstück „Platon vs. Platoche" verfasst hat. **Arnaud Démare** kommt meistens nur im Gruppetto über die Berge, dafür ist er einer der weltbesten Sprinter, während **Christophe Laporte,** neben **Benoît Cosnefroy**, der wohl derzeit beste Klassikerfahrer der Franzosen ist.

Der Niederländer **Tom Dumoulin** gewann 2017 den Giro d'Italia und wurde im selben Jahr Weltmeister im Einzel- sowie im Teamzeitfahren. Der Tour-Zweite von 2018 wechselte 2020 vom Team Sunweb zu Jumbo-Visma, wo er nur noch einer von mehreren Kapitänen war. Vor allem aber hatte Dumoulin großes Sturzpech und nahm sich schließlich zu Beginn des Jahres 2021 eine Auszeit vom Profi-Radsport. Es hatte durchaus etwas von Sinnkrise, denn der Niederländer verkündete, in der Auszeit darüber nachzudenken, ob er überhaupt noch Berufsradfahrer sein wollte. Er wollte, kehrte im Juni zur Tour de Suisse zurück und holte im Juli bei den Olympischen Spielen in Tokio Silber im Zeitfahren. **Wilco Kelderman**, seit 2020 Kapitän im Team BORA-hansgrohe, und **Steven Kruijswijk** sind stets Kandidaten für die Top Ten bei großen Rundfahrten. Kruijswijk wurde 2019 sogar Dritter bei der Tour. Einziger Weltklassesprinter der Niederländer ist **Fabio Jakobsen**, der nach seinem schweren Sturz 2020 bei der Polen-Rundfahrt im Jahr darauf ins Peleton zurückkehrte und drei Etappen bei der Vuelta gewann. Einer der wertvollsten Edeldomestiken im Peleton ist **Dylan van Baarle**, der im Straßenrennen der WM 2021 ausnahmsweise auf eigene Kappe fahren durfte und prompt Vizeweltmeister wurde. 2022 gewann der INEOS-Profi mit Paris-Roubaix sein erstes „Monument". Und immer noch zur Weltspitze zählt auch der Routinier **Bauke Mollema**, 2019 Sieger bei der Lombardei-Rundfahrt und zweifacher Tour-Etappensieger.

Neben den Überfliegern van Aert und Evenepoel mischen ihre belgischen Landsleute **Jasper Stuyven**, Überraschungssieger von Mailand-San Remo 2020, die Sprinter **Jasper Phillipsen** und **Tim Merlier** sowie die Allrounder und Klassikerjäger **Yves Lampaert, Dylan Teuns, Tiesj Benoot** und **Tim Wellens** in der erweiterten Weltspitze mit. Altmeister und Olympiasieger von 2016, **Greg Van Avermaet**, dürfte seinen Zenit hingegen überschritten haben.

Der Schweizer **Marc Hirschi** war der Shootingstar des Jahres 2020, gewann den Flèche Wallonne, eine Etappe bei der Tour und wurde Zweiter bei Lüttich-Bastogne-Lüttich. Nach seinem Wechsel zum UAE Team Emirates zur Saison 2021 ist er einer der wichtigen Helfer für Tadej Pogačar. **Stefan Küng** ist einer der weltbesten Zeitfahrer, gewann 2020 WM-Bronze im Einzelzeitfahren, nachdem er im Jahr davor überraschend Dritter im Straßenrennen geworden war. Seinen großen Traum, Gold im WM-Zeitfahren zu holen, konnte sich der Eidgenosse bislang nicht erfüllen: 2021 wurde der amtierende Zeitfahr-Europameister „nur" WM-Fünfter. Ein ähnlich guter Zeitfahrer ist **Stefan Bissegger,** während Landsmann **Gino Mäder** ein starker Kletterer und ein kommender Mann fürs Podium bei den Grands Tours ist. 2021 gewann er schon mal eine Etappe beim Giro und beschloss die Vuelta als Gesamtfünfter.

Das kleine Dänemark, 2022 Ausrichter des Grand Départ der Tour de France, hat eine ganze Reihe von herausragenden Fahrern. **Jonas Vingegaard** wurde als Nobody bei der Tour de France 2021 Gesamtzweiter und gilt vielen Experten als der Einzige neben Egan Bernal, der Tadej Pogačar in Zukunft bei den großen Rundfahrten Paroli bieten kann. **Mads Pedersen** gewann 2019 in Yorkshire den WM-Titel im Straßenrennen, **Søren Kragh Andersen** 2020 zwei Etappen bei der Tour und **Kasper Asgreen** 2021 die Flandern-Rundfahrt. Und **Jakob Fuglsang** gewann in seiner Karriere mit Lüttich-Bastogne-Lüttich im Frühjahr 2019 sowie der Lombardei-Rundfahrt im darauf folgenden Jahr gleich zwei Monumente.

Der Norweger **Alexander Kristoff** zählt mit Mitte 30 immer noch zu den sprintstärksten Männern; einst reiner Sprinter, ist er längst zum Klassikerjäger geworden und gewann im Laufe seiner Karriere mit Mailand-San Remo und der Flandern-Rundfahrt zwei Monumente des Radsports. Außerdem ist der mehrfache Tour-de-France-Etappensieger mit vier Siegen der Rekordhalter beim deutschen WorldTour-Rennen Rund um den Finanzplatz Eschborn-Frankfurt. Kristoffs Landsmann **Odd Christian Eiking** überraschte, als er bei der Vuelta 2021 vorübergehend das Rote Trikot des Gesamtführenden übernahm und am Ende Elfter wurde.

Von den US-Amerikanern fährt **Sepp Kuss** in der Weltspitze mit. Er ist allerdings einer der Edeldomestiken von Primož Roglič im Team Jumbo-Visma und muss deshalb seine eigenen Ambitionen bei großen Rundfahrten zurückstellen. Das hielt ihn jedoch nicht davon ab, 2019 eine Etappe bei der Vuelta und 2021 eine bei der Tour zu gewinnen. **Brandon McNulty** hingegen ist wichtiger Helfer für Pogačar bei UAE Team Emirates. Der Kanadier **Michael Woods** war einst erfolgreicher Leichtathlet, ehe er umsattelte. Immer, wenn es besonders hart und steil wird, ist der Mann von Israel Start-Up Nation dabei.

Die Australier haben mit **Richie Porte** einen der weltbesten Rundfahrer, der 2020 Dritter bei der Tour de France war. Nach seiner Rückkehr zu INEOS im Jahr 2021 schlüpfte er allerdings wieder in die Rolle des Edelhelfers, die er zuvor von 2012 bis 2015 schon beim Team Sky bekleidet hat. **Michael Matthews**, Spitzname „Bling" wegen seiner Vorliebe für Goldkettchen und schicke Sportwagen, ist kein reiner Sprinter. Eher ein Typ wie Peter Sagan, der sich bei Klassikern und bei schweren Sprintankünften wohlfühlt. Mathews hat bei allen drei Grands Tours mindestens zwei Etappen gewonnen. **Ben O'Connor** fuhr mit seinem Etappensieg 2020 beim Giro erstmals ins Rampenlicht, bei der Tour de France 2021 verpasste der Kletterer als Gesamtvierter das Podium nur knapp. Landsmann **Jack Haig** ist ähnlich stark am Berg und schaffte, was O'Connor nicht gelang: 2021 wurde der Bahrain-Profi Dritter bei der Vuelta. **Jay Hindley** wurde 2020 überraschend Gesamtzweiter beim Giro, 2021 trat der Rundfahrspezialist kaum in Erscheinung. BORA-hansgrohe glaubte dennoch an seine Qualitäten und verpflichtete den „Aussie" zur Saison 2022. Einer der weltbesten Sprinter, 2020 gar das Maß aller Dinge auf den Zielgeraden, ist **Caleb Ewan.** Drei Etappensiege bei der Vuelta und fünf beim Giro sowie bei der Tour stehen für den kleinen Sprinter aus Australien zu Buche. 2021 bei der Tour war er der Topfavorit aufs Grüne Trikot, stürzte aber bereits auf der vierten Etappe schwer und musste das Rennen aufgeben. Einziger Weltklasse-Profi aus Neuseeland ist der kletterstarke **George Bennett**, 2020 Zweiter bei der Lombardei-Rundfahrt und Edelhelfer bei Jumbo-Visma.

Dritter Weltklasse-Profi aus Slowenien, neben Roglič und Pogacar, ist Matej Mohorič, der Etappen bei Giro und Tour gewann. Bester österreichischer Radprofi ist **Patrick Konrad**, der schon mehrfach bei Giro und Vuelta unter die Top Ten fuhr. Der Pole **Michał Kwiatkowski**, Weltmeister von 2014, ist nach wie vor ein enorm wichtiger Mann im Team INEOS-Grenadiers. Einziger portugiesischer Rennfahrer von Weltklasse ist der kletterstarke **João Almeida**, bei Deceuninck Quick-Step der Kapitän für die großen Rundfahrten.

Alexander Vlasov ist der beste russische Rundfahrer, wurde 2021 beim Giro d'Italia Gesamtvierter und wechselte zur Saison 2022 zum deutschen Rennstall BORA-hansgrohe. Ebenfalls ein Rundfahrtspezialist ist **Pavel Sivakov**, Gesamtsieger der Polen-Rundfahrt 2019 und ansonsten Edelhelfer im Team INEOS-Grenadiers.

13.2 DIE AKTUELLEN DEUTSCHEN RADPROFIS

Es folgen Porträts der noch aktiven deutschen Rennfahrer, die in der WorldTour mitmischen. Deutsche Radsportlegenden wie Josef Fischer, Rudi Altig oder auch Erik Zabel haben ihren Platz ebenfalls im Buch „Die Legenden des Radsports" aus dem Verlag Meyer & Meyer.

John Degenkolb

„Dege", wie der gebürtige Thüringer John Degenkolb in der Szene genannt wird, ist einer der wenigen deutschen Profis, der zwei Monumente des Radsports gewinnen konnten – und das auch noch in einer Saison. Im März 2015 sprintete John Degenkolb bei Mailand-San Remo zum Sieg, wenige Wochen später triumphierte er bei Paris-Roubaix, seinem erklärten Lieblingsrennen. Das Rennen über die gefürchteten Kopfsteinpflasterpassagen im Norden Frankreichs müsse man sich so vorstellen, sagte Degenkolb einst: „Es ist, als würde man die ganze Zeit gegen einen Bordstein fahren." Er liebt das Rennen durch die „Hölle des Nordens" dennoch und die Franzosen lieben ihn. Sonst hätten sie nicht 2020 einen der Kopfsteinpflaster-Sektoren nach ihm benannt. Diese Ehre wurde noch nie einem aktiven Profi zuteil, zudem wurde noch nie ein Pavé-Sektor nach einem Profi benannt, der nicht aus Frankreich stammt. Degenkolb, der nach einem schweren Unfall 2016 lange brauchte, um wieder zu gewohnter Stärke zurückzukehren, zählt zudem zu der illustren Schar an Profis, die bei allen drei Grands Tours mindestens eine Etappe gewinnen konnten.

Emanuel Buchmann

2015 bei den Deutschen Meisterschaften kannte so gut wie kein Mensch den kleinen, schmächtigen Kerl, der da völlig überraschend das Straßenrennen der Elite gewann. Emanuel Buchmann vom Team BORA-Argon 18, dem Vorgänger des deutschen WorldTour-Teams BORA-hansgrohe, sollte aber nicht lange brauchen, um sich einen Namen zu machen. Im selben Jahr schaffte der Kletterkünstler es, als Debütant bei einer Tour-de-France-Etappe aufs Podium zu fahren. Und wie das in Deutschland so ist: Kaum kommt einer richtig gut die Berge hoch, werden auch schon Vergleiche zu Jan Ullrich gezogen und die Erwartungen werden allzu hoch geschraubt. Buchmann belegte 2016 Platz 21 und 2017 Platz 15 im Gesamtklassement der Tour, 2018 sollte er erstmals als alleiniger Kapitän eine Grand Tour bestreiten, allerdings bei der Vuelta a España.

Das mit der Führungsrolle im Team ist nicht so die Sache des zurückhaltenden Oberschwaben und Platz 11 im Gesamtklassement sorgte auch nicht gerade für Euphorie. Das Magazin TOUR schrieb einmal über Buchmann, der in Interviews am liebsten nur mit „Ja" oder „Nein" antwortet: „Für ihn ist wohl nicht der Weg zum Gipfel das Anstrengendste, sondern die Fragen im Ziel." Doch dann kam die Tour 2019. Buchmann war noch immer keine eloquente Plaudertasche geworden, aber er war angekommen in der absoluten Weltklasse. Der BORA-hansgrohe-Profi verpasste als Gesamtvierter der Tour de France das Podium in Paris nur knapp und kannte nur ein Ziel: 2020 wollte er es schaffen. Buchmann präsentierte sich nach der coronabedingten Zwangspause im Spätsommer in Topform beim Critérium du Dauphiné, bis er stürzte und sich schwere Prellungen zuzog. Die Teilnahme an der Tour war akut gefährdet. Buchmann startete schließlich in Frankreich, war aber keineswegs im Vollbesitz seiner Kräfte, musste früh abreißen lassen und „wurschtelte" sich irgendwie bis Paris durch, wo er Platz 38 belegte und damit weit weg war vom Ziel seiner Träume. Beim Giro 2021 kam er im Laufe der Rundfahrt immer besser in Schwung, ehe er erneut stürzte und aufgeben musste. Bei der Tour im Sommer des Jahres war Emanuel Buchmann nur noch Helfer des neuen BORA-Kapitäns Wilco Kelderman und landete selbst auf Rang 33 im Gesamtklassement.

Maximilian Schachmann

Mehr Allrounder geht kaum: Maximilian Schachmann kann sprinten, er ist gut im Zeitfahren, also auch ein vorzüglicher „Rouleur", er kann im Hochgebirge lange mithalten mit den besten Kletterern und ist bei Eintagesrennen mit hügeligem Profi – wie bei den Ardennenklassikern – enorm stark. Schachmann machte als U23-Fahrer zunächst als exzellenter Zeitfahrer auf sich aufmerksam, holte 2015 und 2016 bei den „Espoirs" jeweils WM-Silber im Einzelzeitfahren. Seine ersten beiden Jahre in der WorldTour, 2017 und 2018, fuhr der gebürtige Berliner für das belgische Team Quick-Step Floors. Doch erst nach seinem Wechsel 2019 zu BORA-hansgrohe startete „Schachi" so richtig durch. Er gewann drei Etappen bei der Baskenland-Rundfahrt und katapultierte sich selbst direkt in die Weltklasse mit den fünften Plätzen beim Amstel Gold Race und beim Flèche Wallonne im Frühjahr des Jahres sowie mit Rang drei bei Lüttich-Bastogne-Lüttich. Bei seiner ersten Teilnahme an der Tour de France im Trikot des deutschen Meisters verpasste er nicht nur den angestrebten Etappensieg, er musste das Rennen nach dem Einzelzeitfahren während der 13. Etappe aufgeben. Schachmann war mit hohem Tempo in ein Absperrgitter gerast und brach sich den Mittelhandknochen sowie drei Finger. Im Februar des darauf folgenden Jahres feiert er seinen bislang größten Sieg, als er die Fernfahrt Paris-Nizza gewann, das letzte Rennen vor dem coronabedingten Zwangspause im internationalen Radsport. Den Etappensieg bei der Tour verpasste er erneut; dass er zur Weltspitze gehört, bewies der Alllrounder im WM-Straßenrennen 2020, wo er als Neunter unter den Top Ten landete. 2021 sah Titelverteidiger Schachman wie der sichere Zweite bei Paris-Nizza aus – zu dominant war Primož Roglič. Doch dann stürzte der Slowene auf der letzten Etappe gleich zweimal, Schachmann war der Nutznießer und siegte als erster deutscher Radprofi zum zweiten Mal in Folge bei der Fernfahrt durch Frankreich. Der gebürtige Berliner präsentierte sich erneut stark bei den Frühjahrsklassikern und erklärte bald, dass er 2021 auf die Tour de France verzichten wolle, um sich voll auf das Straßenrennen bei den Olympischen Spielen in Tokio zu konzentrieren. Schachmann lag die Strecke mit ihren mehr als 5.000 Höhenmetern, er hatte sich akribisch vorbereitet und akklimatisiert. Lange zählte er zur Spitzengruppe, erst fünf Kilometer vor dem Ziel musste er reißen lassen und wurde Zehnter. Bei der WM 2021 in Flandern stürzte er und gab das Rennen vorzeitig auf.

Lennard Kämna

Noch einer, den die Medien in Deutschland zum neuen Jan Ullrich hochschrieben. Lennard Kämna, in Fischerhude bei Bremen geboren und auf dem Sportinternat in Cottbus ausgebildet, fuhr im Junioren- und im U23-Alter ganz vorne mit. Er wurde 2014 Juniorenweltmeister und Juniorenеuropameister im Einzelzeitfahren, 2016 U23-Europameister. 2017, inzwischen in Diensten des WordTour-Teams Sunweb, wurde der damals gerade erst 21 Jahre alte Norddeutsche Weltmeister im Teamzeitfahren der Elite, im Straßenrennen der U23-Klasse im norwegischen Bergen holte er Silber. 2018 sollte seine Zeit gekommen sein, in die Weltklasse aufzusteigen. Doch es wurde ein Jahr, in dem sich Kämna selbst Zeit nahm, nämlich eine längere Auszeit vom Profi-Radsport. Eine kluge Entscheidung des Youngsters, der die Pause nutzte, um mithilfe einer Sportpsychologin „den Kopf gerade zu bekommen", wie er sich ausdrückte. Denn Kämna kam nach der Pause mental und körperlich gestärkt zurück. Er fuhr 2019 seine erste Tour de France und stellte in der dritten Woche selbst ein wenig überrascht fest, dass er mit den Besten der Welt im Hochgebirge mithalten konnte. Kämna, der im Alter von 23 Jahren immer noch als Talent gelten dürfte, wechselte zur Saison 2020 zum Team BORA-hansgrohe und überzeugte nach der coronabedingten Zwangspause mit einem Etappensieg beim Critérium du Dauphiné. Nur einige Wochen später erfüllte er sich den Traum, den jeder Rennfahrer träumt: Lennard Kämna gewann eine Etappe bei der Tour de France. Auf dem 13. Tagesabschnitt war er noch Zweiter geworden, auf der 16. Etappe machte er alles richtig, ließ seinen Mitausreißer Richard Carapaz förmlich stehen und reihte sich in die Riege der deutschen Etappensieger bei der Tour de France ein. Und nur weil er zu Beginn der Tour mehrfach stürzte, reichte es am Ende „nur" zu Platz 33 in der Gesamtwertung. Für 2021 ruhten die Hoffnungen der deutschen Fans auf dem sympathischen Youngster. Kämna gewann im März des Jahres eine Etappe bei der Katalonien-Rundfahrt – um danach mehr oder minder in der Versenkung zu verschwinden. Erneut war Kämna krank geworden, trainierte aber weiter und fuhr trotz Erkrankung im Mai die Algarve-Rundfahrt. Danach ging gar nichts mehr. Der übermotivierte Kämna wurde richtig krank und fuhr 2021 schließlich kein einziges Rennen mehr. Im Oktober gab er dem Weser-Kurier ein ausführliches Interview, in dem er unter anderem sagte: „Ich habe es verpasst, mich für andere Dinge zu öffnen, andere Interessen zu entwickeln. Ich habe die Zeit, in der ich aus meinem Tunnel als Leistungssportler rausmusste, nicht gut verkraftet."

Pascal Ackermann

Marcel Kittel hatte seine Karriere beendet, André Greipel hatte nicht mehr die Beine, um den weltbesten Sprintern Paroli zu bieten. Doch schon ging ein neuer Stern am deutschen Sprinterhimmel auf: Pascal Ackermann wechselte 2017 zum deutschen Vorzeige-Rennstall BORA-hansgrohe und musste sich zunächst an das Tempo in der WorldTour gewöhnen. Es dauerte bis 2019, ehe der Pfälzer die ersten nennenswerten Erfolge im internationalen Radsport einfahren konnte. 2019 dann beim Giro d'Italia war Ackermann in der Weltklasse angekommen. Der Sprinter sicherte sich den Sieg auf der zweiten Etappe sowie auf Tagesabschnitt Nummer fünf und gewann am Ende nach drei weiteren Podestplätzen als erster Deutscher überhaupt in der mehr als 100-jährigen Geschichte der Italien-Rundfahrt das lilafarbene Trikot des Punktbesten. 2020 gewann er bei seinem ersten Start bei der Vuelta a España zwei Etappen. Es fehlte also nur noch ein Sieg bei der Tour de France, für die Ackermann bis dato aus taktischen Gründen noch nicht nominiert worden war. 2021 dann sollte es endlich so weit sein. Doch nachdem der Pfälzer in der ersten Jahreshälfte nicht gerade zu überzeugen wusste, wollte BORA-hansgrohe-Teamchef Ralph Denk sein Versprechen dann doch nicht mehr einhalten. Ackermann war sauer und enttäuscht; die Nachricht, dass der Sprinter das Team wechseln würde, ließ nicht lange auf sich warten. Anfang August 2021 stand fest, dass Ackermann ab 2022 für das UAE Team Emirates an den Start gehen wird. Im Trikot von BORA gewann er 2021 unter anderem noch eine Etappe bei der Deutschland Tour; in der Gesamtwertung wurde er Zweiter.

Simon Geschke

Der gebürtige Berliner Simon Geschke ist kein absoluter Weltklasse-Rennfahrer, aber er ist ein Typ. Einer, der eine klare Meinung hat und sie auch äußert. Einer, der schon äußerlich auffällt – zumindest seit er seinen markanten Hipster-Vollbart trägt. Und außerdem ist Simon Geschke einer der deutschen Profis, die im Laufe ihrer Karriere eine Etappe bei der Tour de France gewinnen konnten. Vorgesehen war das eigentlich nicht. Der Berliner war 2015 nur noch ins Tour-Aufgebot seines damaligen Rennstalls Giant Alpecin gerutscht, weil die sportliche Leitung

Marcel Kittel wieder aus dem Aufgebot gestrichen hatte. Und dann fuhr Geschke auf der sechzehnten Etappe plötzlich ganz alleine an der Spitze. Er musste am Ende der schweren Bergetappe von Digne nach Pra-Loup noch reichlich zittern, doch schließlich reichte es. Geschke, eigentlich treuer Helfer und Wasserträger für seine Kapitäne, hatte eine Etappe beim wichtigsten Radrennen der Welt gewonnen – und konnte es selbst nicht glauben. Mit Tränen in den Augen gab der Überraschungssieger im Zielbereich seine Interviews –, um danach wieder das zu machen, was er am besten kann: ein loyaler, kletterstarker Helfer zu sein, der mit seiner menschlichen Art und seiner inzwischen großen Erfahrung als Profi in all seinen folgenden Teams eine wichtige Rolle einnahm. Geschke tat dies 2017 und 2018 im Team Sunweb, die beiden darauf folgenden Jahre beim CC Team und ab 2021 bei Cofidis. Im Sommer des Jahres war er als Mitglied des BDR-Nationalteams als wichtiger Helfer bei der Mission Gold von Maximilian Schachmann im olympischen Straßenrennen vorgesehen. Doch dann erkrankte der inzwischen 35-Jährige vor Ort an Corona und musste in Quarantäne. Geschke war zweifach geimpft und konnte sich den positiven Test deshalb nur schwer erklären. Der Profi hatte so gut wie keine Symptome und leidet auch nicht unter Spätfolgen der Infektion.

Roger Kluge

Roger Kluge ist der erfolgreichste deutsche Profi des neuen Jahrtausends – wenn man Bahn und Straße zusammennimmt. Der Mann aus Eisenhüttenstadt schaffte es, wie sonst kaum ein Profi, seine Liebe zum Bahnradsport aufrechtzuerhalten und gleichzeitig gutes Geld in der WorldTour zu verdienen. Bereits 2008 holte Kluge Olympiasilber im Punktefahren und WM-Silber im Madison an der Seite von Olaf Pollack. Zwei Jahre später wurde er Europameister im Omnium und 2016 schließlich Vizeweltmeister in derselben Disziplin. Und Kluge brachte das Kunststück fertig, im selben Jahr eine Etappe beim Giro d'Italia zu gewinnen. Der prestigeträchtige Sieg half ihm, für 2017 ein neues Team zu finden. Beim australischen Rennstall Orica-Bike Exchange (später Mitchelton-Scott) sollte der tempoharte Kluge für Caleb Ewan die Sprints anziehen. Das klappte im Verlauf der Jahre immer besser, und Roger Kluge durfte sich häufig auch ein bisschen als Sieger fühlen, wenn er den endschnellen Supersprinter auf der Zielgeraden abgeliefert hatte und der das perfekt funktionierende Teamwork vollendete. So fuhr das Duo Kluge/Ewan später auch für Lotto-Soudal Siege beim Giro, bei der Tour und bei der Vuelta ein. Seine definitiv größten Erfolge überhaupt feierte Roger Kluge allerdings in den Jahren 2018 und 2019. An der Seite von Theo Reinhardt gewann der Eisenhüttenstädter im März 2018 im niederländischen Apeldoorn den Weltmeistertitel im Madison, 2019 verteidigten die beiden ihren Titel im polnischen Pruszków erfolgreich, 2020 in Berlin holten die beiden BDR-Athleten Bronze.

Nils Politt

Nils Politt erkennt man eigentlich immer auf Anhieb im Peleton. Denn das Markenzeichen des gebürtigen Kölners im Rennen sind seine gefletschten, weißen Zähne. Das passt zu Politt, denn der lang aufgeschossene Profi ist ein Kämpfer par excellence. Politt ist ein Rouleur, ein Klassikerspezialist und zudem ein guter Zeitfahrer. Bereits als Sechsjähriger fuhr er seine ersten Kinderrennen, später als Junior war er erfolgreich auf der Straße und auf der Bahn, ehe er zur Saison 2016 einen Profivertrag beim Team Katusha-Alpecin unterschrieb. Den absoluten Durchbruch schaffte Politt im Frühjahr 2019, als er bei Paris-Roubaix auf Platz zwei fuhr. Nur der Belgier Philipp Gilbert war schneller in der „Hölle des Nordens". Dass Politt über einen extrem großen „Motor" verfügt, hatte er bereits einige Wochen zuvor als Fünfter bei der Flandern-Rundfahrt bewiesen. Fortan zählte Politt bei den Klassikern zum erweiterten Favoritenkreis, im ersten Coronajahr 2020 jedoch lief es nicht optimal für Politt, der quasi aus der Katusha-Alpecin-Konkursmasse vom Team Israel Start-Up Nation übernommen worden war – zumal auch noch sein Lieblingsrennen Paris-Roubaix über die gefürchteten „Pavés" im Norden Frankreichs aufgrund der Pandemie ausgefallen war. Seinen bislang größten Sieg feierte Politt dann im Sommer 2021, als ihm bei der Tour de France ein Etappensieg gelang. Der Deutsche, seit 2021 für BORA-hansgrohe am Start, befand sich auf der zwölften Etappe nach Nîmes in einer Fluchtgruppe; zwölf Kilometer vor dem Ziel schaute er seine Mitstreiter einmal kurz an, dann ließ er sie mit einem trockenen Antritt quasi stehen und zog bis ins Ziel durch. Im September gewann Politt dann in ähnlicher Manier die dritte Etappe der Deutschland Tour und sicherte sich schließlich in Nürnberg den Gesamtsieg der Rundfahrt. Nachdem er im WM-Straßenrennen ebenfalls einiges probierte und am Ende auf Rang 16 landete, stand für Politt noch Paris-Roubaix an, das aufgrund von Corona vom Frühjahr auf den Herbst verschoben worden war. Als einer der Mitfavoriten gab der Kölner das Rennen nach mehreren Stürzen vorzeitig auf.

Weitere deutsche Profis in der WorldTour

Weitere deutsche Profis, die in den vergangenen Jahren mit guten Ergebnissen oder zumindest mit couragierten Auftritten in der WorldTour auf sich aufmerksam machten, sind **Jonas Rutsch** (EF Education Nippo), der 2021 seine erste Tour de France fuhr und **Georg Zimmermann** (Intermarché-Wanty-Gobert Matériaux), der bereits 2020 mit Platz 21 bei der Vuelta überzeugt hatte. Teamkollege von Zimmermann ist **Jonas Koch**, deutscher Vizemeister des Jahres im Straßenrennen, der 2022 zu BORA wechselte.

Rüdiger Selig war als Anfahrer bei BORA-hansgrohe enorm wichtig für Topsprinter Ackermann; ab 2022 fährt er für Lotto Soudal, genau wie **Michael Schwarzmann**, während **Andreas Schillinger** seine Karriere Ende 2021 beendete. Sprinter **Jannik Steimle** fährt für das belgische Top-Team Deceuninck Quick-Step. Zeitfahrspezialist **Jascha Sütterlin** wechselte zur Saison 2022 von DSM zu Bahrain-Victorious, während Allrounder **Nico Denz** und **Nikias Arndt** weiterhin für den deutsch-niederländischen Rennstall fahren. Arndt, der bei DSM die Rolle des Road Captain innehat, holte 2021 bei der WM in Flandern mit der Mixed-Staffel des BDR die Goldmedaille. An seiner Seite fuhr der 1,99-Meter-Schlaks **Max Walscheid** (Team Qhubeka NextHash), der sich im Laufe der Jahre vom Sprinter zu einem erstklassigen Zeitfahrer gemausert hat, 2021 Weltmeister im Mixed-Relay wurde und anschließend bei Paris-Roubaix 2021 eine beeindruckende Vorstellung ablieferte und Zwölfter wurde. **Rick Zabel** war zuletzt (2021) Anfahrer bei Israel Start-Up Nation für **André Greipel** und bleibt mit Sicherheit ein guter Freund des einstigen Topsprinters. Ältester deutscher Radprofi 2021 bei einem WorldTour-Team war **Marcel Sieberg** (Bahrain Victorious), der Ende des Jahres seine aktive Karriere beendete. Jüngster deutscher Profi im WorldTour-Zirkus ist der Augsburger **Marco Brenner**, der als 17-Jähriger bereits einen Vertrag beim Team DSM unterschrieb und 2021 als 18-Jähriger seine ersten WorldTour-Rennen absolvierte.

Eine absolute Ausnahme unter den deutschen Radprofis ist **Anton Palzer**. Der Berchtesgadener war ein Weltklasse-Bergsteiger und -Bergläufer, ehe BORA-hansgrohe-Teamchef Denk auf die Idee kam, ihn zum Radsport zu holen. Denk hatte die überragenden Ausdauerwerte Palzers gesehen und dachte sich: Wenn Primož Roglič als Skispringer zum Radsport wechseln kann, dann kann der Bergsteiger Palzer das auch. Sein erstes Profi-Rennen, quasi von null auf hundert, fuhr Palzer bei der Tour of the Alps im April 2021 und landete bei seiner Premiere auf Platz 47. Seine erste Grand Tour bestritt der Bayer im Spätsommer des Jahres, als er bei der Vuelta a España antrat und das Ziel in Madrid auf Rang 102 als wichtiger Helfer erreichte.

★ 14 ★

A-Z DES RADSPORTS

Zahlreiche Fachbegriffe, Radsportjargon, merkwürdig anmutende Regeln und Kuriositäten: Hier werden Begriffe wie Supertuck-Position, Flandrien und Peleton kurz erklärt. Und Sie finden Wissenswertes zur Gefahr des Hungerasts, zur Arbeit der Rennkommissäre und zu Medien im Radsport.

A

ASO – Die Amaury Sport Organisation (ASO) wurde 1992 gegründet und ist ein Tochterunternehmen der Groupe Amaury, eines familiengeführten Medienunternehmens, zu dem unter anderem auch die französische Sportzeitung L'Équipe gehört. Die ASO ist jedoch nicht nur Veranstalter der Tour, sondern auch verantwortlich für zahlreiche wichtige Eintagesrennen, darunter Lüttich-Bastogne-Lüttich und Paris-Roubaix; aber auch für so unterschiedliche Veranstaltungen wie die Tour du Faso in Afrika und das Artic Race of Norway. Eine hundertprozentige Tochterfirma der ASO, die Agentur Unipublic, ist Ausrichter der Vuelta a España. Neben den Radsport-Events veranstaltet die ASO unter anderem die Rallye Paris-Dakar, den Paris-Marathon sowie verschiedene Reit- und Golfturniere.

Asthma – Beliebte Erkrankung bei Radsportlern, könnte man mit einer ordentlichen Portion Ironie sagen. Ständig tauchten und tauchen bis heute Rennfahrer auf, die angeben, dass sie unter Asthma leiden. Ausdauersportler neigen zwar dazu, an Asthma zu erkranken, aber Dopingexperten mutmaßen gleichwohl, dass sich viele Sportler ein Attest über diese chronische Lungenerkrankung erschlichen haben. Fahrer, die an Asthma erkrankt sind, dürfen bestimmte Mittel benutzen, die auf der Dopingliste stehen. Die Dosierung ist streng reglementiert, außerdem dürfen die Mittel lediglich inhaliert werden –, woran sich die Fahrer ganz offensichtlich nicht immer gehalten haben. Die vielleicht populärsten Fälle sind Chris Froome und Bradley Wiggins. Bei Wiggins wurde nachträglich festgestellt, dass er die Asthmamittel in deutlich höherer Dosierung bekommen hatte, als erlaubt und diese dadurch sehr wohl einen leistungssteigernden Effekt hatten. Während Wiggins das Kortikoid Triamcinolon verabreicht bekam, wurde bei Chris Froome 2017 ein deutlich erhöhter Wert des Asthmamittels Salbutamol im Urin festgestellt. Zweifelsohne ist jeder Dopingfall isoliert von anderen Fällen zu betrachten. Aber Froome wurde nicht gesperrt, durfte als Titelverteidiger an der Tour 2017 teilnehmen, während andere Fahrer für das gleiche Vergehen gesperrt wurden.

B

Beinrasur – Radprofis haben rasierte Beine. Da gibt es kein Vertun. Es gibt so gut wie keinen Profi im Peleton, der sich nicht an dieses ungeschriebene Gesetz hält. Rasierte Beine sind definitiv eine Art Markenzeichen des Radsports. Inwieweit es für „normale" rennradfahrende Männer Sinn macht, sich die Beine zu rasieren, steht auf einem ganz anderen Blatt. Angeführt werden in der Regel drei Argumente für die Beinrasur. Erstens: die aerodynamische Wirkung. Tatsächlich haben Versuche im Windkanal ergeben, dass das einen minimalen Vorteil gegenüber haarigen Beinen bringt; also durchaus sinnvoll für die Topathleten, wo es insbesondere beim Zeitfahren um Hundertstelsekunden geht.

Zweites Argument: Wunden verheilen nach Stürzen besser. Das kann man wegen der verringerten Infektionsgefahr auch durchgehen lassen. Drittens heißt es, glatt rasierte Beine ließen sich besser massieren, die nervigen Haarbalgentzündungen würden reduziert – und die Profis werden schließlich fast tagtäglich massiert. Die Argumente eins bis drei gelten also für die Berufsradfahrer. Für Hobbyfahrer deutlich weniger – und trotzdem haben viele von ihnen rasierte Beine. Es ist eine Art Erkennungszeichen, so etwas wie ein Stammesritual. Man macht es, weil es dazugehört – und weil man dazugehören will. Ob es nun wirklich so gut aussieht, wie die Rasierten unter den Rennradfahrern behaupten, ist eher Geschmackssache. Definitiv aber ist es ein absolut witziges Gefühl, wenn man erstmals mit frisch rasierten Beinen schwimmt – das sei nur mal am Rande erwähnt.

Belgischer Kreisel – Der Belgische Kreisel ist definitiv etwas aus der Abteilung für Fortgeschrittene. Es handelt sich dabei um ein kräftesparende Formationsfahren in einer Gruppe, bei der jeder Rennfahrer nur sehr kurz in der Führung ist und sich die restlichen Fahrer im Windschatten erholen können. Beim Belgischen Kreisel, bisweilen auch Belgische Reihe genannt, werden zwei Reihen gebildet, die in leicht unterschiedlichem Tempo nebeneinanderfahren. Der Wechsel erfolgt alle paar Sekunden von der schnelleren rechten zur langsameren linken Reihe in einer Art kreiselnden Bewegung. Wenn der Führende in der rechten Gruppe nach links ausschert, übernimmt der Zweitplatzierte die Führung und der bisher Führende lässt sich auf der linken Seite zurückfallen. Der ursprünglich letzte Fahrer der linken Reihe fährt im Moment des Führungswechsels an die letzte Position in der rechten Reihe. Um einen Belgischen Kreisel effektiv fahren zu können, sollten möglichst mindestens vier bis fünf Fahrer daran beteiligt sein. Im Idealfall sollten die Fahrer mehr oder minder gleich stark sein. Häufig nutzen gut funktionierende Fluchtgruppen den Belgischen Kreisel. Auch im Mannschaftszeitfahren wird bisweilen auf diese Art und Weise gekreiselt. Wenn sich eher unerfahrene Hobbyfahrer am Belgischen Kreisel versuchen, verleitet das sehr häufig dazu, so schnell zu fahren, dass schon bald bei einigen aus der Gruppe die Luft raus ist – obwohl der Kreisel ja eigentlich Kraft sparen soll.

Besenwagen – Im Besenwagen möchte niemand landen. Der Besenwagen ist das Fahrzeug ganz am Ende des Konvois der Begleitfahrzeuge. Der Besenwagen sammelt all jene Fahrer ein, die das Rennen aufgeben müssen, aus welchen Gründen auch immer. In der Regel sind das Fahrer, die aufgrund von Verletzungen, Erkrankungen oder schlicht vor Erschöpfung aussteigen. Aber auch jene, bei denen bereits während des Rennens feststeht, dass sie die vorgegebene Karenzzeit nicht schaffen werden. Im Besenwagen hat der Fahrer seine Startnummer abzugeben und ist ab dem Moment raus aus dem Rennen. Es haben sich reichlich Dramen abgespielt an den Besenwagen, die bei der Tour de France seit 1910 eingesetzt werden und traditionell tatsächlich mit Reisigbesen „geschmückt" waren. Woher der Begriff stammt, dürfte nicht schwer zu erraten sein. Vom Besenwagen – im Französischen „voiture-balai" – werden eben all jene von der Straße „gefegt", die den Anforderungen des Rennens nicht mehr gewachsen sind. Heutzutage, mit den modernen Kommunikationsmöglichkeiten, ist es nicht mehr zwingend notwendig, auf den Besenwagen zu warten. Ein Fahrer, der das Rennen aufgeben muss, kann auch in eines der Teamfahrzeuge steigen, sofern die Rennkommissäre darüber informiert werden.

Bonussekunden – Die Organisatoren einer Rundfahrt können eigenständig darüber entscheiden, bei den Etappenankünften (außer Zeitfahren) Bonussekunden zu vergeben. Bei der Tour de France 2021 beispielsweise gab es Zeitgutschriften von zehn Sekunden für den Etappensieger, sechs Sekunden für den Zweiten und vier Sekunden für den Drittplatzierten. Außerdem wurden an Zwischenwertungen während einiger Etappen („Point Bonus") noch einmal acht, fünf und zwei Sekunden gutgeschrieben.

Bräunungskante – Viele Menschen legen in der Regel Wert darauf, dass sie möglichst nahtlos braun werden. Rennradfahrer haben damit nichts im Sinn. Im Gegenteil; sie kultivieren ihre Bräunungskanten an den

Armen und an den Beinen. Und sie achten peinlichst genau darauf, dass sich dieser Kontrast zwischen sehr bleich und knackebraun möglichst messerscharf abzeichnet. Wer nicht Rennrad fährt, findet in der Regel, dass das hochgradig albern oder gar extrem bescheuert aussieht. Aber gerade auch für Hobbyfahrer ist die Bräunungskante eine Art Zeichen, dass er dazugehört und es ist natürlich auch ein Nachweis, dass man schon reichlich Trainings- oder Rennkilometer zurückgelegt hat. Es soll sogar Leute geben, die sich in ihren Radklamotten auf die Terrasse legen, um sich die bestmöglichen Bräunungskanten zuzulegen ...

Brevet – Brevets sind definitiv etwas für Radsportverrückte. Wohlgemerkt für absolut fitte Radsportverrückte. Brevets (Französisch: Prüfung) sind keine Rennen im eigentlichen Sinne, aber dafür müssen die Teilnehmer brutal lange Strecken in einem gewissen Zeitlimit zurücklegen. Man kann sich selbst als ambitionierter Rennradler kaum vorstellen, was diese Randonneure (so nennt man die Langstrecken-Rennradler auch) dort leisten – als Otto-Normal-Radler schon gar nicht. Die Strecke muss mindestens 200 Kilometer lang sein, damit sich eine solche Veranstaltung Brevet nennen darf. Häufig sind sie aber 300 km, 400 km, 600 km oder noch länger. Die inoffizielle Weltmeisterschaft der Brevet-Spezialisten ist Paris-Brest-Paris (ursprünglich eines der ältesten Profirennen), bei dem mal eben die Strecke von 1.220 Kilometern absolviert werden muss. Und das bitteschön mehr oder minder am Stück. Nur wer unter 90 Stunden bleibt, hat die Prüfung bestanden. Die Schnellsten schafften es bereits nach etwas mehr als 40 Stunden zurück in die französische Hauptstadt.

Für die Mutter aller Brevets muss man den Nachweis erbringen, bereits andere Brevets im Bereich von mehreren hundert Kilometern gefahren zu sein. Geschlafen wird bei diesen Langstreckenfahrten grundsätzlich wenig, gefahren wird auch nachts.

Die Hauptbeschäftigung bei solchen Mammutrennen besteht aus Treten und Essen, Treten und Essen und Treten und Essen. Die meisten Randonneure sitzen auf Marathon-Rennrädern, erlaubt sind bei Brevets aber auch andere Räder – außer E-Bikes natürlich. Organisiert wird das Brevet

Paris-Brest-Paris, das 2021 seinen 100. Geburtstag feierte, alle vier Jahre vom Audax Club Parisien (ACP). Im Englischen werden solche Veranstaltungen auch Audax genannt. Genau genommen ist ein Audax allerdings etwas anders geartet als ein Brevet. Während beim Brevet jeder sein eigenes Tempo fahren kann, wird bei den Audax-Events im geschlossenen Verbund mit einem vorgegebenen Tempo von 22,5 Stundenkilometern gefahren. Das Audax Paris-Brest-Paris findet alle fünf Jahre statt. Infos zu den Events in Deutschland findet man auf der Website der Audax Randonneurs Allemagne (www.audax-randonneure.de). Noch länger als das alle vier Jahre stattfindende Paris-Brest-Paris ist London-Edinburgh-London mit 1.400 Kilometern sowie 1001 Miglia Italia mit 1.600 Kilometern.

D

Drei-Kilometer-Regel – Bei Rundfahrten gilt inzwischen die sogenannte Drei-Kilometer-Regel. Diese besagt, dass Rückstände, die durch einen Sturz oder einen Defekt auf den letzten drei Kilometern einer Flachetappe entstehen, nicht gewertet werden. Die Fahrer werden dann zeitgleich mit den Fahrern gewertet, mit denen sie sich zum Zeitpunkt des Sturzes oder des Defekts in einer Gruppe befunden haben. Die Drei-Kilometer-Regel gilt weder für Zeitfahr-Etappen noch für Bergankünfte; bei Letzteren gibt es zum Teil die Ein-Kilometer-Regel, die genauso angewandt wird wie die Drei-Kilometer-Regel.

E

Everesting – Beim Everesting fährt ein Radfahrer so lange bergauf, bis er so viele Höhenmeter gesammelt hat, wie der Mount Everest hoch ist – also 8.848 Meter. Man muss nicht durchgängig bergauf fahren – was ja auch gar nicht möglich wäre –, aber man muss die Höhenmeter auf jeden Fall bei einer Ausfahrt bewältigen. Und es ist egal, wie lang der Anstieg ist. Während der Coronapandemie hat es einen wahren Everesting-Boom gegeben und Radprofis, Extremsportler und ambitionierte Hobbyfahrer haben sich weltweit ein „Battle“ geliefert, wer die 8.848 Höhenmeter am schnellsten schafft. Der ehemalige Tour-de-France-Sieger Alberto Contador stellte Mitte 2020 bei Segovia in Spanien mit rund siebeneinhalb Stunden einen neuen Rekord auf; im März 2021 brauchte der Ire Ronan McLaughlin beim Everesting in seiner Heimat 6:40:54 Stunden. Die Daten muss jeder „Everester“ oder jede „Everesterin“ bei Strava hinterlegen. „Erfunden“ hat das Everesting übrigens der Australier George Mallory. Er fuhr 1994 achtmal die Strecke hinauf zum 1.069 Meter hohen Mount Donna Buang östlich von Melbourne. Zu Ehren seines Großvaters George Herbert Leigh Mallory, der 1924 bei einer Expedition auf den Mount Everest ums Leben kam.

F

Flamme rouge Die „flamme rouge“ (rote Flamme) markiert in einem Rennen, dass die letzten 1.000 Meter angebrochen sind. Längst ist es nicht mehr nur ein roter, dreieckiger Lappen – wie erstmals bei der Tour de France 1906 –, sondern ein quer über die Straße gespanntes Banner oder ein mit Luft gefülltes Gebilde (so wie bei einer Hüpfburg), an dem die „flamme rouge“ angebracht ist. Und auf dem möglichst viel Platz für die Sponsorenlogos ist. Auf Deutsch hat sich der Begriff „Teufelslappen“ etabliert, den der einstige ARD-Radsportexperte Herbert Watterott erstmals während einer Tour-de-France-Übertragung in den 1980er-Jahren kreiert hatte. Bereits ab Kilometer 25 wird den Profis alle fünf Kilometer die Entfernung bis ins Ziel angezeigt, ab Kilometer 5 dann jeweils nach 1.000 Metern.

Flandrien – Radrennfahrer, die als „Flandriens“ bezeichnet werden, dürfen sich äußerst geehrt fühlen. Der Begriff steht für Fahrer, die nie aufgeben, die heroisch kämpfen wie ein Löwe, denen weder Regen, Hagel oder Temperaturen um den Gefrierpunkt etwas auszumachen scheint, die immer wieder versuchen, zu attackieren. Ursprünglich galt die Bezeichnung in der belgischen Hauptstadt Brüssel westflämischen Bauernsöhnen und Saisonarbeitern, die schwer schufteten, um ihre Familien zu ernähren.

Auch die Rennfahrer in früheren Zeiten mussten schuften; und dennoch war es für viele junge Männer aus der Provinz die lukrativere Alternative zur Arbeit auf dem Feld. Und so fanden sich in den frühen Jahren des Radsports tatsächlich einige dieser flämischen Bauern im Peleton wieder. Es waren Fahrer, schrieb der Radsport-Journalist Walter Rottiers einmal, die „ihre Räder im Hühnerstall hinter der Küche warteten". Einer von ihnen, der zu dieser im Radsport höchst ehrenvollen Bezeichnung kam, war Albéric „Briek" Schotte. Nach dem „Ijzeren Briek" (Eisernen Briek) wurden unter anderem auch Cyrille Van Hauwaert, Sylvain Maes, Freddy Maertens, Rik Van Steenbergen oder Johan Museuw von den Experten als Flandriens geadelt und von den Fans als solche verehrt.

G

Gruppetto – Das Gruppetto (italienisch für Grüppchen) bildet sich bei Rundfahrten aus den Fahrern, die dem Tempo der Spitzengruppe beziehungsweise dem Tempo des Peletons nicht mehr folgen können. Fast ausschließlich ist das der Fall bei Bergetappen. Und fast immer versammelt sich im Gruppetto die Weltelite der Sprinter. Das Windschattenfahren am Berg ist zwar nicht so effektiv wie in der Ebene, aber im Gruppetto zu fahren, macht auch in psychologischer Hinsicht eine ganze Menge aus. Hier unterstützen sich die Sprinter verschiedener Teams gegenseitig. Schließlich wollen sie alle im Rennen bleiben, denn die nächste Flachetappe kommt bestimmt...

Gute Beine – Gute Beine zu haben, ist die Grundvoraussetzung, um bei einem Rennen vorne dabei zu sein oder zumindest eine Topleistung zu bringen. Den Ausdruck gibt es definitiv nur im Radsport und er heißt übersetzt so etwas wie „in Form zu sein", beschreibt vielleicht sogar noch genauer die Tagesform des Rennfahrers. Wenn Radprofis nach einem Rennen bilanzieren, warum es nicht so gut gelaufen ist, dann ist die Standarderklärung, dass sie keine guten Beine gehabt hätten. Etwas irritierend ist die Formulierung des Eurosport-Experten Robert Bengsch, der diese Formulierung stets nur in der Einzahl gebraucht und davon spricht, dass Fahrer XY „heute kein gutes Bein" gehabt habe.

H

Hostessen – Jahrzehntelang gehörten sie zum Bild der Siegerehrungen im Radsport. Hostessen, deren Aufgabe in allererster Linie darin bestand, hübsch auszusehen, zu lächeln und mit den Radprofis Küsschen zu tauschen. Sie halfen beispielsweise bei der Tour de France noch den Profis in das entsprechende Jersey (gelb, gepunktet, grün oder weiß) und sie überreichten den Gewinnern Blumen und einen plüschigen Stofflöwen. Ansonsten kamen sie eher wie Dekorationsobjekte rüber – und genau das wird seit einigen Jahren immer wieder kritisiert. Eine Petition für die Abschaffung der weiblichen Tour-Hostessen unterschrieben mehrere zehntausend Menschen. Die jungen Frauen würden, so die Kritiker, als „hübsches Beiwerk" benutzt, ausschließlich auf ihr Aussehen reduziert und das sei sexistisch und keineswegs mehr zeitgemäß. Der Tour-Veranstalter ASO eierte eine Weile herum, pochte auf die Tradition, um dann ab 2020 auch männliche Hostessen bei den Siegerehrungen einzusetzen. Übergriffe oder deutlich sexistisches Benehmen der Fahrer hatte sich über all die Jahre, soweit man weiß, einigermaßen im Rahmen gehalten. 2013 fasste Peter Sagan einer Hostess an den Po, entschuldigte sich sofort danach für den peinlichen Ausfall. Noch übler war die Aussage des Belgiers Jan Bakelants, der 2017 erklärte, er würde auf jeden Fall Kondome mit zur Tour de France nehmen; man wisse ja nie, „wo sich diese Hostessen herumtreiben".

Hungerast – Ein Hungerast ist eines der Dinge, die man definitiv als Radsportler nicht erleben möchte. Dabei erlebt man einen plötzlichen, wie heftigen Leistungseinbruch. Nichts scheint mehr zu gehen, die Knie werden weich, der Kreislauf geht in den Keller, jede Pedalumdrehung wird zur Kraftanstrengung. Man beginnt zu zittern, es wird einem schwindelig und man bekommt obendrein Schweißausbrüche. Bei einem Hungerast sinkt der Blutzuckerspiegel dramatisch ab, sämtliche Kohlenhydratreserven aus den Muskelzellen und der Leber sind erschöpft. Durch die Entleerung des körpereigenen Glykogenspeichers sind die Muskeln quasi gezwungen, auf Fett und Blutglukose (Traubenzucker, gelöst im Blut) als Treibstofflieferanten umzusteigen. Ein Hungerast tritt dann ein, wenn ein Sportler vergessen hat, seine Kohlenhydratspeicher aufzufüllen. Denn die Glykogenspeicher in Muskeln und Leber reichen in der Regel bei extrem intensiven Belastungen rund 90 Minuten, dann muss aufgefüllt werden. Wer das verpasst, dem droht der „Mann mit dem Hammer", wie Sportler den Hungerast auch nennen. Abhilfe schaffen schnell verfügbare Kohlenhydrate, heutzutage werden diese zumeist in Gelform zu sich genommen. Traditionell greifen die Fahrer nach einem Hungerast auch zu Coca-Cola. Vielen Radsportfans in Deutschland ist der Hungerast von Jan Ullrich während der Tour de France 1998 in Erinnerung geblieben. Der Titelverteidiger fuhr in Gelb, als Marco Pantani attackierte. Während der Italiener den Anstieg zum Galibier hinaufflog, schien Ullrich stehen zu bleiben. Es war kalt und regnerisch, sowieso nicht sein Wetter, aber vor allem hatte er vergessen, sich rechtzeitig zu verpflegen. Ullrich sah aus wie der „Tod auf Latschen", als er sich den Schlussanstieg hinauf nach Les Deux Alpes quälte. Der Telekom-Kapitän verlor an diesem Tag fast neun Minuten auf Pantani und damit schließlich auch den Gesamtsieg.

J

Jedermann-Rennen – Noch vor der Jahrtausendwende hat sich im Radsport in Deutschland etwas entwickelt, das den Namen „Jedermann" trägt. Auf das Gendern wurde damals offensichtlich noch nicht so großen Wert gelegt, denn selbstverständlich – auch wenn sich das bescheuert anhört – gibt es auch Frauen unter den „Jedermännern". Immer mehr Rennradfahrer waren in den Zeiten des Radsportbooms nach dem Tour-de-France-Sieg Jan Ullrichs 1997 auf den Straßen unterwegs, viele waren ambitioniert und wollten Rennen fahren. Dazu brauchte es aber neben guten Beinen eine Lizenz des Bundes Deutscher Radfahrer. Vereinssport galt aber zusehends als uncool, die Leute wollten dennoch Radrennen fahren. Also rief man die sogenannten Jedermann-Rennen ins Leben, an denen Hobbysportler ohne Lizenz teilnehmen können. Gleichzeitig erkannten einige geschäftstüchtige Veranstalter, dass mit den Tausenden von Radsportenthusiasten gutes Geld zu verdienen war. Denn ohne Startgebühr kein Jedermann-Rennen. Inzwischen kostet beispielsweise die Teilnahme am 100-km-Jedermann-Rennen im Rahmen der Cyclassics in Hamburg zwischen 90 und 100 €. Im Verlauf der Jahre entstanden immer mehr Jedermann-Rennen auf den Strecken der klassischen Eintagesrennen, aber auch Jedermann-Versionen von großen Rundfahrten wurden ausgerichtet. Zudem gibt es Jedermann-Klassiker wie das Rennen bei „Rad am Ring" auf der Formel-1-Strecke am Nürburgring. An den größten Jedermann-Veranstaltungen in Deutschland, wie beispielsweise den Cyclassics in Hamburg, nehmen teilweise bis zu 20.000 Hobbysportler teil. Als größte Jedermann-Veranstaltung weltweit gilt die Cape Town Cycle Tour in Südafrika mir rund 35.0000 Teilnehmern. Gestartet wird auf verschieden langen, zumeist abgesperrten Strecken, auf denen häufig nach dem Jedermann-Event auch die Profis fahren. Die Hobbyathleten starten je nach Leistungsstärke in verschiedenen Blöcken. Sowohl lizensierte Elite-Amateure des BDR als auch Amateure dürfen bei Jedermann-Rennen starten, wobei sich der Veranstalter vorbehält, ob er Elite-Amateure (früher A- und B-Fahrer) zulässt. In Deutschland entwickelte sich langsam, aber sicher eine Jedermann-Szene, es wurden semiprofessionelle Teams gegründet, die unter anderem am German Cycling Cup (GCC) teilnehmen. Was zur Folge hatte, dass Individualisten kaum noch eine Chance hatten gegen die bestens organisierten Jedermann-Rennställe. Das Niveau bei den Jedermann-Rennen des German Cycling Cup ist jedenfalls enorm hoch. Der Schnitt der Spitzenfahrer bei einem Rennen des GCC liegt mit bisweilen weit über 40 km/h ähnlich hoch wie bei den Profis – wenngleich die Strecken deutlich kürzer sind. In der Regel gehört zu einem Jedermann-Rennen die Pasta-Party am Vorabend, auch die Verpflegung während des Rennens ist im Antrittsgeld enthalten.

K

Karenzzeit – Die Karenzzeit ist insbesondere für die Sprinter bei Rundfahrten so etwas wie ein Schreckgespenst. Ein Gespenst, das von Etappe zu Etappe wieder aufs Neue auftaucht – insbesondere während der schweren Bergetappen. Die Karenzzeit ist ein festgelegtes Zeitlimit, das den maximalen Rückstand festlegt, mit dem ein Fahrer auf den Tagessieger ins Etappenziel kommen darf. Wer aus der Karenzzeit (auch Kontrollschluss) fliegt, der scheidet in der Regel aus dem Rennen aus. Das Zeitlimit ist abhängig vom Profil bzw. vom Schwierigkeitsgrad der Etappe und vor allem von der gefahrenen Durchschnittsgeschwindigkeit. Zur Ermittlung der Karenzzeit dienen sechs verschiedenen Koeffizienten. Grob gesagt, dürfen die Nachzügler vier bis 20 Prozent mehr Zeit benötigen als der Sieger. So gilt beispielsweise bei einer eher leichten Flachetappe (Koeffizient 1), dass der Rückstand auf die Zeit des Siegers bei einem Schnitt von unter 36 km/h nicht mehr als vier Prozent betragen darf, bei einem Tempo von 44 bis 46 km/h hingegen darf er nicht größer als 10 Prozent sein. Bei extrem schweren Bergetappen wird noch einmal zwischen kurzen und langen Tagesabschnitten unterschieden. Aus der Karenzzeit bei langen Bergetappen fliegen diejenigen Nachzügler, die bei einer Durchschnittsgeschwindigkeit von über 36 km/h mehr als 18 Prozent mehr Zeit brauchen als der Tagessieger. Bei Zeitfahr-Etappen beträgt die Karenzzeit in der Regel 25 Prozent. Die Kommissäre bzw. die Renndirektoren können sich allerdings auch gnädig zeigen. Das passiert in der Regel bei Etappen mit sehr vielen Stürzen, bei extremen Wetterbedingungen oder auch, wenn es zu viele Fahrer wären, die die Karenzzeit nicht geschafft haben.

Knopf im Ohr – Wer sich als Laie ein Radrennen der Profis anschaut, der könnte sich glatt fragen, ob die Fahrer allesamt Musik hören während des Rennens. Das tun sie nicht, aber inzwischen fahren fast alle Rennfahrer in fast allen Rennen mit einem Knopf im Ohr, der sie mit den Teamchefs oder den sportlichen Leitern im Begleitfahrzeug verbindet. Über den Funk können die sportlichen Leiter ihren Fahrern Anweisungen geben, sie können ihnen – so weit sie es aus dem Fahrzeug und aus der TV-

Übertragung einschätzen können – das „Go" zu einer Attacke geben. Sie können melden, wie weit eine Fluchtgruppe entfernt ist, sie können bei Defekten schneller reagieren und sie können die Fahrer über eventuelle Gefahren auf der Strecke warnen. Zudem können auch die Fahrer untereinander kommunizieren, wenn sie im Peleton mal den Kontakt zueinander verloren haben. Es gibt also durchaus Vorteile, die der Knopf im Ohr mit sich bringt. Trotzdem ist die Sprechfunk-Verbindung immer noch umstritten. Kritiker monieren, dass die Rennfahrer durch den Funk zu „Marionetten" ihrer Vorgesetzten verkommen würden und ihnen der Instinkt in bestimmten Rennsituationen abhanden käme bzw. dass sie ihn gar nicht erst entwickeln könnten. Letztendlich aber hat sich die Funkverbindung durchgesetzt. Wenngleich sich Fahrer immer wieder genervt die Stöpsel aus den Ohren reißen, weil ihnen nicht passt, was die Chefs im Auto beschließen. Und ganz offensichtlich kommt es auch darauf an, wie prägnant die Anweisungen der sportlichen Leiter sind. Tony Martin nannte zwar keine Namen, sprach aber einmal davon, dass so manch sportlicher Leiter ganze Romane erzählen würde, aber nichts Essenzielles zu sagen habe. Und Erik Zabel sagte zu seiner aktiven Karriere einmal scherzhaft, er würde den Knopf im Ohr befürworten, schließlich bekomme er über die in drei Sprachen formulierten Anweisungen einen kostenlosen Sprachkurs.

Königsetappe – Als Königsetappe gilt die auf dem Papier schwerste Etappe während einer Rundfahrt. Die Etappe, auf der am ehesten das Gesamtklassement gemacht wird, wie man im Radfahrerjargon sagt. Königsetappen ohne Berge gibt es also nicht. Andererseits muss es nicht zwingend die Königsetappe mit mehreren Bergen der „hors categorie" sein, auf der die Vorentscheidung oder gar die Entscheidung fällt. Aber ohne „l'étape reine" gibt es keine Tour, ohne die „tappa regina" keinen Giro und ohne die „etapa reina" keine Vuelta.

Kommissäre – Was im Fußball und in anderen Ballsportportarten der Schiedsrichter ist, das ist beim Radsport der Kommissär. Der oder die Kommissärin durchläuft in der Regel zunächst bei ihrem regionalen und später bei ihrem nationalen Verband eine Ausbildung und wird im besten Fall schließlich zum UCI-Kommissär, der bei den WorldTour-Rennen zum Einsatz kommt.

Zur Ausbildung gehört natürlich in erster Linie die Regelkunde, allerdings nicht nur für den Straßen-Radsport, sondern auch gleichzeitig für Cyclocross, Cross Country und BMX. Bei den Rennen der Straßenprofis ist häufig eine Handvoll Kommissäre im Einsatz, wobei es bei jedem Rennen einen Hauptverantwortlichen gibt. Bei der Tour de France beispielsweise sind bei jeder Etappe zwölf offizielle UCI-Kommissäre im Einsatz. Zwei am Ziel; der Rest ist verteilt auf der Strecke unterwegs. Vier der Kommissäre sind im Auto unterwegs, deren sechs auf Motorrädern. Die Position der Kommissärs-Fahrzeuge im Peleton wechselt ständig, je nach Rennverlauf. Extrem wichtig dabei ist die Kommunikation der „Radsport-Schiedsrichter" per Funk untereinander. Wobei die UCI-Kommissäre sowohl mit dem offiziellen Tourfunk verbunden sind, zudem aber noch über eine interne Funkverbindung verfügen.

Die Kommissäre checken eventuelle Regelverstöße, unter anderem, ob die Fahrer sich unfair gegenüber den Kontrahenten verhalten, ob sie verbotenerweise den Windschatten von Begleitfahrzeugen nutzen, ob sie sich vielleicht zu lange am Teamfahrzeug festhalten und ziehen lassen. Und die Kommissäre kontrollieren natürlich auch vor dem Start das Material, müssen zum Beispiel jedes einzelne Rad wiegen. Schließlich dürfen Rennmaschinen der Profis laut UCI-Bestimmungen nicht weniger als 6,8 Kilogramm wiegen.

Zudem sind die Kommissäre für die Organisation der Dopingkontrollen zuständig. Im Zielbereich haben sie insbesondere die Aufgabe bei Massensprints eventuelle Verstöße zu ahnden und allzu rabiate Sprinter zu distanzieren. Die Kommissäre entscheiden mit darüber, ob Strecken aufgrund von extremen Witterungsbedingungen verkürzt werden oder sogar abgebrochen müssen. Sie überwachen, ob Fahrer aus der Karenzzeit fallen, sie verhängen Geldstrafen bei kleineren Vergehen. Oder sie schließen auch schon mal Mitarbeiter eines Rennstalls aus. So geschehen zuletzt beim Giro d'Italia 2021, als der sportliche Leiter des Teams BikeExchange, Gene Bates, den Deceuninck-Quick-Step-Fahrer Pieter Serry über den Haufen fuhr. Bates, der gerade mit anderen Dingen beschäftigt war und nicht vor sich auf die Straße geschaut hatte, wurde aus dem Giro ausgeschlossen. Sein Beifahrer Matt White musste darüber hinaus eine Strafe zahlen.

Die Aufgabe der Kommissäre ist höchst anspruchsvoll und komplex. Sie müssen nicht nur das komplizierte Regelwerk im Kopf haben, sie müssen manchmal auch sehr schnell weitreichende Entscheidungen treffen. Manchmal liegen sie mit ihren Entscheidungen daneben, wie es auch den weltbesten Schiedsrichtern im Fußball immer wieder passiert. So disqualifizierten die Kommissäre bei der Tour de France 2017 den Slowaken Peter Sagan, nachdem dieser angeblich mit einem Ellbogencheck seinen Kontrahenten Mark Cavendish zu Fall gebracht haben soll. Bei genauerem Studium der TV-Bilder war allerdings zu erkennen, dass es eine natürliche Handbewegung Sagans war, um sich zu schützen. Da war es jedoch schon zu spät. Sagans Ausschluss aus der Tour konnte nicht zurückgenommen werden.

Und die Kommissäre reagieren bisweilen streng, wie im Fall Tony Martin und Luke Rowe. Die beiden waren in einer hitzigen Rennsituation während der Tour de France 2019 aneinandergeraten; die Teams, aber auch neutrale Beobachter hätten in dieser Situation eine Gelbe statt einer Roten Karte für angemessen empfunden. Noch mehr Stress als bei einem Straßenrennen haben die Kommissäre bei einigen Bahnrad-Wettbewerben. Wie sie beispielsweise beim Madison den Überblick behalten, das verdient höchsten Respekt. Letztendlich ist es wie bei allen Sportarten: Die Schiedsrichter sind gerne mal schuld an allem, kriegen den Frust der Fans und den Unmut der Sportler ab, aber ohne sie würde der Sport definitiv nicht funktionieren.

Kriterium – Als Kriterium bezeichnet man in der Regel Radrennen auf einem relativ kurzen Rundkurs (800 m bis zu 10.000 m) innerhalb von Städten oder zumindest innerhalb von Ortschaften. Die Gesamtdistanzen betragen in der Eliteklasse zwischen 80 und 150 Kilometer, bei den Junioren und bei den Frauen sind die Strecken kürzer. Bei Kriterien werden in der Regel Wertungen ausgefahren, für die es eine bestimmte Punktzahl gibt. Bei der letzten Wertung am Zielstrich wird die doppelte Punktzahl vergeben. Es gewinnt beim Kriterium also nicht zwangsläufig der Fahrer, der am Ende des Rennens als Erster ankommt, sondern derjenige, der im Verlauf des Rennens die meisten Punkte gesammelt hat.

L

Lanterne rouge – Wer des Französischen mächtig ist, der kann sich das schnell übersetzen und ansonsten kennen die meisten den Begriff „Rote Laterne" wohl eher aus dem Fußball, wo der Tabellenletzte die Rote Laterne trägt. Abgeleitet ist der Begriff von den roten Rücklichtern am letzten Wagon eines Zuges. Während man als Tabellenletzter bei Ballsportarten für gewöhnlich absteigt und dieses Ding also unbedingt loswerden will, ist die lanterne rouge bei der Tour de France durchaus begehrt. Ganz einfach deshalb, weil der Letzte des Gesamtklassements, und damit auch sein Teamsponsor, besondere Aufmerksamkeit erhält, wenn das Peleton die Schlussetappe auf den Champs-Élysées hinter sich hat. Im Kampf um die Rote Laterne müssen die Profis allerdings verdammt aufpassen, dass sie bei dem Gezocke um den letzten Platz nicht aus der Karenzzeit fliegen. Rekord-Laternenträger ist der Belgier Wim Vansevenant, der von 2006 bis 2008 dreimal in Folge Letzter wurde. Der letzte deutsche Profi, der die Rote Laterne nach Paris trug, ist Roger Kluge im Jahr 2020.

Lizenz – Die ordentlichen Radvereine in Deutschland hatten lange Zeit mit einem altbackenen Image zu kämpfen. Häufig leider zu Recht, die Trainer coachten ihre Talente nach Methoden von kurz nach dem Krieg und der Nachwuchs hatte schon bald keinen Bock mehr. Um eine Lizenz als Amateurfahrer lösen zu können, muss man in Deutschland allerdings Vereinsmitglied sein. Erst dann darf man bei Rennen im Rahmen des BDR bzw. der BDR-Landesverbände mitfahren und ist über die Vereinsmitgliedschaft bzw. die Lizensierung auch versichert auf dem Rad. Inzwischen gibt es erstens für alle nicht lizensierten Rennfahrer die zahlreichen Jedermann-Rennen, zweitens bietet der BDR seit 2017 eine Lösung für die Vereinsmuffel an: Bis zu fünfmal im Jahr darf man mit einer online beim BDR beantragten Tageslizenz bei offiziellen Rennen starten. Und drittens sind die Vereine inzwischen deutlich moderner aufgestellt – und das ist auch gut so. Wer soll sonst die neuen Kittels und Schachmanns ausbilden? Ansonsten ist inzwischen die alte Aufteilung bei den Männern zwischen A,- B- und C-Amateuren aufgehoben. Seit 2019 gibt es lediglich noch die Einteilung in Elite-Amateure (früher A und B) und Amateure, was einst der C-Klasse entsprach. Für Frauen gibt es diese Einteilung mangels Masse nicht.

Lutscher – Ein Lutscher – oder auch Hinterradlutscher – ist nicht beliebt unter Radsportlern. Als Lutscher werden Fahrer bezeichnet, die am Hinterrad des Mitfahrers oder auch im Rennen am Hinterrad des Kontrahenten „lutschen". Das heißt, die den Windschatten für sich in Anspruch nehmen, aber selbst keine Führungsarbeit im Wind leisten. Wer das „sucer la roue", wie es im Französischen heißt, allzu dreist betreibt, der kann schon mal Ärger bekommen mit den Kollegen. Manchmal allerdings sind Fahrer in Fluchtgruppen so platt, dass sie einfach nicht mehr in der Lage sind, im Wind zu fahren. Dann allerdings kommt eines der vielen ungeschriebenen Gesetze im Radsport zum Tragen: Wer in einer Fluchtgruppe nur hinten draufliegt, der ist moralisch eigentlich auch nicht berechtigt, zum Ende des Rennens ernsthaft am Sprint teilzunehmen.

M

Medien – Die Medien spielten von Beginn an im Radsport eine wichtige Rolle. Die großen Rundfahrten wurden fast alle von Journalisten bzw. Zeitungsverlagen gegründet. Die Tour de France von der Zeitschrift L'Auto, der Giro von der Gazetta dello Sport. Aber die Zeitung spielte einst auch während des Rennens eine wichtige Rolle und spielt sie bisweilen noch heute. Die gute alte Zeitung dient den Fahrern nämlich als Schutz bei den Abfahrten. Oben angekommen am Pass, sind die Rennfahrer komplett durchgeschwitzt, rasen dann mit Tempo 80 km/h und schneller den Berg hinunter und würden ohne jedweden Schutz komplett auskühlen. Das einfachste Mittel war über Jahrzehnte eine Zeitung, die sich die Fahrer unters Trikot schoben. Heute greifen die meisten Profis auf ultraleichte, aber gut isolierende Windbreaker und Westen zurück, manch einer aber lässt sich an der Passhöhe von den Betreuern immer noch eine Zeitung reichen. Zurück zu den Medien: In Deutschland gibt es einige Magazine, die sich dem Thema Radsport widmen. In erster Linie ist das Magazin TOUR aus dem Hause Delius Klasing zu nennen, das bestverkaufte Rennrad-Magazin Europas (aus demselben Verlag stammt unter anderem die BIKE für die Mountainbiker). Weitere Rennradmagazine im Printformat sind die Roadbike, die Zeitschrift Procycling, das Magazin RennRad und das Heft Radsport, das mehr oder minder das Zentralorgan des Bund Deutscher Radfahrer ist. Natürlich haben auch die alteingessenen Printmagazine eine eigene Homepage und nutzen zudem (mehr oder minder) die sozialen Medien.

Im Internet hat sich die Website www.radsportnews.com als die absolute Nummer 1 in Deutschland entwickelt. Tagtäglich berichtet RSN aktuell und ausführlich über die Profirennen, aber wendet sich auch an die zahlreichen Jedermänner. Breit gefächert ist das Online-Portal www.velomotion.de, ebenfalls empfehlenswert sind www.roadcycling.de, www.ilovecycling.de und www.ciclista.net. Auf www.rad-net.de findet man die Homepage des BDR und wer des Englischen mächtig ist, findet auf www.cyclingweekly.com zahlreiche Infos zum aktuellen Geschehen.

Im TV ist Eurosport der Radsportsender schlechthin. Gemeinsam mit dem kostenpflichtigen Global Cycling Network (GCN) berichtet der Spartensender über fast alle Rennen der WordTour live, bietet zudem viele Wiederholungen an. Zu sehen sind inzwischen auch die wichtigsten Frauenrennen. Chefkommentator bei Eurosport ist Karsten Migels, daneben sind Marc Rohde und Gerhard Leinauer zu hören. Unterstützt werden sie in der deutschsprachigen Version von einigen Experten, darunter Rolf Aldag, Robert Bengsch, Bernie Eisel, Jean-Claude Leclercq, Christian Lichtenberg, Jörg Ludewig und Jens Voigt.

ARD und ZDF hatten aufgrund der Dopingfälle im internationalen Radsport während der Tour de France 2007 entschieden, auf eine Live-Übertragung zu verzichten. 2008 übertrug die ARD das Rennen wieder. Im Herbst des Jahres machten die Verantwortlichen der ARD dann allerdings klar, dass sie bei Vertragsende 2011 aussteigen würden. Den Vertrag mit dem Tour-Veranstalter ASO hatte die Europäische Rundfunk Union (EBU), der auch ARD und ZDF angehören, kurz zuvor bis einschließlich 2011 verlängert. Nach drei Jahren Sendepause stieg die ARD 2015 wieder ein und berichtet seitdem ebenfalls live, allerdings zumeist kürzer als Eurosport, von der Tour de France. Seit einigen Jahren ist Florian Nass hautverantwortlicher ARD-Kommentator, seit 2018 steht ihm der ehemalige Profi und sportliche Leiter der Deutschland Tour, Fabian Wegmann, als Experte zur Seite. Auch die Deutschland Tour wird live bei ARD und ZDF übertragen.

Mindestgewicht – Rennfahrer sparen an allem, was sie können. Manche verzichten bei den schweren Bergetappen sogar auf den Knopf im Ohr, um mit circa 200 Gramm weniger unterwegs zu sein. Schuhe, Helme, Flaschenhalter und natürlich die Rahmen und die Anbauteile sind aus möglichst leichtem Material, in allererster Linie aus Carbon, gefertigt. Allerdings hat die UCI dem Wahn einen Riegel vorgeschoben. Räder, die bei offiziellen Rennen gefahren werden, dürfen nicht weniger als 6,8 Kilogramm wiegen. Das hat durchaus schon dazu geführt, dass Profis ihre Räder mit Gewichten beschweren mussten.

Müll – Jahrzehntelang schmissen die Radprofis ihren Müll irgendwo in die schönste Landschaft. Das stieß nicht nur Umweltschützern übel auf. Die Kritik nahm im Laufe der Jahre zu, aber die Fahrer schmissen ihre Gelpackungen, ihre Flaschen und ihre Beutel immer noch munter in den Straßengraben. Allerdings verursachen nicht nur die Rennfahrer Müll, sondern vor allem die Werbekarawane bei den großen Rundfahrten und die Zuschauer am Straßenrand, die mit Werbeartikeln nur so bombadiert werden. 2020 sollen es bei der Tour de France um die 15 Millionen Werbeartikel gewesen sein, überwiegend Ramschartikel, die schon bald in der Landschaft landeten. Während einer 150 Kilometer langen Etappe in den französischen Alpen mussten Medienangaben zufolge am Abend der Etappe einmal 43 Kubikmeter Müll entsorgt werden. Erst Anfang der 2020er-Jahre reagierten die Organisatoren der großen Rennen und die UCI endlich. Die ASO versprach Besserung, mehr Mülleimer, mehr Hinweisschilder. Und die sogenannte „Caravane publicitaire" wollte weitgehend auf Plastikartikel verzichten. Wer die Tour 2021 gesehen hat, weiß, dass noch viel zu tun ist in dieser Hinsicht.

Für die Fahrer wurden inzwischen sogenannte Müllentsorgungszonen (Litter Zones) eingerichtet. Bei Zuwiderhandlungen drohen Geldstrafen (in der Regel 500 Schweizer Franken), bei Eintagesrennen sogar der Ausschluss aus dem Rennen. So ist es passiert, als der Schweizer Michi Schär während der Flandern-Rundfahrt seinen Bidon, also seine Trinkflasche, einem Fan zuwarf. Die Kommissäre kannten keine Gnade und disqualifizierten den Profi vom Team AG2R Citröen.

Schär schrieb daraufhin einen offenen Brief an die UCI, in dem er um Verständnis bat und schilderte, was es ihm als einst als kleinem Jungen bedeutet habe, die Trinkflaschen der damaligen Profis zu ergattern. Und er plädierte dafür, dass die Profis auch trotz des Müllverbots weiter ihre Bidons an Fans, vor allem an Kinder, verschenken dürfen. Schär erhielt viel Zustimmung aus dem Fahrerlager, aber auch von Tausenden von Radsportfans. Schließlich intervenierte auch die „Fahrergewerkschaft" CPA und forderte die UCI auf, die Regel zu überarbeiten. Der Verband gab schließlich nach und erlaubt die Entsorgung von Trinkflaschen künftig auch in Zonen, in denen Zuschauer stehen. Dass die Flaschen nicht mehr überall weggeworfen werden dürfen, ist nicht nur sinnvoll aus Umweltschutzgründen, sondern auch aus Sicherheitsgründen. Immer wieder sind Fahrer wegen achtlos weggeworfener Flaschen gestürzt.

P

Peloton – Ursprünglich bezeichnet Peleton (aus dem Französischen von „la pelote" für Knäuel) das geschlossene Fahrerfeld bzw. das Hauptfeld während eines Rennens. Inzwischen wird der Begriff aber auch verwendet, um alle Fahrer zu beschreiben, die an einem Rennen oder einer Rundfahrt teilnehmen. Von rennentscheidender Bedeutung ist die Definition des Peletons bei Kriterien, denn dort muss entschieden werden, welche Gruppe bzw. welches Hauptfeld sich in welcher Runde befindet und welche größere Gruppe eventuell bereits überrundet wurde. Man sollte „peloton" grundsätzlich übrigens nicht mit „peloter" verwechseln; denn das bedeutet im Französischen jemanden zu befummeln oder zu betatschen.

Prämien – Bei der Tour de France 2021 wurden insgesamt knapp 2,3 Millionen Euro an Preisgeldern verteilt. Der Gesamtsieger bekam eine Prämie von 500.000 Euro, der Zweitplatzierte 200.000 und der Dritte 100.000 Euro. Danach ging es gestaffelt hinunter bis Platz 19 und jeder Fahrer zwischen Rang 20 und 160 konnte für seine Strapazen immerhin noch einmal mit 1.000 Euro rechnen. Allerdings gilt bei den Teams normalerweise die Regel, dass Preisgelder in der Mannschaft nach einem bestimmten Schlüssel aufgeteilt werden.

Ein Etappensieger bei der Tour 2021 kassierte 11.000 Euro, der zweite 5.500 und der dritte 2.800 Euro. Für jeden Tag im Gelben Trikot bei der Tour 2021 gab es 500 Euro, die Träger des Grünen Trikots und des Bergtrikots erhielten 300 Euro pro Tag. Mark Cavendish, der Sieger des Grünen Trikots, durfte sich über 25.000 Euro freuen, genau wie Tadej Pogačar, der neben dem Gelben auch das gepunktete Trikot des besten Bergfahrers ergatterte. Noch einmal 20.000 Euro kamen für Pogačar noch hinzu, weil er auch die Wertung des besten Nachwuchsfahrers für sich entschied. Hinzu kommen noch die Prämien bei den Sprintwertungen im Verlauf einer Etappe bzw. bei den Bergwertungen. Der Sieger einer Bergwertung der sogenannten „hors categorie" (HC) kassierte 800 Euro, für den Ersten an einer Bergwertung der Kategorie 4 gab es hingegen nur noch 200 Euro. Der beste Kletterer am höchsten Punkt der Tour (Souvenir Henri Desgrange) erhielt zusätzlich 5.000 Euro. Dasselbe galt für das „Souvenir Jacques Goddet" am Col du Tourmalet. Und schließlich erhielt der kämpferischste Fahrer des Tages 2.000 Euro. Er wird genauso von einer Jury gewählt wie der kämpferischste Fahrer der gesamten Tour de France, der 2021 noch einmal mit 20.000 Euro rechnen konnte.

Genauso viel bekommt Medienangaben zufolge der Sieger von Mailand-San Remo, während Sonny Colbrelli 2021 für seinen Sieg bei Paris-Roubaix 30.000 Euro kassierte. Elizabeth „Lizzie" Deignan, die 2021 die Paris-Roubaix-Premiere der Frauen gewann, erhielt hingegen läppische 1.535 Euro zusätzlich zu der Trophäe in Form eines Pflastersteins. Ähnliches galt für die Flandern-Rundfahrt 2021: 20.000 Euro kassierte der Däne Kasper Asgreen als Sieger bei den Männern, 1.400 Euro gab es für die Siegerin Annemiek van Vleuten.

Manches Mal wurden die Profis aber auch nicht nur mit Geld entlohnt. Bei der Classic Haribo in Südfrankreich erhielten die Sieger so viele Süßigkeiten, wie sie selbst auf die Waage brachten. Bei der Österreich-Rundfahrt gibt es eine Siegerwurst und beim Tro Bro Leon in der Bretagne sogar ein lebendiges Ferkel. Etwas martialischer sind die Sachprämien bei der Tour of Oman, dort gibt es einen traditionellen Dolch. Bei der Fernfahrt Tirreno-Adriatico wird dem Gesamtsieger ein goldener Dreizack überreicht, und bei Vuelta-Etappen, die in Toledo enden, erhält der Etappensieger ein riesiges Schwert.

Q

Quäl dich, du Sau – Diesen Satz soll Udo Bölts im Sommer 1997 während einer Tour-de-France-Etappe in den Vogesen zu seinem schwächelnden Kapitän Jan Ullrich gesagt haben. Es dürfte das wohl berühmteste Radsport-Zitat im deutschsprachigen Raum sein. Bölts, ein Kämpfer vor dem Herrn und Ullrichs Edelhelfer, wollte seinen Kapitän damit anfeuern. Denn „Ulle" drohte seinen Gesamtsieg auf der 18. Etappe von Colmar nach Montbéliard noch zu verspielen. Am Anstieg zum Col du Hundsrück hatte Ullrichs schärfster Rivale Richard Virenque attackiert, Ullrich musste abreißen lassen, bis Bölts ihn mit jenen berühmten Worten noch einmal motivierte. Jan Ullrich quälte sich tatsächlich so, dass er das Loch zu Virenque wieder zufahren konnte. Udo Bölts hat später seine

Autobiografie „Quäl dich, du Sau" genannt. Und eine beliebte Radsport-Website im Internet heißt www.quaeldich.de. Mit dem Reiseveranstalter gleichen Namens kann man Radreisen dorthin machen, wo sich auch die Profis quälen.

R

Rote Rückennummer – Bei der Tour de France wird seit 1959 bei jeder Etappe (ausgenommen Zeitfahr-Etappen und Schlussetappe) der kämpferischste bzw. angriffslustigste Fahrer geehrt. Seit 2003 wird der Sieger des Prix de la combativité von einer Jury bestimmt und darf auf der darauf folgenden Etappe mit einer roten Rückennummer starten. In Paris wird von der Jury, bestehend aus Rennleitung, Sportlichen Leitern und Journalisten, der kämpferischste Fahrer der gesamten Rundfahrt geehrt.

RTF – Wird eigentlich nur in der Abkürzung gebraucht – und das hat einen guten Grund. RTF heißt nämlich Radtourenfahren, früher hieß es sogar Radtouristikfahrt. Für touristische Aktivitäten bleibt bei einer RTF in der Regel allerdings keine Zeit, und unter einer Radtour stellen sich die meisten sicherlich auch eine deutlich gemütlichere Veranstaltung vor. Denn zumeist stehen bei den RTF's Radsportler am Start, die verdammt schnell unterwegs sind. Häufig sind richtig gute Amateurfahrer oder „Jedermänner" dabei, wenn gerade kein Rennen im Kalender steht. Und die rasen dann mit einem Tempo jenseits der 40 km/h los. Für viele ist es ein spannendes Erlebnis, einmal in einem Peleton mitzufahren. Und zum Glück gibt es ja unterwegs – ungefähr alle 25 Kilometer – Verpflegungsstationen, wo Getränke und Snacks gereicht werden. Die Cracks rasen dran vorbei, man selbst isst eine Banane und steigt dann wieder in das „Rennen" ein, das erklärtermaßen kein Rennen ist. Denn es gibt am Ende keinen offiziellen Sieger. Die RTF's finden von Frühjahr bis Herbst in ganz Deutschland statt, gehören zum offiziellen Breitensportangebot des Bundes Deutscher Radfahrer (BDR) und werden in der Regel von Radsportvereinen ausgerichtet. Angeboten werden verschiedene Strecken, zwischen circa 40 und 170 Kilometer. Tatsächlich werden die kürzeren

Strecken kaum frequentiert. Die Veranstaltungen, die als Radmarathons ausgeschrieben sind, müssen mindestens 200 Kilometer lang sein. Der Start bei einer RTF kostet zwischen 5 und 12 € (für BDR-Mitglieder ist es billiger). Die Strecken sind ausgeschildert, aber nicht abgesperrt, jeder Teilnehmer erhält eine Rückennummer. Eine Variante für Cyclocrosser sind die CTF's, außerdem gibt es die sogenannten „Permanenten". Eine Übersicht über die RTF's in ganz Deutschland findet man auf der Homepage des BDR (www.rad-net.de).

S

Super-Tuck-Position – Gesehen hat die breite Öffentlichkeit die sogenannte Super-Tuck-Position wohl erstmals bei der Tour de France 2016, als Chris Froome in dieser Haltung auf der Abfahrt hinunter vom Col de Peyresourde attackierte. „Erfunden" hat die aerodynamische und extrem waghalsig anmutende Abfahrtsposition allerdings der slowenische Radprofi Matej Mohorič, weshalb man diese Art, den Berg hinunterzurasen, gelegentlich auch Position à la Mohorič nannte.

Bei der Super-Tuck-Position setzt bzw. setzte sich der Fahrer mit dem Hinterteil vor dem Sattel auf das Oberrohr des Rahmens, winkelt die Arme extrem an und lag quasi mit Oberkörper und Gesicht auf bzw. sogar vor Vorbau und Lenker. Für Laien, aber auch für Hobbyfahrer, absolut nicht vorstellbar, wie man so bei Tempo 90 km/h noch halbwegs vernünftig lenken konnte.

Das konnten sich ganz offensichtlich auch die Verantwortlichen beim Welt-Radsport-Verband UCI nicht wirklich vorstellen. Erlaubt war die waghalsige Position eigentlich nie offiziell, aber sie wurde geduldet. Bis zum 1. April 2021. Dann wurde sie verboten, was der Verband den Fahrern zuvor mitteilte und mit den zahlreichen und zum Teil schweren Stürzen im Radsportjahr 2020 begründete. Das Verbot der Super-Tuck-Position war Teil eines Sicherheitsprotokolls, das die UCI in Zusammenarbeit mit Teams, Veranstaltern, der Athletenkommission und der Fahrergewerkschaft beschlossen hatte.

Verboten ab April 2021 wurde zudem die sogenannte „Puppy Pose". Der Begriff stammt eigentlich aus dem Yoga und beschreibt im Radsport das Fahren mit den Unterarmen auf dem Lenker, was insbesondere von Ausreißern in Fluchtgruppen praktiziert wurde. In den sozialen Medien erntete die UCI Spott für die Verbote, und auch Radprofis reagierten mit Unverständnis auf die Verbote. Sicherlich wohl auch, weil Testreihen im Windkanal ergeben hatten, dass beide Positionen, also sowohl die Super-Tuck-Position auf Abfahrten als auch das aerodynamischere Fahren mit den Unterarmen auf dem Lenker definitiv Vorteile brachten. Zudem monierten die Profis, dass der Verband andere wichtige Sicherheitsmaßnahmen für die Rennfahrer nicht umgesetzt hätte. Der Welt-Radsportverband blieb bei dem Verbot und kündigte bei Zuwiderhandlungen drakonische Strafen an, die von hohen Geldbußen bis zum Ausschluss eines Fahrers bei einem Rennen oder einer Rundfahrt reichten.

W

Wiegetritt – In den Wiegetritt gehen die meisten Fahrer am Berg, wenn sie den eingelegten Gang im Sitzen nicht mehr flüssig treten können. Oder aber wenn sie attackieren wollen. Für den Wiegetritt legt man unmittelbar vor dem Wechsel einen schwereren Gang ein, weil man sonst durch das zusätzliche Gewicht des Oberkörpers quasi ins Leere treten würde. Nach dem Hochschalten tritt man im Stehen den schwereren Gang kraftvoll durch und hängt damit im Idealfall die Konkurrenz ab. Auch Attacken im Flachen werden in der Regel im Wiegetritt eingeleitet, man kann damit kurzfristig ein deutlich höheres Tempo aufnehmen. Beim Fahren im Wiegetritt liegt die Trittfrequenz bei etwa 70 Umdrehungen (außer im Sprint); also etwas unter der Trittfrequenz im Sitzen.

Die Muskeln werden im Wiegetritt mehr belastet, Puls und Herzfrequenz steigen. Das bedeutet: Ewig kann man nicht im Wiegetritt unterwegs sein, selbst wenn man eine kolumbianische Bergziege wäre. Beim Wiegetritt neigt sich das Rad im Rhythmus der Pedalbewegung flüssig von der einen zur anderen Seite, der Oberkörper soll dabei möglichst ruhig bleiben. Das Gewicht lastet abwechselnd auf den Pedalen. Im Wiegetritt fährt man aber auch, um beispielsweise nach engen Kurven wieder beschleunigen zu können. Und man ist schlauerweise zwischenzeitlich immer mal wieder im Wiegetritt unterwegs, weil dadurch bestimmte Muskelgruppen entlastet werden und beispielsweise die Krampfgefahr sich verringert.

Windkante – Bei den Rennfahrern gefürchtet. Das Windkantefahren wird in der Regel eingesetzt, um das Feld auf einer scheinbar harmlosen Flachetappe auseinanderzureißen. Kommt starker Wind von der Seite, wie beispielsweise gerne bei den Tour-de-France-Etappen an der Atlantikküste, so wird die Windkante als taktisches Mittel benutzt. Und schon so einige Weltklasse-Profis hatten der Windkante einen schmerzlichen Rückstand zu verdanken.

Bei der Windkante fahren die Fahrer auf der Straße schräg versetzt nebeneinander, ganz nach dem Einfallswinkel des Windes. Sie wechseln sich dabei in der Führung stetig ab, ähnlich wie beim Belgischen Kreisel, nur seitlich versetzt. Dadurch können sie sich optimalen Windschatten bei schräg einfallenden Winden geben. Aber mehr als 20 Fahrer haben bei normaler Straßenbreite keinen Platz mehr in der Formation, also geht den darauf folgenden Fahrern irgendwann der Windschatten aus. Das heißt im Radsport-Jargon, dass die Rennfahrer „auf der Kante hängen“. Sie fahren im Wind und sind damit deutlich langsamer als die Führungsgruppe.

Das passiert allerdings nur dann, wenn die Teams überrascht werden oder nicht gut organisiert sind. Ansonsten bilden sie in möglichst geringem Abstand zur ersten Gruppe ebenfalls eine Windkantenformation. Thibaut Pinot und Rigoberto Urán wurden beispielsweise 2019 auf der 10. Etappe der Tour de France Opfer einer Windkante. 2015 verpasste Nairo Quintana die erste Gruppe auf der Etappe von Utrecht nach Oosterschelde und verlor entscheidende Zeit auf Chris Froome. Und auch beim WM-Straßenrennen 2016 in der Wüste Katars wurde einem Großteil der Fahrer eine Windkantensituation zum Verhängnis. Denn auch, wenn man es als Laie kaum glauben kann: Die besten Rennfahrer der Welt haben in solchen Momenten keine Chance, einen Rückstand von 20 Metern aufzuholen, wenn Windkantenverhältnisse herrschen. Wie hat es der legendäre deutsche Radsport-Kommentator Herbert Watterott in einer solchen Situation mal ausgedrückt: „Der Wind kommt jetzt frontal von der Seite."

Windschattenfahren – Windschattenfahren ist eines der zentralen Elemente beim Radsport. Immerhin sparen die Fahrer im Windschatten bis zu 30 oder sogar 40 Prozent Energie, da ab circa Tempo 15 km/h der Luftwiderstand größer als alle anderen Widerstände ist, beispielsweise der Rollwiderstand. Eine Studie der Universität Eindhoven hat sogar ergeben: Der Windwiderstand bestimmt bei einer Geschwindigkeit von knapp über 50 km/h zu fast 90 Prozent den zu überwindenden Gesamtwiderstand. Die Forscher zogen den Schluss aus ihren Untersuchungen, dass ein Fahrer in den hinteren Reihen des Fahrerfelds bei einer solchen Geschwindigkeit ungefähr dieselbe Kraft aufbringen muss wie ein einzelner Fahrer im Wind bei etwas mehr als 20 km/h. Kaum zu glauben, aber so fühlt es sich tatsächlich an im geschützten Feld. Und man staunt selbst als ambitionierter Hobbyfahrer, welches Tempo man geschützt im Peleton mitgehen kann. Bis die ersten Attacken beginnen oder die ersten Hügel ...

Vor allem bei Flachetappen spielt das Windschattenfahren eine große Rolle. Bläst dazu ein gemeiner Wind von vorne, kommt dem Windschatten eine noch größere Bedeutung zu. Abhängig ist der Windschatten bei kleineren oder gar Zweiergruppen natürlich auch von der Statur des Fahrers, der im Wind fährt. Ein 1,85 Meter großer „Windbrecher" spendet natürlich mehr Windschatten als ein 1,60 Meter kleiner Fahrer. Wie lange ein Fahrer in kleineren Fluchtgruppen vorne im Wind fährt, ist abhängig von den Bedingungen; häufig sind es unter 30 Sekunden. Etwas anders läuft es im Hauptfeld. Dort halten die Helfer ihren Kapitän oder ihren Topsprinter dauerhaft aus dem Wind. Kommt der Wind schräg von vorne, so fährt man seitlich versetzt auf der windabgewandten Seite im Windschatten des Führenden. Die Rennfahrer dürfen anderen Rennfahrern Windschatten spenden, Begleitfahrzeuge oder Motorräder dürfen das ausdrücklich nicht. Die Rennkommissäre drücken allerdings meistens beide Augen zu, wenn ein Fahrer sich nach einem Sturz oder Defekt wieder durch die Reihen der Teamfahrzeuge ins Feld zurückkämpft und dabei kurzfristig den Windschatten nutzt. Besondere Regeln gibt es beim Einzelzeitfahren. Dort ist, wie auch beim Radfahren im Triathlon, das Windschattenfahren absolut tabu.

★★★

ANHANG

LITERATURVERZEICHNIS

Bölts, U. & Kullmann, K. D. (2006). Quäl dich, du Sau! Bielefeld: Covadonga.

Dineen, R. (2017) Velopedia, Die Fahrradwelt in Infografiken. Bielefeld: Delius Klasing.

Farin, T. (2020). 101 Dinge, die ein Rennradfahrer wissen muss. München: Buckmann.

Herrmann, S. (2107). Gebrauchsanweisung fürs Fahrradfahren. München: Piper.

Krabbé, T. (2006). Das Rennen. Leipzig: Reclam Verlag.

Leissl, P. (2004). Die legendären Anstiege der Tour de France. Bielefeld: Covadonga.

Löhle, J. (2020, 2. Auflage). „Ihr elenden Mörder", Kuriose Geschichten von der Tour de France. Bielefeld: Delius Klasing.

Martin, G. (2021). Sokrates auf dem Rennrad. Bielefeld: Covadonga.

Maso, B. (2011). Der Schweiß der Götter. Die Geschichte des Radsports. Bielefeld: Covadonga.

Rottiers, W. (2004). Treffpunkt Tresen. Die berühmten Radsportcafes in Flandern. Bielefeld: Covadonga.

Schröder, R. (2005). Radsport Lexikon. Göttingen: Die Werkstatt.

Schröder, R. & Dahlkamp, H. (2005). Nicht alle Helden tragen Gelb. Die Geschichte der Tour de France. Göttingen: Die Werkstatt.

Sidwells, C. & Stein R. (2018). Kultorte des Radsports, wo Fahrer zu Legenden werden. Bielefeld: Delius Klasing.

Velominati (2018). Die Regeln – Kodex für Radsportjünger. Bielefeld: Covadonga.

Voet, W. (1999). Massacre à la Chaîne. Paris: Calmann-lévy Edition.

Außerdem hat der Autor auf einige Print- und Onlinemedien zurückgegriffen. Im Printbereich ausschließlich auf das Rennrad-Magazin TOUR (Delius Klasing). Online auf www.velomotion.de, www.radsport-news.com, www.radsport-rennrad.de, auf www.roadbike.de und natürlich auch auf www.wikipedia.de

ZUSATZMATERIAL

Folgende Themen sind im Zusatzmaterial enthalten:

- Bahnradsport
- Cyclocross und Mountainbike
- Indoorcycling – Radfahren in der virtuellen Welt
- Kaufberatung/Ausrüstung
- Fahrtechniken/Training
- Unterwegs auf dem Rennrad

BILDNACHWEIS

Coverfoto: © GettyImages

Coverlayout: Katerina Georgieva

Innenlayout & Satz: Annika Naas

Korrektorat des Manuskriptes: Sonja Rose

Korrektorat der Satzfahne: Dr. Irmgard Jaeger

Projektleitung: Riccardo Rip